Zu diesem Buch

»Sie zerriß als erste das Gespinst aus Lügen und Legenden, das sich um Tschaikowsky nach dessen Tod gewoben hatte... Basierend noch auf Begegnungen mit Zeitgenossen Tschaikowskys berichtet Nina Berberova von einem Leben, das alle Bestandteile des Tragischen in sich hatte... Die ungemein menschliche Sensibilität von Peter Tschaikowsky, der sich so oft schuldig fühlte beim Unglück anderer, ist darin ebenso ein eigenständiges Kapitel wie seine unglaubliche Arbeitsintensität in den letzten Schaffensjahren. Mit Namen wie Rubinstein, Rimski-Korsakow, Mussorgski, Borodin und anderen entsteht das ganze schwergewichtige russische Jahrhundertgebäude... Die Biographie von Nina Berberova hält in psychologischer Differenzierung und poetischer Verdichtung eine Fülle von Entdeckungen für Musikliebhaber bereit.« (»Frankfurter Rundschau«)

Nina Berberova, geboren am 8. August 1901 in St. Petersburg, emigrierte in den Jahren nach der Revolution mit dem russischen Dichter Chodassewitsch über Berlin, Prag, Venedig und Rom nach Frankreich, wo sie 25 Jahre lebte und für verschiedene Exilzeitungen arbeitete. 1950 ging sie in die Vereinigten Staaten, wo sie zunächst in Yale und dann in Princeton Professorin für russische Literatur des 20. Jahrhunderts wurde. Sie hat Blok, Gorki, Pasternak, Nabokov und viele andere Schriftsteller ihrer Heimat persönlich kennengelernt. »Zu entdecken bleibt dem Leser in dieser Exilschriftstellerin nicht nur eine hellwache und allgegenwärtige Zeugin unseres schnell zur Neige gehenden Jahrhunderts, sondern auch eine große belletristische Begabung, die sich weit über russische Traditionen hinaus im Zentrum der europäischen Moderne entfaltet hat.« (Ingeborg Harms in der »Frankfurter Rundschau«) Nina Berberova starb am 26. September 1993 in Philadelphia.

Im Rowohlt Taschenbuch Verlag erschienen bereits Nina Berberovas Romane »Die Begleiterin« (Nr. 12981), »Der Lakai und die Hure« (Nr. 13010) und »Astaschew in Paris« (Nr. 13031) sowie ihre Autobiographie »Ich komme aus St. Petersburg« (Nr. 13059).

Nina Berberova

Tschaikowsky

Eine Biographie

Deutsch
von Anna Kamp

Rowohlt

Die von der Autorin
neubearbeitete französische Originalausgabe
erschien 1987 unter dem Titel »Tschaïkovski«
bei Actes Sud, Arles

Veröffentlicht im Rowohlt Taschenbuch Verlag GmbH,
Reinbek bei Hamburg, Mai 1994
Copyright © 1989 by Claassen Verlag GmbH, Düsseldorf
Für die Originalausgabe »Tschaïkovski«
Copyright © 1987 by Actes Sud, Arles
Umschlaggestaltung Wolfgang Kenkel
(Porträt Peter Iljitsch Tschaikowsky:
Radierung von Wilhelm Krauskopf / Archiv für Kunst
und Geschichte, Berlin)
Druck und Bindung Clausen & Bosse, Leck
Printed in Germany
1490-ISBN 3 499 13044 0

Vorwort zu dieser Ausgabe

Dieses Buch wurde erstmals vor einem halben Jahrhundert geschrieben. Anläßlich des Erscheinens der neuen Ausgabe möchte ich eine dreifache Frage beantworten, die mir so oft gestellt wurde: Warum *dieses* Buch, warum eine *Biographie,* warum *Tschaikowsky?*

In den zwanziger und dreißiger Jahren wurden Frankreich und Großbritannien von einer Welle großer Biographien überrollt. Die Autoren erlegten sich nunmehr strenge und genaue Regeln auf, während sie sich bis dahin allein von ihrer Phantasie hatten leiten lassen: glaubhafte, aber erfundene Begegnungen, imaginäre Dialoge, geflüsterte Liebesworte, schamhaft eingestandene Gefühle... In diesen *romanartigen* Biographien spielten Dokumente eine unbedeutende Rolle, sie galten als *zu seriös.* Es verstand sich von selbst, daß eine glückliche Begegnung nur bei schönem Wetter stattfinden konnte und daß bei der Trennung von der Geliebten im Hintergrund Regen erforderlich war – wie in den Filmen aus dem ersten Jahrzehnt dieses Jahrhunderts. Die plötzliche Erneuerung des Genres kam einer Wiedergeburt gleich. Ich habe diese Entwicklung aus Interesse an den damit zusammenhängenden Problemen beobachtet.

Zur gleichen Zeit – zu Beginn der dreißiger Jahre – hatte in der UdSSR der Staatsverlag *Academia* (der in Leningrad gegründet, dann nach Moskau verlegt und später von Stalin liquidiert wurde) eine umfangreiche Dokumentation über Peter Iljitsch Tschaikowsky und seine Zeit veröffentlicht: Memoiren, Korrespondenzen, Tagebücher, alle mit ausschweifenden Kommentaren versehen – Materialien für eine faszinierende Erzählung. Beim Lesen dieser Dokumente kam ich auf die Idee, daß ich sie vielleicht als Grundlage für ein Buch nutzen könnte. Doch es dauerte nicht lange, bis ich mir meiner Grenzen bewußt wurde. Es kam nicht in Frage, daß ich mich auf eine Analyse der Musik des Komponisten einließ, dafür waren die Musikologen zuständig. Mein Thema war das Leben Tschaikowskys, nicht die Musiktheorien seiner Zeit und noch weniger meine eigenen musikalischen Vorlieben.

Es gab noch einen anderen Grund für mein Interesse. Ich arbeitete damals für die russische Tageszeitung in Paris, in der ich regelmäßig Erzählungen, kritische Überlegungen zu Literatur und Filmen der UdSSR und auch Gedichte veröffentlichte – manchmal mußte ich auch über Prozesse berichten oder gar die Stenotypistin während ihres Urlaubs vertreten. Ich hoffte, eine Tschaikowsky-Biographie, in Fortsetzungen in der Sonntagsausgabe der Zeitung veröffentlicht, könne dazu beitragen, das Loch in meinem Geldbeutel zu stopfen.

Ich wußte, daß in Paris Menschen lebten, die in ihrer Jugend Tschaikowsky gekannt hatten, und ich wußte auch, daß sie bereit sein würden, meine Fragen zu beantworten. Denn Fragen gab es mehr als genug! Hier und dort, in den veröffentlichten Teilen seiner Korrespondenz mit ihm nahestehenden Menschen, in den gedämpften Reaktionen auf seinen Bruch mit Frau von Meck, in dem Material über seine verheerende Ehe mit Antonina und in den wenigen Seiten seines Tagebuchs aus den achtziger Jahren – überall stieß man auf ein geheimnisvolles Rätsel, das für die russische Intelligenzija (mich eingeschlossen) schon seit langem nicht mehr geheimnisvoll oder rätselhaft, aber doch bis zu einem gewissen Grad ein heikles Thema war. Ich mußte Überlebende finden, die zu sprechen bereit waren.

Ich beschloß, zwei oder drei Kapitel über Tschaikowskys Kindheit zu schreiben und sofort zu veröffentlichen: Ich wollte Rachmaninow, Glasunow, Tschaikowskys Schwägerin, den Enkeln der Frau von Meck und den jungen (inzwischen alten) Freunden, die dem Musiker in der letzten Woche seines Lebens beigestanden und ihn zu Grabe getragen hatten, beweisen, daß ich mein Buch tatsächlich begonnen hatte und zu vollenden beabsichtigte – und daß ich sie bitten wollte, mir Antwort auf meine Fragen zu geben.

Sergej Rachmaninow hielt sich gerade anläßlich seines traditionellen Konzerts in der Salle Pleyel in Paris auf. Er wohnte im Majestic, nicht im eigentlichen Hotel, sondern in der eleganten Dependance in der Avenue Kleber, in der er eine Suite mietete. Er war hager und hochgewachsen, wenn auch ein wenig gekrümmt, und hatte ein längliches, unbewegliches Gesicht, eine monotone, matte Stimme und schmale Hände. Er ließ seinen Blick über mich hinwegschweifen. Während er sprach, machte ich mir (mit seiner Erlaubnis) Notizen. Er sprach von der *Maske,* die Tschaikowsky nie abgelegt und die er augenscheinlich von Jugend auf getragen habe. Diese Maske sei im Augenblick des Todes verschwunden. Sein ganzes Leben lang, sagte Rachmaninow, habe Tschaikowsky sich gleichsam in Filzschuhen bewegt; er habe fast nie die Stimme erhoben und immer einen unschuldigen Ausdruck auf seinem Gesicht gehabt (für seine Gesprächspartner), und immer sei er liebenswürdig gewesen. Keinen Anstoß erregen, niemanden verstimmen, freundlich, verführerisch und in jeder Situation charmant sein. Immer besorgt, anderen zu mißfallen, sei er darauf bedacht gewesen, niemandes Zorn zu erregen und keinerlei Streit aufkommen zu lassen. O ja, immer höflich, wenn auch anfangs unnahbar, vor allem jungen Leuten und insbesondere jungen Damen gegenüber! Er sei durchaus imstande gewesen, sich in Gesellschaft der *Petersburger Fünf* durchzusetzen – doch war das eher eine Ausnahme, nicht die Regel, denn schon am nächsten Tag war er katzenfreundlich zu Rimski-Korsakow, zeigte sich von Borodin bezaubert

oder bekundete ehrfürchtiges Einvernehmen mit Balakirew... Ein *gläserner Knabe,* wie Fanny, seine elsässische Kinderfrau in Wotkinsk, ihn genannt hatte. *Gläsern*... war das
eine Tarnung?

Glasunow wiederum setzte sich ans Klavier und wies mir
einen Sessel zu. Er war ein schwerfälliger Riese mit einem
strengen Blick, eine längst erloschene Zigarre zwischen den
Lippen, deren Asche dennoch weiter auf die Tasten fiel. Die
düstere Wohnung war mit alten Möbeln vollgestopft. Er
hatte mir selbst geöffnet und geleitete mich nach unserem
Gespräch wieder an die Tür. Er lächelte nicht ein einziges
Mal. Zwei- oder dreimal begann er eine Geschichte mit
demselben Satz: »Wir beide, Liadow und ich... zu dritt im
Schlitten, nachts, nach einem Konzert... wir brachten *ihn*
nach Hause...« – »Wir beide, Liadow und ich, haben uns im
Schlitten auf die Knie des anderen gesetzt, damit *er* mehr
Platz hatte... Die Kutscher in Sankt Petersburg hatten so
schmale Schlitten... Wir hatten Angst, *ihn* zu stören...«
Offenkundig hatte der Riese Glasunow sehr gelitten! Von
den Schlitten und Liadow kam er auf Tschaikowskys *Fehler*
zu sprechen – um zu sagen, daß er keine besaß. Es verstand
sich von selbst, daß er sein *intimes* Problem hatte, ein persön-
liches Problem, aber das war nichts Beunruhigendes. »Jeder
hat sein Geheimnis, das weiß man doch.« (Auch er hatte seines: Wie Turgenjew, wie John Ruskin, wie Humbert liebte er
die kleinen Mädchen – und war mit der Mutter einer entzük-
kenden Lolita verheiratet.) Auf dem alten Klavier standen
ein Glas und eine Flasche billigen Rotweins. Hin und wieder
stand Glasunow auf und trank einen Schluck. Er sagte mir,
er habe in der letzten Zeit ziemlich viel vergessen. Er habe
alles aufschreiben wollen, aber nie die Zeit dazu gefunden.
Auf dem Treppenabsatz nahm er seine Zigarre aus dem
Mund und küßte mir die Hand.

Als ich Praskowja Wladimirowna Tschaikowsky, geborene Konschina, aufsuchte, die Ehefrau eines der jüngeren Zwillingsbrüder Tschaikowskys – zu ihrer Zeit eine berühmte Moskauer Schönheit, Erbin einer Millionärsfamilie –, fühlte ich mich unsicherer als bei den Komponisten. Ich mißtraue den Angehörigen großer Männer: Sie geben einem falsche Informationen und verlangen, daß man weder ihr Alter noch gewisse Dinge enthüllt, die eher ihnen als den betreffenden großen Männern schaden könnten. Doch in diesem Fall war alles ganz anders oder doch beinahe...

Praskowja Wladimirowna lebte in Neuilly in einem Wohnheim für alleinstehende alte Damen. Sie war dort dank eines Wohltätigkeitskomitees untergekommen, dessen Vorsitz Madame Ljubimow hatte, die Witwe des Gouverneurs von Wilna zu Beginn des Jahrhunderts.

Praskowja Wladimirowna, die Tochter reicher Bourgeois und Witwe Anatol Iljitsch Tschaikowskys (1850–1915, zu seiner Zeit Senator, Gouverneur der Stadt Saratow und in den letzten Jahren vor dem Ersten Weltkrieg Mitglied des Staatsrats), war die Geliebte des berühmten Komponisten und virtuosen Pianisten Anton Rubinstein gewesen. Panja (so hatte Tschaikowsky sie genannt) erwartete mich am Abend. Im Treppenhaus gab es kein Licht, es war neun Uhr, ich klopfte leise. Die Tür öffnete sich. Eine kleine alte Dame, geschminkt und mit schlohweißem, stark gekräuseltem Haar, sah mich an und sagte mit schroffer Stimme: »Ich kann Sie nicht empfangen. Ich empfange niemanden. Ich erwarte Berberova.« – »Die bin ich«, sagte ich. Sie war verblüfft, denn sie hatte eine Frau ihres Alters erwartet. Wie konnte jemand, der Tschaikowsky nie persönlich begegnet war, die Geschichte seines Lebens schreiben?

Als erstes teilte sie mir aufgeräumt mit, Anton Grigorewitsch Rubinstein sei ein großer Künstler gewesen. Größer noch als sein Bruder Nikolaj, der Direktor des Moskauer

Konservatoriums und gleichfalls ein berühmter Pianist. Genau wie Liszt. »Aber«, fügte sie lachend hinzu, »den habe ich nicht gehabt.« Er sei dem Charme von Madame Tretjakow erlegen.

Ich war fest entschlossen, in keinem Punkt nachzugeben, war aber auf das Schlimmste gefaßt. Sie machte jedoch keinerlei Schwierigkeiten und erzählte von Tschaikowskys Freundschaft mit dem späteren Dichter Apuchtin, als beide dreizehn Jahre alt waren und die Rechtsschule besuchten. Dann steuerte sie unvermittelt ein Problem an, das ihr am Herzen lag. Sie war besorgt, ich könnte in meinem Buch das kleine Glas Cognac erwähnen, das Petja, wie sie Tschaikowsky nannte, jeden Abend von seinem Kammerdiener Aljoscha gebracht wurde. Ich müsse einsehen, daß Petja, nachdem er bis spät in die Nacht gearbeitet habe, nachdem er stundenlang zwischen seinem Klavier und dem Schreibtisch hin und her gegangen sei, ohne diese kleine Wegzehrung nicht einschlafen konnte. Praskowja Wladimirowna war besorgt, daß die Nachwelt ihn für einen Alkoholiker halten würde, falls ich darüber schriebe. »Lassen Sie ihn diesen Cognac nur einmal in der Woche trinken, meine Liebste!«

»Sprechen wir von etwas anderem«, schlug ich vor. Sie war sofort einverstanden. »Ich habe ihm einen Liebhaber ausgespannt«, sagte sie. »In Tiflis.« – »Das war Werinowsky«, antwortete ich. Sie bestätigte es: »Er hat es mir nie verziehen.«

Auf solche Weise ermutigt, stellte ich *die* Frage. Wie dachte die damalige Gesellschaft, an deren Himmel sie ein leuchtender Stern war, über seine Neigung zu jungen Männern? »In unseren Kreisen«, erwiderte sie, »wunderte sich kein Mensch über dergleichen.« Sie erklärte mir, alle Männer hätten es mehr oder weniger versucht. Neun Großfürsten hätten sich dessen schuldig gemacht (ich hatte bis dahin nur acht gezählt). Aus der Familie des Zaren! Wenn man sich vernünftig verhielt und den Skandal vermied, wurde man in Ruhe gelassen. Der auf Verschleierung bedachte Apuchtin hätte sein Leben lang Gedichte *an sie* und nicht *an ihn* geschrieben. Doch eben er habe Petja verdorben. Und er sei der Geliebte des Inspektors der Rechtsschule gewesen, Schilder-Schulder, der seinerseits, wie jeder wußte, der Geliebte von Großfürst Konstantin war, des Direktors dieser Schule. Konstantin sei natürlich verheiratet gewesen, er hatte sieben Kinder gehabt, darunter fünf Söhne, von denen drei seine Neigungen geerbt hätten.

Hier brach Praskowja Wladimirowna ab. Dann eröffnete sie mir, daß sie Tschaikowskys Tagebuch in ihrem Koffer aufbewahre! Noch nie habe es jemand gesehen! Mir lief es kalt über den Rücken. Ich stellte keine Frage. Ich fragte mich: Das Tagebuch, in dem er über seine Liebe zu *Eduard* spricht? In einer Ecke des kleinen, mit allerlei Krimskrams vollgestopften Zimmers entdeckte ich einen Koffer, wie es ihn im Rußland meiner Kindheit gegeben hatte. Ich rührte mich nicht von der Stelle.

Leider war es nur das Tagebuch, das sein Bruder Hippolyt Iljitsch 1923 herausgegeben hatte. Ich kannte es. Es war in mehrere Sprachen übersetzt worden. Panja glaubte offenbar, sie besitze das einzige Exemplar. »Ist es wirklich veröffentlicht?« fragte sie. »Hat es denn keinen Einband?« fragte ich. Sie verstand und schwieg. Ich bat sie um die Erlaubnis, einige Notizen machen zu dürfen. Sie war einverstanden. In der Metro schrieb ich weiter. Und als ich zu Hause war, stürzte ich an meinen Arbeitstisch.

Unsere Bekanntschaft währte von 1936 bis 1948. Ich habe Panja mehrfach zu mir eingeladen und sechzehn Briefe von ihr erhalten. Ich bin auch ihrem Enkel begegnet, der in den dreißiger Jahren etwa fünfundzwanzig Jahre alt war. Dieser Mirok, wie Panja ihn nannte (möglicherweise eine Kurzform für Wladimir), machte einen sanften und kränklichen Eindruck. Er war der Sohn ihrer Tochter Tatjana, Wenewitinowa in erster Ehe, Baronin Ungern-Sternberg dank einer zweiten Ehe, aus der sie zwei Töchter hatte. Gegenwärtig lebte Tatjana mit ihrem dritten Ehemann in London. Die älteste Enkelin, ein sehr junges und schönes Mädchen, wie ich mich erinnere, kam eines Tages aus London, um ihre Großmutter zu besuchen. Sie ließ sich gerade scheiden. Die Großmutter rief aus: »Wie denn das, ein so intelligenter, vornehmer Mann, ein Gelehrter, Professor in Oxford!« – »Großmama, er geht mir auf die Nerven, er ist alt!« antwortete die Kleine.

Hier einige Auszüge aus den Briefen, die Praskowja Wladimirowna Tschaikowsky mir in jenen Jahren schrieb.

Neuilly-sur-Seine (Anfang 1936?)
. . . Wenn ich Ihre Artikel in Les Dernières Nouvelles *las, stellte ich Sie mir als eine kleine Alte vor, kalt und unangenehm, mit graugelbem Gesicht, einer großen, dicken Nase, schmalen, blassen Lippen, ergrautem Haar, mit einem grauen Baumwollrock und einer grauen Bluse bekleidet. Und da erscheint eine junge, schöne Frau, elegant, schrecklich freundlich, mit einem Strauß Rosen! Ein richtiger Frühling. Und ich habe allen Groll vergessen, den ich gegen die Alte hegte. Das ist die Wahrheit und kein Kompliment. Vergessen Sie mich nicht, schreiben Sie mir, und lassen Sie von sich hören.*

61, Goldhurst Terrace, London NW6, 11. Mai 1936
Liebe Nina Nikolajewna!
Sie können sich nicht vorstellen, welche Freude Sie mir gemacht haben. Ich habe Die Kindheit P. I. Tschaikowskys, *die Sie so brillant geschildert haben, mit großem Vergnügen gelesen. Unglücklicherweise kann ich nicht ohne häufige Pausen lesen. Sie haben mir gesagt, daß Mlle. Iswolsky Ihr Buch übersetzt. In wel-*

che Sprache? Französisch oder Englisch? Wenn Sie noch keine Vereinbarung getroffen haben, bietet sich meine Tochter an, es für Sie zu tun. Sie hat soeben das Tagebuch von P. I. erhalten. Sie wurde gebeten, es zu übersetzen. Sie glaubt jedoch, daß Ihr Buch für die Leser von größerem Interesse sein werde – und ich teile diese Ansicht. Eine Hälfte des Tagebuchs kann nur die interessieren, die ihm sehr nahe standen, wie ich zum Beispiel, weil ich in seinem Leben einen Platz hatte. Ich weiß, daß er es für sich geschrieben hat und keine Veröffentlichung wünschte.

Ich wußte nicht, daß Sie auf Ihre Fragen zu Tschaikowsky Antworten von Glasunow, Rachmaninow, Wolodja Argutinski und auch von Voltonski erhalten haben . . . Glasunow hat er geliebt . . . Voltonski mochte er überhaupt nicht. Und Wolodja Argutinski war sein Leben lang, von Anfang an, ein entzückender Junge und später ein sehr sympathischer junger Mann. Als er erfuhr, daß Tschaikowsky Cholera hatte, ist er aus dem Haus geflohen und erst zur Beerdigung wiedergekommen.

Ihr Artikel über Glasunow hat mir sehr gefallen, aber Sie haben sein Äußeres und seine Sprachgewalt idealisiert. Als ich ihm in Sankt Petersburg begegnete, langweilte er mich wie kein anderer. Ab und zu schwieg er und sah mit blöden Augen in die Ferne, er war ständig betrunken. Ich wußte nicht, daß er verheiratet war.

Wann und wen hat er geheiratet? Sind Sie ihm begegnet?

47, rue de Plaisance, La Garenne (Seine), 9. Mai 1947
Meine liebe Nina Nikolajewna!
Ich habe Ihren Artikel in La Pensée russe gelesen. Ich habe ihn bewundert, ich habe geweint, und ich habe Sehnsucht, Sie zu sehen! Es kommt so selten vor, daß ich jemanden sehen möchte.

Seit unserer letzten Begegnung habe ich viel durchgemacht und zahlreiche Rückschläge erlitten. Zur Zeit ist mein Leben ein Leiden ohne Ende, und meine einzige Freude besteht darin, meine alten Freunde wiederzusehen. Ich gehe nicht aus und bitte Sie, meine Liebste, mir die Freude zu machen, mich zu besuchen . . .

Von Zeit zu Zeit fahre ich nach Paris, um meinen Arzt aufzusuchen, und dann übernachte ich bei meiner Enkelin. Ich würde Sie gern unter vier Augen sehen, damit uns niemand stört. Haben Sie keine Angst, es ist nicht schwierig für Sie, hierherzukommen. Ich wohne in dem Altersheim, das Mme. Ljubimow neu eingerichtet hat.

Ich umarme Sie fest. Bin mit ganzem Herzen die Ihre.

Wladimir Nikolajewitsch Argutinski (1874–1941), der in Sankt Petersburg und auch in Paris von allen »Argo« genannt wurde, wohnte in einer Straße, die in den Faubourg Saint-Honoré mündete. Die Wohnung war vor dem Ersten Weltkrieg gemietet worden. Alexander Benois (Kunsthistoriker und Maler, der mit Diaghilew zusammenarbeitete) hatte darauf bestanden, daß ich ihn aufsuchte. In seiner Antwort auf meinen Brief hatte Argo versprochen, mir von Bob zu erzählen. Am 8. Mai 1936 schrieb er: »Ich wäre sehr glücklich, Sie zu treffen, um Ihnen das wenige zu berichten, das von Bob Dawydow in meinem Gedächtnis verblieben ist.«

Wladimir Dawydow, genannt Bob, wurde um 1870 geboren und beging 1915 Selbstmord. Er war einer der Söhne von Tschaikowskys Schwester Sascha und somit der Neffe des Komponisten. Er war dessen große Liebe. Ihm ist die *VI. Symphonie* gewidmet.

Das Viertel, in dem Argo wohnte, war – und ist noch heute – eines der Zentren der Kunst- und Antiquitätenhändler in Paris, doch seine Wohnung hatte etwas Trostloses, vollgestellt wie sie war mit alten Leinwänden, zerbrochenen Rahmen, finsteren, von Schmutz und Feuchtigkeit angegriffenen Bildern, alten Zeichenmappen und halb zerfetzten Graphiken. Er erklärte mir, er sei Kunstsammler gewesen, jedoch Trödler geworden, und entschuldigte sich, mich in einer solchen Abstellkammer zu empfangen.

1893 hatte er ein Zimmer in der Wohnung von Modest Iljitsch (Anatols Zwillingsbruder) gemietet, bei dem Tschaikowsky abstieg, wenn er in Sankt Petersburg war. Er war einer der vier Männer (die drei anderen waren Modest, der Diener Nikifor und Aljoscha, der am Tag zuvor aus Klin gekommen und inzwischen verheiratet und Familienvater war), die Tschaikowsky mit allergrößter Umsicht in einem Laken, das sie an den vier Enden hielten, in ein Bad mit Zimmertemperatur tauchten. Es bestand zwar keine Hoffnung mehr, das Leben des Komponisten zu retten, jedoch die schwache Aussicht, sein Leiden zu verringern.

Ich bin Argo zweimal begegnet. Benois, der mir geraten hatte, ihn aufzusuchen, sagte: »Argo ist der einzige, der weiß, wer *Eduard* war. Stellen Sie ihm die Frage.« Bei meinem zweiten Besuch stellte ich sie ihm. Argo hat sie mir nicht beantwortet. Er sprach nur von zwei Dingen: von Bob und von der Cholera.

Beim letztenmal sagte er mir in dem Augenblick, als ich ihn verließ, ein paar freundliche Worte über die bereits veröffentlichten Kapitel meines Buches. Doch ganz offensichtlich konnte er sich den Spaß zu klatschen nicht verkneifen und fügte hinzu, einer seiner alten Freunde, Fürst Volkonski, der vor der Revolution eine Zeitlang Direktor der kaiserlichen Bühnen gewesen sei und jetzt die Theaterrubrik in den *Dernières Nouvelles* verantworte (und folglich mein Kollege sei), habe ihm von mir erzählt und sich beklagt, daß eine Frau und nicht »einer von uns« die Geschichte des teuren Peter Iljitsch schriebe. Ich erwiderte ihm, da sei er nicht der einzige. Das war der Moment, in dem ich mutig meine Frage stellte. Wie war es möglich, daß die Nachkommen Rimski-Korsakows, die die Revolution überlebt hatten und als Emigranten in Paris lebten, weiterhin die Version vom Selbstmord kolportierten, als hätte es die Cholera niemals gegeben? Argos Antwort war deutlich. Die Damen Pourgold hatten seinerzeit den Plan gehabt, sich von Mussorgski und Tschaikowsky ehelichen zu lassen. Ihr Plan sei folgenlos geblieben. Die eine hatte Rimski geheiratet, die andere einen gewissen Mollas. Bösartig und eifersüchtig hatten sie, die für ihre perversen Initiativen und ihren unangenehmen Charakter bekannt waren, dieses Gerücht in die Welt gesetzt.

Argo unterstrich, daß auch Mussorgski – wie im übrigen Balakirew und später Skrjabin – sein *Geheimnis* gehabt habe, seine durch eine komplexe Sexualität hervorgerufenen Probleme. Diese Menschen führten ein elendes Leben, ohne daß sie eigentlich wußten, warum das so war. Ihr Verhalten, ihre Lektüre verrieten ein kindliches Gemüt. Was las Tschaikowsky in seinem Zimmer im Hotel Meurice, nachdem er den jungen Neger verabschiedete, den er im Café de la Paix aufgetrieben und mit zu sich genommen hatte? Einen Roman des alten Alexej Tolstoi, der Ende des vergangenen Jahrhunderts in ganz Rußland von Kindern unter vierzehn gelesen wurde!

Dann erinnerte Argo mich an zwei Tatbestände, die von denen, die die These vom Selbstmord vertraten, ignoriert wurden. Der erste war die Abschaffung der Vorzensur nach 1905, in einer Zeit, in der eine Flut verbotener Schriften veröffentlicht worden war: die *Gabrielade* von Puschkin, *Das Bildnis des Dorian Gray* und später das Gesamtwerk, darunter auch *De Profundis,* von Oscar Wilde. Es war die Zeit, in der der postsymbolistische Dichter Michail Kusmin bekannt wurde, der die Homosexualität in Vers und Prosa verherrlichte, während der alte Wassilij Rozanow den Roman *Die Menschen vom Mond* veröffentlichte, in dem er das Problem der »leidenschaftlichen Freundschaft« zwischen Männern behandelte, einer Freundschaft, von der trotz ihres zärtlichen und dauerhaften Charakters angenommen werden konnte, daß sie keine physischen Beziehungen kannte. Der zweite Tatbestand, den Argo anführte, war die vollständige Abschaffung der Zensur (mit Ausnahme der Militärzensur) durch die Februarrevolution von 1917. Es sei daher absolut unvorstellbar, daß im Verlaufe dieser dreizehn Jahre (1905–1918) niemand auf den Gedanken gekommen wäre, eine derart ungeheuerliche Information, wie sie der Selbstmord eines weltweit berühmten Komponisten darstellte, zu veröffentlichen. Man solle nur nicht glauben, daß die Journalisten Rußlands und Europas zu Anfang des 20. Jahrhunderts nicht auf die Jagd nach derartigen Neuigkeiten gegangen wären!

Die Anhänger der Selbstmordthese vertraten folgende Argumente:

1. Laut Gesetz mußten an Cholera erkrankte Menschen umgehend in ein Krankenhaus gebracht werden, weil die Krankheit ausgesprochen ansteckend war. Tschaikowsky starb jedoch zu Hause in seinem Bett.

2. Laut Gesetz auch mußte eine Leiche sogleich eingesargt und der Sarg versiegelt werden, weil die Krankheit durch die Berührung mit dem Toten übertragen werden konnte. Es gibt jedoch eine Fotografie von dem im Sarg aufgebahrten Tschaikowsky.

3. Der Selbstmord mußte geheimgehalten werden, weil die orthodoxe Kirche das Begräbnis von Selbstmördern ablehnte, die statt dessen im Massengrab beigesetzt wurden.

Diese drei Argumente lassen sich leicht widerlegen. In Rußland gingen bis zu den Jahren 1917/1918 nur Menschen aus ärmlichen Verhältnissen ins Krankenhaus. Berühmte Leute, die Wohlhabenden, die Intelligenzija, kurz: alle, die bessergestellt waren als der Durchschnitt, starben zu Hause, so wie sie auch zu Hause operiert wurden oder ihre Kinder zur Welt brachten. Und da die orthodoxen Priester für eine kleine Zehnrubelmünze, die man ihnen in die Hand drückte, bereit waren, den Selbstmord zu ignorieren und ein christliches Begräbnis zu begehen, war das Risiko, daß ein Mitglied der Familie in das Massengrab geworfen wurde, sehr gering. Ohne Bestechungsgeld war das etwas anderes.

Andererseits hatte die Entdeckung des Cholerabazillus in den 1880er Jahren gezeigt, daß die Seuche durch Exkremente verbreitet wurde und daß nicht vorhandene oder defekte Kanalisationen, die Existenz von Latrinen in der Nähe von Wasserquellen oder ein unzureichendes Entwässerungssystem genügten, um eine Epidemie hervorzurufen.

Doch trotz dieser Entdeckung, trotz der Aussage von Dr. L. Bertenson (Arzt der beiden letzten Zaren), trotz der Zeugen und der Tatbestände geisterte die Version vom Selbstmord Tschaikowskys weiterhin durch die Köpfe schlecht informierter Menschen, die sich immer wieder auf längst widerlegte Behauptungen beriefen.

Vor einigen Jahren plante der Verlag Oxford University Press, ein auf *neuen Erkenntnissen* zum Tode des Komponisten basierendes Buch herauszubringen. 1966 hätte in der UdSSR eine gewisse *Dame* von einem *Herrn* erfahren – der es seinerseits von einer anderen *Dame* wußte, die es 1902 den Lippen ihres sterbenden Mannes abgelesen habe –, daß fünf oder sechs ehemalige Mitschüler Tschaikowskys an der Rechtsschule sich zu seinen *Richtern* ernannt und ihm zu einer Pille geraten hätten, damit er sein Leben beendete und auf diese Weise vermied, Rußland, die russische Musik und sich selbst zu entehren. Angesichts des Todes hätte der Ehemann gebeichtet, daß er einer dieser *Richter* gewesen sei. Doch hätten sie, die Richter, keine Pille zur Hand gehabt. Sie hätten versprochen, sie am nächsten Tag in das Haus in der Kleinen Morskaja zu bringen, in der sich Modests Wohnung befand. Tschaikowsky wäre dorthin zurückgekehrt, hätte sich schlafen gelegt, am nächsten Morgen die Pille erhalten und sie hinuntergeschluckt. Nach längeren Überlegungen jedoch verzichtete der Oxforder Verlag auf die Ver-

18

öffentlichung dieses Buches. Die große Grove-Enzyklopädie scheute sich indessen nicht, diese Version in ihre neueste Ausgabe aufzunehmen.

Dies ist nicht nur der Beweis für erschreckende Dummheit, sondern der vollkommene Irrsinn. Wäre Tschaikowsky nicht vielmehr zum Bahnhof gegangen, um dort einen Zug nach Berlin zu nehmen, wo sich sein Verleger befand, der all sein Geld für ihn hütete? Wäre er nicht vielmehr nach Menton oder Clarens gefahren, hätte er nicht vielmehr Modest und seinem Freundeskreis (Bob, Argo, die beiden Brüder Lidké) ein Telegramm geschickt und sie aufgefordert, ihm nachzukommen? Oder wäre er, da ihm doch ein halber Tag und eine ganze Nacht zur Verfügung standen, nicht vielmehr ins Ausland gereist, in aller Bequemlichkeit, begleitet von einem der Mitglieder seiner *Vierten Suite,* wie sie damals in Petersburg genannt wurden? Alle lebten mehr oder weniger auf seine Kosten und gefielen sich darin, ihm zu Gefallen zu sein.

Und das alles, weil er »vor kurzem auf der Rückreise aus dem Ausland auf einem Schiff kurz vor Odessa die Bekanntschaft eines vierzehnjährigen Jünglings gemacht und weil dessen Erzieher den Vater, Baron Steinbock-Fermor, davon in Kenntnis gesetzt hatte« (den die Urheber dieser Version Stenbok-Turmor schrieben). Drei Jahre zuvor war Tschaikowsky auf dem Schwarzen Meer tatsächlich dem Sohn des berühmten Arztes Dr. Sclifassowski begegnet. Er kannte den Vater, er erwähnte diesen jungen Mann von siebzehn Jahren in Petersburg, in Moskau und in Tiflis und beschrieb ihn Anatol und Praskowja Wladimirowna. (Es wäre interessant, zu erfahren, ob Thomas Mann von dieser Geschichte wußte, ehe er *Tod in Venedig* niederschrieb.)

Wenn man weiß, daß der Artikel 995 des Strafgesetzbuches Homosexuelle in dieselbe Kategorie einreihte wie Kriminelle, die wegen brutaler Vergehen verurteilt waren

(Gefängnis, Sibirien, Verbot der Rückkehr in die Städte des europäischen Rußlands), so läßt sich an zahlreichen Beispielen leicht feststellen, daß die Aristokratie, die höheren Kreise der Intelligenzija und die Großbourgeoisie der beiden Hauptstädte nicht erdulden mußten, was den Straffälligen aus der Mittelschicht und der Arbeiter-und-Bauernklasse während der Zarenzeit auferlegt wurde. Mir ist nur ein einziger Fall zu Ohren gekommen, von einem Mann, der in einem Moskauer Gymnasium Latein und Griechisch unterrichtete und in den neunziger Jahren der Geliebte von Großfürst Sergej war, des damaligen Gouverneurs von Moskau. Wegen seiner Beziehungen zu einem dreizehnjährigen Jungen wurde der Lehrer vor Gericht gestellt und zu drei Jahren Zwangsarbeit in Saratow verurteilt. Danach trat er seine Stelle wieder an. Es war allgemein bekannt, daß die Reichen und Berühmten, wenn sie sich *anständig* aufführten, nicht behelligt wurden und daß denen, die in einen Skandal zu geraten drohten, nahegelegt wurde, in Paris Ruhe und Abwechslung zu suchen. Was sie auch taten.

Die acht oder neun Großfürsten wurden in Ruhe gelassen. Im Oktober 1917 verließen einige von ihnen Lenins Rußland für immer und gingen nach Frankreich, die anderen wurden 1919 im Hof der berühmten Peter-und-Paul-Festung erschossen. Wie in den meisten Ländern mit autoritärem und totalitärem Regime gab es zwei Arten der Bestrafung – eine für die *Reichen,* die andere für die *Armen.*

Hier zum Beispiel eine Liste der Familienangehörigen von Zar Nikolaus II., die nie vom Justizapparat behelligt wurden:

Großfürst Sergej Alexandrowitsch, Onkel des Zaren,
Großfürst Nikolaj Michailowitsch, Cousin von
Alexander III.,
Großfürst Konstantin, Enkel von Nikolaus I.,
Großfürst Oleg, Sohn Konstantins,

zwei weitere Söhne Konstantins,
Dimitri, Bruder Konstantins,
Dimitri Pawlowitsch, Cousin ersten Grades des Zaren,
Prinz Jussupow, Ehemann der Nichte des Zaren.

Und folgende hochgestellte Herren:

in der Direktion der kaiserlichen Bühnen: 2,
in der Direktion der Eremitage: 3,
berühmte Schauspieler der kaiserlichen Bühnen: 4,
aus der Gruppe »Die Welt der Künste«: 4,
der Chefredakteur einer großen rechtsgerichteten Zeitschrift, Liebhaber von Großfürst Sergej und in seiner Jugend ein ergebener Bewunderer Dostojewskis – Fürst Wladimir Mestscherski (1839–1914).

Rückblickend kann ich meine Dankbarkeit gegenüber allen, die mir geholfen haben dieses Buch zu schreiben, nicht genügend betonen. Ich erwähne die Enkelkinder Frau von Mecks: Adam Karlowitsch Benningsen, der Sohn ihrer Tochter, der mich mehrmals freundschaftlich zu sich in sein Pariser Haus einlud und mir nicht von Tschaikowsky erzählte, den er ja nicht gekannt hatte, sondern von der Familie seiner Großmutter, von seinem Onkel von Meck, der das ungeheure Vermögen seiner Eltern verschwendete, und von einem anderen, der die Nichte Peter Iljitschs, Tanjas Schwester, heiratete – jene Tanja, die Tschaikowsky so liebte und die heimlich (aber nicht vor Onkel Petja verheimlicht) einen Sohn zur Welt brachte, den der Komponist in die Obhut einer Pflegemutter in Kremlin-Bicêtre gab und der später von Nikolaj Iljitsch adoptiert wurde; Tanja nahm sich wenig später das Leben, während der Vater, kein Geringerer als der virtuose Pianist Felix Blumenfeldt, seine ruhmreiche Karriere in Rußland und Europa verfolgte. Ich erwähne auch Maria Nikolajewna Klimentowa, die Sopranistin, die bei dem Examen am Moskauer Konservatorium als erste die Tatjana in *Eugen Onegin* gesungen hat. Sie heiratete später den Vorsitzenden der 1. Duma (1906), Sergej Muromtsew, und glänzte unter den schönen Frauen der Moskauer Gesellschaft, den Konschinas, Morosowas, Tschukinas, Tretjakowas u. a. Maria Nikolajewna legte großen Wert darauf, daß ich in meinem Buch erwähnte, sie sei acht Jahre jünger als die Praskowja – was gelogen war.

N. B.

Tschaikowsky

I

Man erzählte sich, der Großvater André Assier sei Epileptiker gewesen. Man erzählte sich, sein ältester, jung verstorbener Sohn hätte diese Krankheit von ihm geerbt. Man erzählte sich außerdem, daß er ein fähiger Mann mit Bildung und guten Beziehungen gewesen sei und beim Zoll eine gewisse Karriere gemacht habe. Er stammte von französischen Einwanderern ab, starb um 1830 und hinterließ Kinder aus zwei Ehen.

Seine zweite Tochter, Alexandra, war ein junges gebildetes Mädchen mit großen Augen und einer hübschen Stimme. Kurz vor dem Tod ihres Vaters hatte sie das Internat für weibliche Halbwaisen absolviert, wo Rhetorik, Arithmetik, Geographie, Literatur und fremde Sprachen unterrichtet wurden. Pletnjew, dem Puschkin seinen *Eugen Onegin* widmete, war ihr Russischlehrer gewesen. Als sie die Schule verließ, weinten alle ergriffen, Lehrer wie Schüler. Es war ein Tag der Tränen, Träume und Hoffnungen. Es wurde Harfe gespielt, gemeinsam wurden Gebete und ein Abschiedslied gesungen und Erinnerungen ausgetauscht...

Als Ilja Petrowitsch Tschaikowsky um die Hand Mademoiselle Assiers anhielt, war er vierzig Jahre alt. Er war das jüngste und zwanzigste Kind eines Statthalters im Gouvernement Wjatka, dem am Anfang des Jahrhunderts der Adelstitel verliehen worden war, hatte die militärische Bergakademie abgeschlossen und war Beamter. Er war nur mäßig intelligent und hatte keine Karriere gemacht. Gutmütigkeit und Ehrbarkeit ersetzten bei ihm Klugheit und Begabung. 1833 wurde er Witwer, mit einer Tochter, Sinaida.

Es war nicht Alexandras Mitgift und auch nicht ihre soziale Stellung, die ihn verlockten, er heiratete sie aus Liebe. Sie war zwanzig Jahre jünger als er, hatte eine schmale Taille und schöne Hände und sang gefühlvoll die Lieder, die damals in Mode waren. Ilja Petrowitsch hatte keinen besonderen Hang zur Musik, nicht mehr als zu den Wissenschaften. In seiner Jugend hatte er wohl etwas Flöte gespielt, aber das war längst vergessen . . .

Kinder kamen auf die Welt; ein kleines Mädchen starb in Petersburg. 1837 wurde Ilja Petrowitsch die Leitung der großen Eisenhütten in Wotkinsk im Ural angetragen. Das Ehepaar brach auf, nachdem Sinaida in einer Klosterschule untergebracht worden war. Plötzlich war Ilja Petrowitsch der unumschränkte Gebieter eines großen Unternehmens: riesige Fabriken, ein großes, komfortables Haus, eine umfangreiche Dienerschaft, eine kleine, aus rund hundert Kosaken bestehende Privatarmee, die ihm zu Diensten stand. Der örtliche Kleinadel, der in den Fabriken angestellt war, bildete seinen Miniatur-»Hofstaat«. Es war ein ruhiges, einfaches, gastfreundliches Leben. Man empfing junge Praktikanten aus Petersburg und englische Ingenieure, die sich seit einiger Zeit ein wenig wie Kolonisten in der Umgebung niedergelassen hatten.

Die Familie wurde schnell größer. 1838 wurde Nikolaj geboren, zwei Jahre später, am 25. April 1840*, Peter, nach ihnen Alexandra und Hyppolit. Eine alte Tante und eine unverheiratete Verwandte kamen aus Petersburg, um der Mutter bei der Arbeit zu helfen. Das behagliche Haus mit seinen niedrigen Decken und großen Holzöfen war vom Geruch nach Steinpilzen und Pfefferkuchen erfüllt; es war von hohen Gebäuden umgeben und lag am Ufer eines Sees.

---

* Alle Datumsangaben basieren auf dem alten Julianischen Kalender, der in Rußland bis 1914 galt. Die Differenz zum Gregorianischen Kalender betrug bis 1900 12 Tage. Nach neuerer Zählung also wurde Tschaikowsky am 7. Mai 1840 geboren; usw.

Tag und Nacht wurde in den Fabriken der Stahl geschmolzen: Es wurden Schiffe gebaut, Landwirtschaftsmaschinen, in den letzten Jahren sogar Lokomotiven, Tankwagen und Schienen. Ungefähr zwölf Kilometer entfernt floß ein großer Fluß, die Kama.

Im Haus wimmelte es von Kindern, Dienstboten, Gästen. Frau Tschaikowsky sang keine Lieder mehr, sie übertrug auch nicht mehr Gedichte über Liebe und Mondschein in ihr Album. Sie gebar Kinder, kümmerte sich um die Kleinen, salzte Gurken ein, kochte Marmelade, empfing die Gäste und führte das Haus: Sie hatte die Hosen an.

Sechs Monate im Jahr lag das Haus in tiefem Schnee. Die Kinderzimmer befanden sich im Zwischengeschoß. Da waren Nikolaj, sein Freund Wenja und Lida, eine kleine verwaiste Cousine. Hin und wieder durfte Peter an ihren lärmenden Spielen teilnehmen, dann tobten sie durch das ganze Haus, den Hof und den Garten und rannten bis zum hohen Gitter. Die Dämmerung senkte sich über Schnee und Stille. Die Gouvernante und die Amme kümmerten sich um die beiden Kleinen, Nikolaj und Wenja maßen ihre Kräfte aneinander, Peter nahm ihre Schläge in Empfang, und Lida bombardierte alle mit Schneebällen.

Aber genug der Spiele, der Aufsicht der Kinderfrauen, des ausgelassenen Tobens im ganzen Haus! Madame Tschaikowsky reist nach Petersburg, zusammen mit Nikolaj, um eine Gouvernante zu suchen. Drei Wochen dauert die Reise von Wotkinsk nach der Hauptstadt. Nach zweimonatiger Abwesenheit kommt die Mutter zurück. Man hört das Schellengeläute und das Stampfen der Pferdehufe, und der große Schlitten hält vor dem Tor. Von allen Seiten kommen sie herbeigelaufen: Ilja Petrowitsch, der mittlerweile vierjährige Peter, die Tante, die nach Minze riecht, die Katze, die Hunde, die Dienstboten – eine große Menge drängt sich, um Frau Tschaikowsky, Nikolaj und eine fremde Person zu begrüßen, die klein und schmal ist und erschrocken wirkt.

»Das ist Fanny«, sagte Frau Tschaikowsky.

Und Ilja Petrowitsch, mit seiner großen Leidenschaft für rührselige Szenen, küßt Fanny auf die Stirn und erklärt ihr mit zitternder Stimme und Tränen in den Augen, daß er sie schon jetzt wie seine eigene Tochter liebe, daß sie hier zu Hause und nicht etwa unter die Wölfe geraten sei. Und Fanny dankt ihm herzlich, weil sie sehr jung, ganz allein und in Belfort geboren ist, Tausende von Kilometern weit entfernt, und auch, weil sie weder Wotkinsk noch Tschaikowsky richtig aussprechen kann.

Nikolaj, Wenja und Lida hatten gemeinsam Schulunterricht. Aber nicht ihnen galt Fannys Aufmerksamkeit. Gleich am ersten Tag fiel ihr Peter auf, ein stilles, sonderbares, wenig gepflegtes Kind, zu jung für den Unterricht, das darauf drängte, zur Klasse zugelassen zu werden, und nicht nachgeben wollte. Peter war wie alle Kinder, er fürchtete sich vor der Dunkelheit, aß gern Bonbons, doch war er eigenwillig und störrisch. Frau Tschaikowsky wußte nicht, ob sie es ihm erlauben sollte, aber Fanny überredete sie, und so lernte Peter zusammen mit den anderen Kindern Französisch und Gebete.

Er war still, zu still, und Fanny machte sich deshalb oft Sorgen. Er besaß eine rasche Auffassungsgabe und ausgesprochenen Charme, wenn er sich auch Lappen und Seife gegenüber äußerst rebellisch zeigte. Fanny faßte eine große Zuneigung zu ihm, und deshalb begannen auch Herr und Frau Tschaikowsky, ihn zu lieben. Und eines Tages entdeckte die Tante etwas Außergewöhnliches an ihm und begann, ihn zu verwöhnen. Selbst die alte Verwandte, deren zunehmende Dummheit Anlaß zu großer Besorgnis gab, machte ihm zuliebe Ausnahmen.

Der Unterricht wurde morgens abgehalten, und Fanny brachte den Kindern in kurzer Zeit Französisch bei. Während der Pausen spielte sie mit ihnen, am Abend vor den Feiertagen versammelte sie ihre Schüler auf dem großen Diwan um sich, las ihnen vor oder ließ sie einen nach dem anderen eine Geschichte erzählen. Peter bewies Phantasie und Willenskraft. In Vers und Prosa malte er sich patriotische und religiöse Themen aus. Sein Herz drohte vor heftigen Gefühlen zu zerspringen: Schwärmerei, Mitgefühl, Verehrung. An einem Tag machte er seinem Vater tränenüberströmt eine Liebeserklärung, an einem anderen Tag galt sie Fanny. Er verehrte seine Mutter. Gegenstand seiner Leidenschaft war einmal Wenja, ein anderes Mal Jeanne d'Arc, die Katze oder Ludwig XVII., dessen Geschichte er gerade gehört hatte. Er drückte sich mit Emphase aus, und in seinem Schreibheft wimmelte es von Ausrufezeichen. Gern schaute er sich die Karte von Europa an, ungestüm küßte er den großen grünen Fleck zwischen Warschau und Wotkinsk und spuckte auf alles übrige. Fanny sagte eines Tages zu ihm:

»Glauben denn die Menschen dort, wo du hinspuckst, nicht ebenso wie du an Gott? Du spuckst auf Europa, du spuckst auf Frankreich . . .«

Er hob sein blasses, stupsnäsiges Gesicht:

»Sei mir nicht böse, liebe Fanny. Ich habe Frankreich mit meiner Hand zugehalten.«

Die Gedichte, die er auf russisch und französisch schrieb, waren mittelmäßig. Gewiß würde kein Puschkin aus ihm werden!

> *O du unsterblicher Gottvater,*
> *du wirst mich erretten . . .*

Er übersetzte es ins Französische:

> *Eternel notre Dieu,*
> *c'est toi qui a fait tout cela!*

Es waren tastende Versuche, seinem Staunen über die Welt und ihren Schöpfer und seinen innersten Gefühlen Luft zu machen. Manchmal floß ihm das Herz über, und nachts brach er in Tränen aus. Doch dieser Wunsch, sich auszudrükken, diese Verehrung, die er für die Welt empfand, diese Tränen schenkten dem Kind eine sonderbare Glückseligkeit. Das Leben in Wotkinsk, die friedliche, sanfte Atmosphäre dieses Hauses, in dem er von allen geliebt wurde und alle liebte, taten das ihre, um ihn glücklich zu machen. Im Zwischengeschoß, in den niedrigen, geräumigen Zimmern, führten Fanny und die Kinder ihr eigenes Leben, das aus Freude und Fleiß bestand. Im Sommer wurde nach dem sehr frühen Abendessen die Kinderequipage angespannt, und Fanny nahm Nikolaj und Peter auf eine Spazierfahrt mit. Im Winter begann der Unterricht um sechs Uhr früh. Bei Anbruch der Dämmerung fuhren sie auf ihren kleinen Schlitten die Hügel am Ufer des gefrorenen Sees hinunter.

Fanny, die von neuen pädagogischen Methoden durchdrungen war, verlangte von den Kindern, daß sie jeden Morgen Gymnastik machten. Aber Peter gefiel das nicht, und Nikolaj war faul. Schon damals war er hübsch, schlank gewachsen, vor dem Spiegel frisierte er sein lockiges Haar und träumte davon, tanzen zu lernen.

Als Sinaida nach ihrer Ausbildung im Kloster in Wotkinsk eintraf, stellte Fanny ihr stolz ihre Halbbrüder vor, die sie noch nie gesehen hatte. Nikolaj war acht Jahre alt und versprach, ein schöner junger Mann zu werden; Peter, der sich an den Rock seiner Mutter klammerte, fiel neben ihm kaum auf. Es war Heiligabend, Sinaida kam aus Petersburg, und mit ihr kam ein eisiger Hauch ins Haus, der nie mehr weichen sollte. Sie war zierlich und leichtfüßig, brachte Neuigkeiten aus der Hauptstadt mit, Geheimnisse, spitze Schreie, modische Röcke, Spiele für Erwachsene, die die jungen Gäste zu schätzen wußten. All das war wunderbar – wie auch Sinaidas Freundinnen, hübsche junge Damen, die aus einem Zaubermärchen zu stammen schienen.

Doch Peter hatte nur eines im Sinn: Er wollte erfinden, reimen, schreiben, der ganzen Welt seine Gefühle mitteilen, Gefühle, an denen er zu ersticken drohte, wenn er sie nicht herauslassen konnte.

> Deine goldenen Flügel sind zu mir geflogen,
> deine Stimme hat zu mir gesprochen . . .

Und auf russisch:

> Mein Herr, laß mich gut und weise sein
> und nicht sündigen . . .

Fanny sah zu, wie seine kleine Hand über das Papier glitt, und wußte nicht, ob sie seine Fehler korrigieren oder ihn ungestört lassen sollte, denn sie spürte etwas in ihm, das zerbrechlich war und entfliehen könnte, wenn man ihn nicht vorsichtig behandelte. Aus diesem Grund begann sie, ihn »gläserner Knabe« zu nennen. Wenn sie seine schiefen Zeilen las, fühlte sie Zärtlichkeit und Neugier, aber auch Sorge in sich aufsteigen. Sie konnte sich nicht entschließen, Frau Tschaikowsky die Vorahnungen anzuvertrauen, die sie beunruhigten und deren Ursache sie selbst nicht kannte.

Es gab auch das mechanische Klavier, das Ilja Petrowitsch aus Petersburg mitgebracht hatte. Peter hörte zu, wie es spielte, dabei legte er die Hand auf die Brust, als würde ihm das Herz zerspringen. Es war die einzige Musik im Hause, und Peter hatte sie gehört.

II

Das mechanische Klavier, letzter Schrei der musikalischen Technik, hatte einen herrlichen Klang. Die Flöte aus den Jugendjahren Ilja Petrowitschs, die angenehme Stimme Frau Tschaikowskys waren nur noch Erinnerungen. Fanny verstand nichts von Musik, sie kümmerte sich ausschließlich um das physische und seelische Wohlergehen der Kinder. Wie in jedem Haushalt gab es in Wotkinsk ein Klavier, und manchmal spielte irgendein liebenswürdiger Gast eine Polka oder einen anderen lebhaften Tanz. Doch Klänge von Menschenhand hatten Peter nie so tief berührt wie diese mechanische Musik. Mit jedem Tag lauschte er ihr bewußter. Und dann hörte er plötzlich die Arie der Zerline aus *Don Giovanni*. Sein Leben lang sollte er sich an diesen Augenblick erinnern – an seine Tränen, an sein Glück, an seine Beklommenheit. Er war noch nicht fünf Jahre alt.

Die Walzen boten große Abwechslung: Bruchstücke aus Opern von Mozart, Rossini, Bellini, Donizetti. Allein der Klang versetzte ihn in höchste Erregung, doch bei den Tönen von *Vedrai carino* bemächtigte sich seiner dieselbe Ekstase, die ihn zwanzig Jahre später bei seinen ersten schöpferischen Versuchen erfassen sollte. Er war dermaßen ergriffen, daß Fanny ihn in die Arme schließen und ins Zwischengeschoß tragen mußte. Dort lauschte er dann der Musik weiter, die er nicht mehr hören konnte, seine Finger spielten in der Luft, er nahm seine Umgebung nicht mehr war.

Seine Mutter war es, die seine Hände zum erstenmal auf die Tasten legte und ihn Tonleitern spielen ließ. Er suchte sich die Arie der Zerline zusammen. Alle kamen und hörten zu. Man lachte und staunte zugleich. Peter hatte ein musikalisches Gehör! Am aufgeregtesten war Fanny. Jetzt war sie es und nicht die Mutter, die sich fragte: Ist es nicht zu früh? Aber man konnte den Jungen nicht vom Klavier entfernen, und wenn man es tat, trommelte er auf allen möglichen Gegenständen weiter, auf Tischen, Sofas, gegen Fensterscheiben. Eines Tages, als er ein *forte* spielte, zerbrach die Scheibe, und er verletzte sich und wurde bestraft.

Aber seinem Vater kam ein Gedanke, und es wurde beschlossen, eine gewisse Maria Markowna, Klavierlehrerin in Wotkinsk, zu bitten, Peter Unterricht zu geben. Das geschah ein Jahr nach Fannys Ankunft.

Maria Markowna war die Tochter eines Leibeigenen, besaß keinerlei Ausbildung und hatte recht und schlecht Klavier spielen gelernt. Sie spielte ungern vor und fühlte sich in Gesellschaft unbehaglich. Drei Jahre hindurch unterrichtete sie Peter, der sehr bald besser vom Blatt spielte als sie. Sie wurden Freunde. Was sie ihm vorspielte, bleibt rätselhaft. Eifersüchtig überwachte Fanny diese Unterrichtsstunden, und manchmal war sie verzweifelt. War es möglich, daß ihr kleiner Junge, ihr Liebling, Musiker werden würde und nicht Feldmarschall oder Minister? Sie beschwor ihn, weniger an die Musik zu denken. Die Unterrichtsstunden mochten ja noch angehen, da Maria Markowna ins Haus kam! Aber es gab noch andere Zerstreuungen in den Mußestunden, die ihr bekannt waren oder die sie erfand, von Maskeraden bis hin zu Feuerwerken! Wenn er unbedingt Künstler sein wollte, dann sollte er Dichter sein. Oh, vielleicht steckte doch ein neuer Puschkin in ihm!

Fanny redete so nicht nur, weil ihr die Musik gleichgültig gewesen wäre, sondern weil Peter, vor allem nach seinen »Improvisationen«, zu sehr davon aufgewühlt war. Erneut und immer häufiger kam es nachts zu Tränenausbrüchen. Schlaflos lag er da und rief: »Oh! Diese Musik, diese Musik!«

»Da ist keine Musik, es ist nichts zu hören«, sagte Fanny und drückte ihn an sich. Doch er konnte diese Töne, die nur er hörte, nicht mehr ertragen.

»Hier ist sie! Hier!« schluchzte er und hielt sich den Kopf. »Sie läßt mir keine Ruhe!«

Doch aus der Schlaflosigkeit, aus dem täglichen Unterricht, den Spaziergängen und Spielen erwuchs ihm eine immer größere, stolze Freude, etwas gefunden zu haben, das er seit langem suchte, länger gesucht hatte, als er denken konnte. Das Gedächtnis des sechsjährigen Kindes durchforschte das Dunkel der unbekannten Vergangenheit, und plötzlich fand sich etwas und leuchtete auf. Man hörte ihm zu. Er konnte sich in dieser sonderbaren, tönenden Sprache ausdrücken; er brauchte sich nicht mehr um einen Reim oder einen Schreibfehler zu kümmern. Er fühlte, daß diese Sprache allen zugänglich war, auch seinem Vater, auch Fanny. Aber noch wichtiger war, daß er sich dank der Musik voll und ganz offenbaren konnte.

Zusammen mit Nikolaj und Lida nahm er am Mitternachtsessen teil. Ganz Wotkinsk war versammelt. Die Damen, in der Mehrzahl jung und hübsch, trugen Kleider, die sie in Paris bestellt hatten. Nach den Tänzen und Spielen setzte sich ein polnischer Offizier, der sich vorübergehend in Wotkinsk aufhielt und der schön, lebhaft und musikalisch war, ans Klavier und gab Chopins Mazurkas zum besten. Peter wurde von einem Zittern ergriffen, und sein Leben lang sollte sich dieses Zittern wiederholen, sobald er Mozart hörte. Eine Wonne, die er sich nie hätte vorstellen können. Er kannte ein Glücksgefühl, eine rätselhafte Freude, die nur ihm gehörte und von der niemand etwas wissen durfte.

Ein halbes Jahr später kam der polnische Offizier wieder; von neuem sah man ihn den Damen zulächeln, hörte man seine Sporen im Haus klirren. Peter, der noch immer Schottenkleider trug mit Faltenrock und weißem Kragen, setzte sich auf den Klavierhocker und spielte ihm seine zwei Mazurkas vor. Der Offizier nahm ihn in die Arme, hob ihn hoch in die Luft und küßte seinen kleinen Kopf, der nach Daunen duftete.

Von diesem Tag an begann Fanny, Peters alte Hefte, seine Entwürfe und Papierfetzen sorgfältig aufzubewahren. Sie ahnte, daß all das eines Tages wertvoll sein könnte, in fünfzig Jahren vielleicht, wenn sie wieder in Frankreich und eine sehr alte Dame sein würde und er – man konnte nie wissen – ein berühmter alter Herr. Doch vor allem anderen rückte die Trennung näher.

Im September 1848 nahm das Leben in Wotkinsk ein Ende. Im Februar war Ilja Petrowitsch mit einer Pension als Generalmajor in den Ruhestand getreten. Er beschloß, in Alapajewsk die Stelle eines Inspektors von Bergwerken anzutreten, die sich in Privatbesitz befanden. Aber dazu mußte er vorher nach Moskau und Petersburg reisen. Nikolaj sollte das Gymnasium besuchen, die Kleinen hatten ihre Kinderfrau, und Fanny wußte, daß sie in Zukunft überflüssig sein würde. Sie nahm eine Stelle bei einer adeligen Familie in Wotkinsk an. Am Tag der Abreise der Tschaikowskys verließ sie das Haus im Morgengrauen, als die Kinder noch schliefen. Sie wollte ihren Kummer nicht sehen, und vor allem wollte sie nicht weinen. Sie nahm das »Peter-Museum« mit, das sie bis an ihr Lebensende aufbewahren wollte. Sie hoffte inständig, daß sie ihn eines Tages wiedersehen würde.

Im Trubel der Abreise war kaum Zeit, ihre Abwesenheit zu bemerken. Maria Markowna, die Tante und die alte Verwandte, die in Wotkinsk zurückblieben, vergossen reichlich Tränen. In Sarapul, der ersten Station der Reise, wollte Peter an Fanny schreiben, aber Tränen und Tinte machten zu viele Kleckse.

In Moskau erwartete sie die Cholera, und das junge

Dienstmädchen wäre ihr beinahe zum Opfer gefallen. Die Geschäfte gingen nicht so gut, wie man gehofft hatte. Frau Tschaikowsky war den ganzen Tag unterwegs, Sinaida hütete die Kinder.

Im November trafen sie in Petersburg ein. Es wurde eine Wohnung gefunden. Die Tage vergingen mit Besuchen bei der zahlreichen Verwandtschaft, die man lange nicht gesehen hatte. Die Cousins Assier und Tschaikowsky bewunderten die Kinder der anderen und zeigten ihre eigenen vor. Die elfjährige Trennung hatte in allen verwandtschaftliche Gefühle geweckt, vor allem in Ilja Petrowitsch, der mit zunehmendem Alter immer sentimentaler wurde.

Doch Petersburg war für Peter nicht so vergnüglich wie Wotkinsk. Mit Nikolaj besuchte er die Vorbereitungsklasse für das Gymnasium. Das war ein völlig anderes Leben als bisher. Er mußte sich ändern, wie auch das Leben um ihn herum sich veränderte. Er mußte sich mit den Kameraden raufen und den Lehrern Streiche spielen. Das Schuljahr hatte bereits angefangen: Er mußte hart arbeiten, um die anderen Schüler einzuholen. Von acht Uhr morgens bis um fünf Uhr nachmittags mußte er die Schulbank drücken. Und am Abend, manchmal bis Mitternacht, machten Nikolaj und er ihre Hausaufgaben in der engen, dunklen Wohnung. Innerhalb eines Monats waren beide stark abgemagert und gewachsen. Der Musikunterricht bei einem richtigen Lehrer erforderte große Anstrengung und ermüdete ihn. An manchen Tagen träumte er davon, in Wotkinsk aufzuwachen, im Schnee, an der Seite von Fanny, unter der erleuchteten Ikone in seinem Kinderzimmer.

Weihnachten wurde er ins Theater mitgenommen. Der Schock war zu heftig. Oper und Ballett lösten Halluzinationen in ihm aus. Beim Gehen tastete er sich an den Wänden entlang; er litt wieder an Schlaflosigkeit. Das Sinfonieorchester, das er zum ersten Mal hörte, erschütterte ihn so sehr, daß er sich an nichts mehr erinnern konnte. Die berauschenden Klänge, seine Verwirrung und Beklommenheit rieben ihn auf, veränderten ihn, ließen von dem sonderbaren, zärtlichen kleinen Jungen nichts mehr übrig, trugen ihn aus der Kindheit heraus. Es gab Tage, an denen er im Fieberwahn unfähig war, etwas zu tun; er phantasierte, von einer unerklärlichen Krankheit befallen.

Dann kamen die Masern mit vierzig Grad Fieber, die einen endgültigen Trennungsstrich zwischen Kindheit und Jugend zogen, zwischen unbewußtem und bewußtem Dasein. Als eine Folge dieser Krankheit sollte er sein Leben lang unter Nervenkrisen und undefinierbaren Schmerzen im Rückgrat leiden – möglicherweise ein trauriges Erbe seines Großvaters mütterlicherseits.

Der Unterricht wurde verboten, die Musik verbannt. Nach Neujahr wurde Nikolaj in das Bergkadettenkorps aufgenommen, und die Familie machte sich auf den Weg nach Alapajewsk, einem abgelegenen Ort im Ural. Hier begann ein mühseliges, trauriges Dasein, das mit dem schönen, angenehmen Leben in Wotkinsk nicht zu vergleichen war.

Er wurde von Sinaida unterrichtet, die er nicht besonders mochte; er wurde unerträglich, boshaft, bockig, hinterhältig, glattzüngig; er war eifersüchtig auf die Briefe von Nikolaj, der glänzende Erfolge vorwies und ein untadeliges Benehmen an den Tag legte. In Briefen an Fanny schüttete er sein Herz aus, doch er schickte sie nicht ab, zerriß sie und schickte andere, die Sinaida verbesserte, in denen er ihr gestand, daß er sich Mühe gäbe, gegen seine Fehler, seine Faulheit und seinen Eigensinn anzukämpfen, und auch, daß Nikolaj der Beste seiner Klasse war.

In Alapajewsk begann er, für sich allein zu spielen, wenn ihm das Leben einfach zu traurig schien. Er versuchte nie, die Ursachen dieser Traurigkeit zu ergründen. Die zu früh erfahrene Einsamkeit, die schlechten Zensuren, alles diente ihm als Vorwand. So auch Petersburg mit seiner wahrhaften Musik, das so weit entfernt war! Und die Erwachsenen, die begannen, sich Sorgen um ihn zu machen, um seine Zukunft, um seine Gesundheit!

Er gab sich jetzt Mühe, nicht zu oft von der Sache zu sprechen, die er so liebte – von der Musik, seiner Leidenschaft. Er hatte Geheimnisse, er rächte sich für die Gleichgültigkeit seiner Umwelt. Er komponierte, aber es waren keine Gedichte mehr, sondern Musik, doch darüber sprach er nicht gern.

In jenem Jahr wurde ihm nicht viel Aufmerksamkeit zuteil. Sinaida bereitete die Aufnahmeprüfung für das Bergkadettenkorps mit ihm vor. Frau Tschaikowsky brachte Zwillinge zur Welt; Sascha, seine Schwester, und Hyppolit kamen zur Schule, und Ilja Petrowitsch hatte Kummer mit seiner neuen Stellung.

Die Zeit war gekommen, Peter nach Petersburg zu bringen. Eine dunkle Jacke und eine lange Hose hatten den Schottenrock ersetzt. Frau Tschaikowsky ahnte nicht, daß Peter bereits eine gewisse Erfahrung im Leiden und Denken hatte. Sie war der Ansicht, man müsse so schnell wie möglich etwas gegen seine Nervosität und seine Sensibilität unternehmen.

Anfang August trafen Frau Tschaikowsky, Peter und Sascha in Petersburg ein. Peter war noch keine zehn Jahre alt. Nikolaj, der Liebling der Familie, war der Stolz des Kadettenkorps; auch Peter sollte in dieser Anstalt untergebracht werden. Doch gleich nach ihrer Ankunft lag man Frau Tschaikowsky mit einem berühmten, sehr modernen Gymnasium in den Ohren, an dem ein Freund der Familie, Platon Wakar, ein glänzender, begabter junger Mann, sein Abschlußexamen gemacht hatte. Platon und sein Bruder Modest überredeten sie, Peter auf die Rechtsschule zu schikken.

Er war ausgezeichnet gerüstet und wurde als einer der Besten in die Vorbereitungsklasse dieser Schule aufgenommen. Er trug eine Uniform mit vergoldeten Knöpfen, auf den goldbestickten Kragen der Anstaltsschüler hatte er noch kein Anrecht: Die Kleinen trugen einen weichen Kragen. So erschien er in der Klasse. Die erste Woche war recht beeindruckend: ein Dutzend Mitschüler, Monsieur Bérard, der allmächtige Aufseher, die Nähe der »Großen«, der Direktor, der keinen Spaß verstand! Er schämte sich, diese Schule mit der Klasse zu vergleichen, wo man ihn im Schottenrock hingeschickt hatte. Den Sonntag verbrachte er bei seiner Mutter, in der Woche kam sie ihn besuchen. Sie nahm ihn auf den Schoß und sagte: »Schau dir Nikolaj an, er hat sich seit langem eingewöhnt; auch du wirst dich zurechtfinden, Petruschka, genau wie er.« Aber sie ahnte, daß es schwer sein würde, ihn mit dem Gedanken ihrer Trennung vertraut zu machen – ihre Abreise nach Alapajewsk würde schlimm für ihn sein. »Schau dir Nikolaj an«, sagte sie wieder, »er ist ein vernünftiger Junge. Er ist ein guter Schüler und macht seinem Vater Freude.«

Sie setzte ihre Abreise für Mitte Oktober fest. Seit zwei Wochen herrschte Frost, aber die Straßen waren noch nicht eingeschneit, und sie brachen in einem Reisewagen auf. Die Mutter, Sascha, die beiden Jungen und alle, die Frau Tschaikowsky das Geleit geben wollten, nahmen Platz darin. Damals war es üblich, Reisende, die nach Moskau fuhren, bis zu den Stadttoren von Petersburg zu begleiten.

Peter gab sich alle Mühe, nicht zu weinen, damit die Tränen ihn nicht daran hinderten, seine Mutter anzuschauen. Noch lange danach sollte er sich daran erinnern, wie sehr er sie an diesem traurigen Herbsttag geliebt hatte. Eine solche Liebe, so rein und so tief empfunden, sollte er nie wieder kennenlernen. Er schluchzte, den Kopf auf den Knien eines Reisenden, und konnte die Augen nicht von ihr abwenden.

Er wollte weder an das Ziel der Fahrt denken noch an das, was geschehen würde, wenn der Reisewagen mit seiner Mutter davonfuhr. Es war kalt, und es nieselte. Sein wattiertes Uniformmäntelchen war ihm zu lang und zu schwer. Es war noch nicht spät, aber der Tag senkte sich bereits.

Der Wagen hielt neben einem Kilometerstein an, und alle stiegen aus in den Schlamm. Der Himmel war trübe, eine Reihe von Wagen fuhr in entgegengesetzter Richtung vorbei. In der Ferne sah man Fabriken, Berge von Ziegelsteinen, Mauern.

Peter klammerte sich mit beiden Händen an den Rock seiner Mutter. Er wollte sich an sie schmiegen, in sie hineinkriechen. Die Mutter, Nikolaj und Sascha begannen, die Hände des Kindes von den Volants ihres Rocks zu lösen. Die Kutscher warteten teilnahmslos. Mit einer Hand griff er an den Rand ihres Samtcapes und riß eine kleine Troddel ab. Jemand hielt ihn zurück. Er schrie aus Leibeskräften. Die Pferde setzten sich in Bewegung. Frau Tschaikowsky und Sascha fuhren davon! Er riß sich los, stürzte dem Wagen nach, wollte das Trittbrett fassen, aber er fiel und schrie noch lauter. Schon war der Wagen weit entfernt, es war nur noch das weiße Taschentuch zu sehen, mit dem Sascha winkte.

Auf dem Heimweg faßte er den Beschluß zu warten. Sein ganzes Leben würde nur noch aus Warten bestehen, er würde Tage, Monate warten. Was sich auf der Straße nach Moskau abgespielt hatte, war zu schwer gewesen – er würde es nie vergessen.

Doch das Leben, das ihm bestimmt ist, erwartet ihn, und er muß es annehmen. Es ist nicht gerade ein Vergnügen, die Schulklasse zu besuchen, sich anstrengen zu müssen ... Er ist ein blasser, trübsinniger Junge mit zerstreutem Blick und unruhigen Augen und immer den Tränen nahe. Er macht den Eindruck, als suchte er in dieser Welt jemanden, bei dem er sich über die Härte des Lebens und die Einsamkeit beklagen könnte. Jemanden, von dem er Zärtlichkeit bekäme. Man bringt ihm Sympathie entgegen, er ist sanft, er erregt Mitleid. Monsieur Bérard, der französische Aufseher, wundert sich über seine Traurigkeit, seine Schwermut, und er macht bei ihm Ausnahmen. Der Deutschlehrer lädt ihn zu sich nach Hause ein.

Er schrieb nach Alapajewsk: »Meine geliebten, herrlichen Mama und Papa! Meine Engel, ich küsse Eure Hände, ich bitte um Euren Segen. Liebste Mama, erinnern Sie sich, daß ich am Tag meiner Abreise Efeu gepflanzt habe? (Hier war das Papier von Tränen befleckt.) Teilen Sie mir bitte mit, wie es ihm geht . . . Ich sehe, daß Nikolaj mehr guten Willen hat als ich, er beklagt sich nie. Oh! Meine geliebten, meine angebeteten Eltern . . .«

Er war ein guter Schüler und sprach nie von Musik. Er versuchte, so zu sein wie seine Kameraden. Manchmal setzte er sich, um ihnen eine Freude zu machen, ans Klavier. Bei der *Nachtigall* von Aljabjew mußte er an das Elternhaus denken. Er konnte es nur unter Mühen bis zum Ende spielen. Seine Mutter summte es, wenn sie stickte, die Tür des Wohnzimmers stand weit offen, hinter den schweren Vorhängen der sibirische Schnee, die abendliche Stille . . . Die Schüler – von denen er noch keinen besonders ins Herz geschlossen hatte – hörten ihm zu und machten sich ein wenig über ihn lustig. Dann nahm er eine Polka in Angriff, und alle tanzten.

Modest Wakar lebte zusammen mit seiner Frau und seinen beiden Söhnen; Peter und Nikolaj verbrachten die Sonntage bei ihnen. In jenem Winter brach eine Scharlachepidemie in der Rechtsschule aus, und damit Peter nicht in Quarantäne mußte, nahm ihn der gutherzige Modest bei sich auf. Peter erkrankte nicht, aber er brachte die Krankheit mit. Innerhalb einer Woche starb Modests jüngster Sohn.

Niemand machte Peter einen Vorwurf, aber er fühlte sich für diesen Tod verantwortlich. Das grausame Schicksal traf ihn hart. Warum ein anderer und nicht er? Er hatte doch bereits gelebt! (Er war noch keine zehn Jahre alt.) Er hatte so viele herrliche Dinge kennengelernt! Ein Ballett, symphonische Musik, Glinkas Oper *Ein Leben für den Zaren*! Er war es, der seinen Tribut zahlen mußte.

Er betete hinter der Tür. Er dachte an das, was Fanny ihm erzählt hatte: daß die Seelen in weißen Gewändern in den Himmel aufstiegen und dabei im Chor sangen. Nein, so war es nicht! Zum erstenmal empfand er den Tod als eine erbarmungslose Macht, die etwas Kostbares vernichtet hatte. Er fühlte sich von dieser Macht angezogen, es war schrecklich und schön zugleich, zu wissen, daß neben dem Leben der Tod existierte.

Im Februar wartete er auf seine Eltern, aber sie kamen nicht. Im Frühjahr kümmerte sich Platon Wakar um ihn: aus Alapajewsk kam niemand. Im April wurden die Zöglinge der Schule zu einem Kinderball eingeladen, und er sah Nikolaus I., »so nah, wie Papas Diwan vom Schreibtisch entfernt ist«. Im Sommer brachte Platon ihn bei Freunden unter. Peter wartete noch immer. Niemand hätte sagen können, daß er kein Musterschüler war, er hätte Nikolaj den Rang ablaufen können. Es wurde Herbst. In seinen Briefen flehte er sie an und beschwor sie, doch endlich zu kommen. Im September traf Ilja Petrowitsch ein, kaufte ihm Bonbons und kehrte sorgenvoll wieder nach Alapajewsk zurück, nicht ohne versprochen zu haben, im Januar wiederzukommen. Aber der Januar ging vorüber, und man hatte ihn vergessen. An Ostern schrieb er, daß er in diesem Jahr die Prüfungen wahrscheinlich nicht so gut bestehen würde.

Erst im Mai 1852 siedelte Ilja Petrowitsch mit seiner ganzen Familie nach Petersburg über. Er hatte seine Pension und beträchtliche Ersparnisse. Eine neue Zeit begann.

III

Jetzt waren drei junge Mädchen im Haus: Sinaida, die Schwester, und zwei Cousinen, Lida und Annette. Junge Männer kamen, es wurde getanzt, Röcke wirbelten, Sporen klirrten, Gelächter erschallte. Nach den Prüfungen kehrten Nikolaj und Peter für die großen Ferien nach Hause zurück.

Es war ein schönes, geräumiges Haus in einem Petersburger Vorort. Sofort erlebte Peter ein gewaltiges, vollkommenes Glück: die Mutter an seiner Seite (er konnte sich wieder an ihren Rock klammern), der Vater mit seinem weißen Haar ganz nah, so weichherzig und so gutmütig! Die Schwestern, die Cousinen, die Brüder, die Zwillinge, die gerade zu laufen und zu sprechen begannen! Eine Arche Noah – nicht ein gewöhnliches Haus –, wo man sich vor der feindlichen Welt und den wechselvollen Schicksalsschlägen geschützt fühlte! Er faßte neuen Mut, seine Stimmung schlug um.

Annette und er spielen den Nachbarn Streiche, stellen das Haus auf den Kopf. Eines Abends im Mondschein drei Silhouetten im Fenster, drei junge Mädchen, die von Liebe sprechen. Die Nachtigall singt; sie tauschen Geheimnisse aus. Annette hat noch keine, aber die beiden großen Mädchen haben schon Heiratsanträge bekommen. Nikolaj steht unter dem Balkon und belauscht sie, Peter läuft herbei, um sie zu warnen, und sie schütten zu aller Freude einen Eimer Wasser über dem neugierigen Jungen aus.

In jenem Sommer ist er mager, außerordentlich lebhaft, nervös. Bei der Mutter findet er Ruhe. Das Klavier betrachtet er mit einem komplizierten, zwiespältigen Gefühl, als wollte er sagen: »Zu dir ist meine Beziehung noch nicht geklärt. Soviel ich weiß, ist sie noch nicht beendet. Vielleicht werden wir sie eines Tages wiederaufnehmen. Es hat eine Zeit gegeben, in der wir einander sehr nahe waren; wenn ich dran denke, bin ich noch immer verwirrt. Doch im Moment habe ich dir nichts zu sagen, lieber Freund . . . Doch wenn die jungen Damen tanzen wollen, tue ich ihnen gern jeden Gefallen. «

Seine frühere Leidenschaft für Musik wurde mit keinem Wort erwähnt. Die Mutter glaubte, all dies sei vergangen, er sei jetzt mit Latein und Mathematik beschäftigt, und das werde seiner Gesundheit auf die Dauer zuträglicher sein. Er schwieg dazu; noch in Wotkinsk hatte er ein für allemal beschlossen, daß sein Verhältnis zur Musik niemanden etwas anging. Übrigens dachte er damals selten an sie. Im Herbst ging er in die Rechtsschule zurück: sechs Schultage und danach endlich ein Tag der Ruhe und des Vergnügens, den er zu Hause verbringen durfte. Manchmal erblickte er seine Mutter durch das Fenster des Schlafsaals, wenn sie in der Droschke zu ihrer Schwester fuhr, die gegenüber der Schule wohnte. Durch ihren Schleier schickte sie ihm einen langen Handkuß entgegen.

Die Cholera hatte die Familie empfangen, als sie zum erstenmal nach Petersburg kam. 1854 brach eine neue Epidemie aus, und Frau Tschaikowsky erkrankte. Sinaida war verheiratet, Nikolaj, der Älteste, war sechzehn Jahre alt.

In der damaligen Zeit jagte eine Epidemie die andere. Das Wasser der Newa füllte Waschbecken und Karaffen (vierzig Jahre später sollte es noch genauso sein). Bis zum letzten Moment gab man die Hoffnung, Frau Tschaikowsky zu retten, nicht auf; die Ärzte taten alles, was in ihrer Macht stand. Drei Tage vergingen: Die Gefahr schien gebannt. Doch der Arzt empfahl ein Bad, und noch am gleichen Abend fiel sie in ein Koma. Sie konnte ihre Kinder nicht mehr segnen und sich nicht von ihrem Mann verabschieden. Bei der Letzten Ölung trat ein Leuchten in ihre schönen Augen. Und dann war alles zu Ende. Ihre sechs Kinder folgten dem Sarg. Am Tag der Beerdigung wurde Ilja Petrowitsch seinerseits von den Symptomen der schrecklichen Krankheit befallen. Glücklicherweise konnte er gerettet werden.

Jetzt mußten Entscheidungen getroffen und die Alltagsdinge neu geregelt werden. Die beiden Ältesten wurden in ihre Schule zurückgeschickt, Sascha und Hyppolit kamen in ein Internat. Ilja Petrowitsch, gealtert, zusammengebrochen, ratlos, zog mit den vierjährigen Zwillingen zu seinem ältesten Bruder Pjotr Petrowitsch.

Pjotr Petrowitsch Tschaikowsky war damals siebzig Jahre alt. Mit ihm lebten seine Frau, drei Söhne und fünf Töchter. Er hatte gegen Napoleon gekämpft, war mehrere Male verletzt und dekoriert worden, ging am Krückstock, sah geradezu bösartig aus und verjagte die jungen Männer, die zu lange bei seinen Töchtern verweilten, mit dem Stock. Peter verbrachte den Sonntag bei ihnen. In den großen Gesellschaftsräumen von Onkel Pjotr Petrowitsch war sein Vater nicht wiederzuerkennen – auch er schien diesen aus zweiundfünfzig Schlachten hervorgegangenen Helden zu fürchten, der bis zu seiner späten Heirat ein mönchisches Leben geführt hatte.

Pjotr Petrowitsch kam aus seinem Arbeitszimmer heraus, wo er mystische Traktate verfaßte, die er in seinen Schubladen verwahrte – er besaß die Güte, sie niemandem vorzulesen. Immer wenn Spiele, Tänze oder Darbietungen im Gange waren, tauchte er im Salon auf, blies mit seinem kräftigen Atem die Kerzen aus und gab damit zu verstehen, daß der Abend zu Ende sei. Jeden Morgen brach er zu einem Spaziergang auf, die Taschen mit Bonbons gefüllt; er rief die Kinder in den Straßen zu sich, drückte ihnen Bonbons in die Hand und sagte: »Ein kleines Geschenk vom lieben Gott.« Alle Menschen in der Umgebung kannten ihn, und er wurde schon von weitem gegrüßt.

Sonntags kam Peter zu seinem Onkel ins Haus. Die älteste seiner Cousinen war seine beste Freundin, Annette, mit der er im vergangenen Sommer soviel Spaß gehabt hatte. Sie lenkte ihn ab, und er begann, seinen Kummer zu vergessen. Alle Tage der Woche waren gleich: ein eintöniges, arbeitsreiches Leben, die Lehrer, die Kameraden, die Hausaufgaben . . .

Seit einiger Zeit war in Rußland ein Hauch von Frühling zu spüren, die Erneuerung von Ideen, die Reform des Schulwesens. Die körperliche Züchtigung wurde verboten, den Schülern wurden größere Freiheiten zugestanden, die Schulpläne wurden umgestellt. Der Direktor bemühte sich, mit den Veränderungen Schritt zu halten, doch mit den Lehrern kam außerhalb des Unterrichts kein wirklicher Kontakt zustande. Einige waren freundlich, andere zu streng, doch fast allen haftete die Farblosigkeit von Beamten an, und wenn einige auch über dem Durchschnitt stehen mochten, so war ihnen bei der Ausübung ihrer Funktionen nichts davon anzumerken. Da war der Pope, der von seiner Kanzel herunter die italienische Oper verteufelte, der in Tschaikowsky jedoch ein tiefes Interesse für die geistliche Musik Rußlands wecken konnte. Da war der Französischlehrer, ein Verehrer Racines und selbst Autor einiger mittelmäßiger Dramen. Die meisten empfanden Sympathie für Tschaikowsky, sogar der Mathematiklehrer, obgleich die Mathematik für Peter immer eine rätselhafte, dunkle Wissenschaft bleiben sollte. Als er eines Tages durch einen Zufall eine Algebraaufgabe löste, traute er seinen Augen nicht; er war außer sich vor Freude und fiel allen um den Hals.

Er hatte sich eingewöhnt, die Einsamkeit der ersten Jahre spürte er nicht mehr. Mit einigen seiner Mitschüler war er jetzt befreundet, nicht mit *einem,* dem einzigen, dem außergewöhnlichen, sondern mit mehreren von ihnen. Mit dem einen ging er am Sonnabend in die Oper. Mit einem anderen bereitete er sich im Sommergarten auf die Prüfungen vor, wobei sie ihre Hefte und Bücher in der Höhlung eines alten Baumes versteckten. Einem dritten las er aus seinem Tagebuch vor, das *Mein Alles* hieß. Wieder ein anderer war ihm behilflich, eine Nummer der Schulzeitung herzustellen. Doch eines Tages wurden alle fallengelassen. Es kam jemand in die Klasse, der sofort der Mittelpunkt wurde, der Abgott nicht nur seiner Altersgenossen, sondern der ganzen Schule. Und im Radius dieses strahlenden Ruhms suchte Peter wie alle anderen seinen Platz.

Dieser Junge hieß Alexej Apuchtin. Sein Ruf war ihm vorausgeeilt. Es hieß, daß er Gedichte schreibe, daß Turgenjew ihn kenne und schätze, daß Fet ihm großen Ruhm vorausgesagt habe und daß er einen Briefwechsel mit dem Prinzen von Oldenburg führe. Dieses Wunderkind war vom Tag seiner Ankunft an der Stolz des Direktors. Er übersprang eine Klasse, verbreitete das Feuer seiner frühreifen Intelligenz, seines Talents, seiner beißenden Ironie. Und er war es, der sich 1853 auf die Bank neben Tschaikowsky setzte.

Peters Treuherzigkeit, seiner Suche nach dem Guten und Gerechten, seiner empfindsamen und zarten Natur, der verschwiegenen Poesie seiner Gedanken und seines Tagebuchs stellte Apuchtin, der ebenfalls dreizehn Jahre alt war, seinen scharfen Verstand, seine Ironie und seine Zweifel an allem gegenüber, was als Wahrheit galt. Er erschien wie ein Dämon, ein Verführer. Er kannte vieles, wovon Peter nicht die geringste Ahnung hatte, er war sicher in seinem Geschmack und in seinen Urteilen, und er war außergewöhnlich begabt. Er wurde von seiner Familie und allen, die ihn kannten, auf Händen getragen. Er konnte hassen, verachten und Rache üben. Die Zukunft lag wie ein ruhmreicher Weg offen vor ihm.

Alles, was Tschaikowsky bisher heilig gewesen war – der Glaube an Gott, die Nächstenliebe, die Ehrfurcht vor dem

Alter –, wurde nun dem Feuer des Gespötts ausgesetzt, bis ins kleinste analysiert und mit solcher Kühnheit ins Wanken gebracht, daß er fühlte, wie er sich – mit allem, was in ihm lebte – von einem auf den anderen Tag veränderte. Er stürzte sich auf die Lektüre. In kurzer Zeit hatte er alle Bücher in Ilja Petrowitschs Bibliothek verschlungen. Er wurde unordentlich, war weniger gepflegt und noch nervöser. Er machte den Eindruck, als hätte er den Boden unter den Füßen verloren; in der Welt gab es nichts Dauerhaftes, keine Sicherheit mehr; Apuchtin mit seinem Sarkasmus, seinem Atheismus und seinem Pessimismus hatte alles zerstört.

Neben Alexej wirkte Tschaikowsky unbedeutend, nett, harmlos, eher unscheinbar. Während des Unterrichts ließ er den Blick nicht von Apuchtins kränklichem Gesicht. Von ihm lernte er das Rauchen, gemeinsam flohen sie an das Ende des langen Korridors, und dort kosteten sie nicht etwa ein Vergnügen oder eine verbotene Spielerei aus, sondern stillten ein drängendes Verlangen. Für Tschaikowsky war das Rauchen zeit seines Lebens die Befriedigung seines Wunsches nach Betäubung.

Er spürte, wie er unter dem Einfluß des Dämons, der auf derselben Bank saß wie er, kälter, härter und verschlossener wurde. Ihre Betten standen nebeneinander. Sie plauderten bis spät in die Nacht und tauschten Geheimnisse aus, von denen einige ihnen für immer blieben. Sie liebten einander, der eine mit einem Anflug von Herrschsucht, Macht und Überlegenheit, der andere mit eifersüchtigem Bangen. Für Apuchtin war alles klar: Er war ein Mann, der wußte, was er wollte, und der keinen Zweifel an seiner Berufung hegte. Für Tschaikowsky war die Zukunft ungewiß. Und in der unsicheren, zerissenen Gegenwart erzitterte er, verwirrt angesichts der Vielfältigkeit der Dinge; für die Zukunft konnte er sich nichts anderes vorstellen als die durchschnittliche Laufbahn eines Beamten im Justizministerium.

Nicht nur im Vergleich zu Apuchtin machte er einen unauffälligen Eindruck. Sein ungewöhnliches Temperament der ersten Lebensjahre, das Fanny so bezaubert hatte, war verschwunden. Es gefiel ihm, vor seinen Cousinen den Narren abzugeben, und manchmal war er in seinen Spielen und Späßen sogar erfinderisch und geistreich. In der Schule wurden ihm außer seiner Rauchsucht keinerlei ernste Laster nachgesagt. In Momenten der Fröhlichkeit, der jugendlichen Ausgelassenheit erinnerte er sich an seine Musik; er bedeckte die Tasten mit einem Handtuch und hämmerte wild drauflos, oder aber er mißhandelte das Harmonium. In den Stunden der Schwermut wollte er nicht an sie denken.

Man hätte meinen können, daß er Angst hatte, jemand könne seine Musik ernst nehmen. Er schämte sich bei dem Gedanken, daß er den anderen Jungen in der Vorbereitungsklasse hin und wieder kurze Einblicke in seine Seele gewährt hatte. Ihm war unbehaglich zumute, wenn Apuchtin – den er gleichzeitig sehr bewunderte – in der Pause allen, die hören wollten, seine soeben geschriebenen Gedichte vortrug:

> *Ja, ich kannte die schweren Wonnen der Liebe!*
> *Die dunklen Anwandlungen des Leidens!*
> *Mit all dem Ungestüm meiner jungen Jahre!*
> *Mit all dem Ringen eifersüchtiger Qual!*

Mit anderen Kameraden besuchte er die italienische Oper, die er so sehr liebte. Es fiel ihm nicht mehr ein, »für sich allein« Klavier zu spielen. Was eine Mozart-Arie eines Tages in seinem Innersten geweckt hatte, lag jetzt in tiefem Schlaf. Er wollte und konnte sich aus dieser Lethargie nicht herausreißen; er vokalisierte außergewöhnlich gut, er sang Bozio oder Tamberlik und andere berühmte Rollen aus Wilhelm Tell oder dem Barbier von Sevilla; Annette begleitete ihn, und seine Kameraden lachten bewundernd. Auch sang er mit seiner hohen Tenorstimme gern im Schulchor in der Morgenmesse.

Im Gymnasium mußte er am Gesangs- und Musikunterricht teilnehmen. Ohne große Begeisterung nahm Tschaikowsky bei Becker, dem bekannten Klavierbauer, die Stunden wieder auf. Lomakin, der Gesangslehrer, war von seiner Stimme, die gerade brach, sehr bald enttäuscht. Schon in sehr jungen Jahren fühlte sich Tschaikowsky von der geistlichen Musik und den Kirchengesängen Rußlands angezogen. Zu einem Zeitpunkt wollte er sogar Kapellmeister werden, doch Lomakin war der Ansicht, daß er nicht ernsthaft genug und seine Hand zu schwach sei, und so fiel der Plan ins Wasser.

Beckers Unterricht war ohne jeden Nutzen. Doch weil die Familie eine schwache Erinnerung an seine kindliche Leidenschaft bewahrte und er eine ganze Gesellschaft mit seinen Walzern unterhalten konnte, faßte Ilja Petrowitsch, seinem aufmerksamen, empfindsamen Charakter entsprechend, den Entschluß, für seinen Sohn einen eigenen Klavierlehrer zu engagieren, der an jedem Sonntagmorgen kommen und Tschaikowskys Begabung, soweit diese vorhanden war, fördern sollte.

Rudolf Kündinger war im Alter von achtzehn Jahren nach Petersburg gekommen; man war sofort auf ihn aufmerksam geworden, als er im Konzertsaal der Universität das *Klavierkonzert* von Litolff gespielt hatte, beide Partien, für Klavier und Orchester. 1855 erhielt er den Auftrag, Tschaikowsky zu unterrichten, und er befand, daß die Begabung seines Schülers ein wenig über dem Durchschnitt liege. Schüler wie ihn hatte Kündinger zu Genüge gekannt, doch die Bezahlung war gut, es waren charmante junge Damen im Haus, und er hatte es nie eilig, sich von ihnen zu verabschieden. Am Morgen gab er seinem Schüler Unterricht, dann folgte ein Mittagessen in Gesellschaft der jungen Damen, an dem dem Lehrer sehr gelegen war; am Nachmittag begleitete er Tschaikowsky ins Konzert. Am Abend führte Peter zur großen Freude der jungen Damen seine musikalischen Kunststücke auf – mit und ohne Handtuch.

Aufgrund seiner Improvisationen hielten sie ihn für ein musikalisches Genie; doch damals hätte er Beethovens Symphonien nicht aufzählen können, und er hatte noch nie von Schumann oder Bach gehört. Im Konzertsaal der Universität wurden Mendelssohn, Haydn und Litolff gespielt, selten Mozart oder Beethoven. Am Tag zuvor hatte er Rossini oder Donizetti gehört, zu Hause dagegen Salonlieder. Seine Unkenntnis war außerordentlich, fast alles gefiel ihm gleichermaßen gut. Sein Theorieverständnis setzte Kündinger oft in Erstaunen, wenn auch nicht in dem Maße, daß der Lehrer sich für seinen Schüler noch interessiert hätte, nachdem sie sich getrennt hatten. Gemeinsam hatten sie die westeuropäische Instrumentalmusik vom Blatt gelesen und vierhändig gespielt. Die italienische Oper verschlang sein ganzes Taschengeld. In ihr fand Tschaikowsky eine gewisse Vollkommenheit – der Stimmen, der Chöre, des Orchesters –, die ihn beeindruckte. Leider mußte er sich von Kündinger trennen, da plötzlich eine finanzielle Katastrophe über die Familie hereinbrach.

Als Sascha, die damals fünfzehn Jahre alt war, von der Klosterschule abging, beschloß Ilja Petrowitsch, seinen Bruder zu verlassen und mit seinen Kindern eine eigene Wohnung zu beziehen. Sascha war die Hausfrau, sie ersetzte die Mutter, kümmerte sich um die Kleinen. Der Vater räumte ihr eine solche Stellung ein, daß sie bald alle befehligte. Die Ältesten gehorchten ihr widerspruchslos, und sie führte den Haushalt, als Ilja Petrowitsch im Frühjahr 1858 bei einer riskanten Spekulation alles Geld verlor, das er im Laufe seines Lebens zusammengetragen hatte. Es war ein schrecklicher Schlag. Er mußte trotz seines Alters eine Stellung annehmen. Aufgrund seiner früheren Verdienste bekam er einen Posten als Direktor am Technischen Institut; im selben Gebäude wurde ihm eine Dienstwohnung zur Verfügung gestellt. Der Rahmen war üppig, das Geld knapp. Auf Kündinger mußte verzichtet werden, doch Sascha kaufte sich Kleider und ging viel aus, und vor allem wurden Feste gegeben, denn Peter, Nikolaj und Sascha bestimmten jetzt ihr eigenes Leben.

Ohne den Druck der »Alten« häuften sich die Abendgesellschaften, zu denen Apuchtin eingeladen wurde. Tschaikowsky war jetzt ein junger Mann. Es war sein letztes Jahr an der Rechtsschule, und mit einem Diplom würde er Einzug halten in die Petersburger Gesellschaft. Eine Laufbahn, zweifellos »etwas über dem Durchschnitt«, erwartete ihn. Er war beliebt, und mit dem weichen Ausdruck seines jungen Gesichts wirkte er charmant. Er spielte hübsch Klavier und hatte sogar ein Lied nach einem Gedicht von Fet komponiert, das in musikalischer Hinsicht zwar mittelmäßig war, die jungen Damen jedoch entzückte. Nicht nur sein Äußeres gefiel, er war durchaus das, was man einen »untadeligen jungen Mann« nannte – maßvoll und ohne hervorragende Eigenschaften. Und schließlich konnten nicht alle dem genialen Apuchtin ähneln, von dem ganz Petersburg sprach. Tschaikowsky war, wie man es damals nannte, »ausgesprochen sympathisch«, und das war alles! Am 13. Mai verließ er die Rechtsschule und erhielt eine Anstellung in einer Abteilung des Justizministeriums.

Was für andere der Anfang des Lebens bedeutete, war für ihn nichts als die Fortsetzung einer Pflicht, die er erledigte, ohne ihr besondere Aufmerksamkeit zu schenken, ohne sich um das Ergebnis zu kümmern: Viele Stunden verbrachte er mit der Erledigung einer Arbeit, die ihn nicht interessierte. Tag für Tag saß er in seinem Büro, bekritzelte Papiere und konnte die Menschen, die um ihn herum arbeiteten, kaum voneinander unterscheiden. Manchmal überfiel ihn ein bitterer Gedanke: Als unfähiger Beamter würde er sicher übergangen und nie befördert werden... Was sollte aus ihm werden, wenn sie merkten, wie zerstreut und faul er war? Erst gestern hatte er geistesabwesend ein wichtiges Papier zerrissen und hinuntergeschluckt... Die Gewohnheit, Papier zu kauen, stammte noch aus seiner Kindheit.

Dafür konnte er am Abend das sorglose, fröhliche, wilde Leben führen, das er seit kurzem so liebte. Mit Sascha, Nikolaj, Annette, Apuchtin und einem Dutzend absolut freier junger Leute bewegte er sich in einem Taumel von Zerstreuungen und Vergnügungen. Keiner dachte an die Zukunft: Man liebte hübsche Kleider, das Tanzen und den Flirt, man kannte nur eine Sorge: sich die »Erwachsenen« vom Halse zu halten, die einem mit Vorwürfen und Ratschlägen den Spaß verdarben. Tschaikowsky ließ seiner Phantasie freien Lauf und war oft Anführer der Gruppe. Im Sommer gab es nichts als Feuerwerk, Picknick und Theateraufführungen, im Winter Troikafahrten, Spaziergänge auf dem Newskij-Prospekt in der Hauptgeschäftszeit und Nachtessen in den Restaurants à la mode. Es war nicht immer einfach, doch man lernte schnell, wie man den Leuten Sand in die Augen streute und mit nur zehn Rubeln in der Tasche so tat, als wollte man hundert ausgeben. Und ebenfalls, wie man sich mit gelassener Miene und einem von Selbstvertrauen aufgeblähten Herzen in aristokratische Salons einschleuste.

Seine Schwester und seine Cousinen waren mit einem Schwarm von Verehrerinnen Apuchtins befreundet. Tschaikowsky hatte Erfolg bei ihnen, er spielte Klavier und tanzte mit ihnen Walzer. Doch ihm gefielen sie alle miteinander, er hatte nicht den geringsten Wunsch, sich für eine von ihnen zu entscheiden. Ein- oder zweimal war er ein wenig verliebt, doch erschien ihm dieser Zustand unerheblich, anstrengend und zu ungewiß. Er fühlte sich von diesem charmanten, unerreichbaren, frivolen Geschlecht nicht angezogen. Als Sascha ihm sagte, in der Liebe sei er ein Versager, widersprach er ihr nicht. Als ein weiteres Jahr vergangen war, begegnete er den Frauen mit völliger Gleichgültigkeit.

Und doch kannte er Leidenschaften, vor allem die für das Theater. An manchen Tagen mußte er zwischen zwei Einladungen wählen: zwischen *Gisèle* mit der Ferraris und *Norma* mit der Lagroy, die im Théâtre Michel, dem französischen Theater in Petersburg, Premiere hatte. Er konnte sich nicht entscheiden, wußte nicht, wohin er gehen sollte. Die Ferraris war ebenso häßlich wie die Lagroy, vor der er auf Knien lag. Man machte sich über ihn lustig, doch der Ernst, mit dem er von der Erhabenheit oder der Schwierigkeit des Spitzentanzes sprach, verriet den Kenner. Oft ahmte er bei sich zu Hause oder bei Freunden den Spitzentanz, den Belcanto seiner Lieblingssänger oder einen Monolog aus dem Théâtre Michel so vollkommen nach, daß die Zuschauer überzeugt waren, einziges Ziel seines Lebens sei es, die Menschen zum Lachen zu bringen, und man lachte Tränen. Und wenn er, von seiner Darbietung erschöpft, jemandem mit leiser Stimme anvertraute, die *Nachtwandlerin* sei wahrscheinlich keine zwei Takte von Mozart oder Glinka wert, wurde er entsetzt angesehen.

Trotz dieses leichtfertigen, manchmal lasterhaften Lebens konnte er nicht die Erinnerung an das vertreiben, was eines Tages, als er noch jemand »Außergewöhnliches« gewesen, als er noch nicht »ein Mann wie alle anderen« geworden war, so wunderbar aufgeleuchtet hatte. Mittlerweile kannte er das gesamte italienische Opernrepertoire, das in Petersburg gespielt wurde, und sein neuer Freund, der Sänger Piccioli, war von seinen Kenntnissen hingerissen.

Piccioli war eine fragwürdige Gestalt, und die zweideutige Zuneigung, die er Tschaikowsky entgegenbrachte, verstärkte ohne jeden Zweifel das, was Apuchtins Freundschaft in ihm geweckt hatte.

Piccioli war Neapolitaner, mit einer Freundin von Tschaikowskys Cousinen verheiratet und in Petersburg als Gesangslehrer bekannt. Er war fast fünfzig, aber er kaschierte sein Alter, indem er sich das Haar färbte und die Lippen schminkte. Manche behaupteten, er sei siebzig Jahre alt und trage unter seiner Perücke ein Gummi, das ihm die Gesichtshaut straffe. Er war ein lebhafter, feuriger Mensch und ständig in jemanden oder in irgend etwas verliebt. Über Beethoven machte er sich ebenso lustig wie über eine Zigeunerromanze, er verehrte Verdi, Rossini und andere »italienische Melodiker«, verachtete Bachs *h-Moll-Messe* so sehr wie jede symphonische Musik oder wie die Kirchenlieder Bortnjanskys.

Bei ihren Debatten, bei denen Piccioli immer die Oberhand behielt, versuchte Tschaikowsky, seine eigenen Vorlieben herauszufinden. Doch oft verlor er das Maß, es mangelte ihm an Erfahrung, und er konnte seine Ansichten noch nicht überzeugend vertreten. Die Zuneigung dieses originellen Mannes mit dem zweifelhaften Ruf schmeichelte seinem Selbstgefühl. Unter seinem Einfluß fiel er immer mehr der italienischen Musik und dem entfesselten Leben anheim, das keine Pflichten und keine Verantwortung kannte; er glitt über alles hinweg, was ihn hätte zwingen können, anzuhalten, nachzudenken, sich zu erkennen. Der Einfluß Picciolis, dieses Südländers mit seinem schockierenden Verhalten und seinem verdorbenen Geschmack, bestärkte Tschaikowsky in seinem sinnlosen, wilden Leben in den ersten Jahren nach Abschluß der Rechtsschule. Das Justizministerium und das Ballett, die Schreibarbeit und die italienische Oper, die überstürzte Heirat Saschas – alles ging ineinander über, verflog mit der Zeit, die damals nicht den geringsten Wert hatte.

IV

Der Karneval des Jahres 1861 war der Schlußakkord dieses ausgelassenen Lebens, dessen Tschaikowsky plötzlich überdrüssig war. Sascha hatte den Sohn des Dekabristen Dawydow geheiratet, lebte auf ihrem Gut im Gouvernemet Kiew und erwartete ein Kind. Einer nach dem anderen zogen sich alle ihre Verehrer zurück. Dann kam die Fastenzeit mit ihren Kohlgerichten und dem gebratenen Fisch, und das Leben wurde eintönig. Wie in jedem Jahr waren die Theater geschlossen, es begann die Saison des Zirkus und der ernsten Konzerte. Im Ministerium ging alles seinen normalen Gang, ohne daß ihm Hoffnungen daraus erwuchsen. Am Abend, im still gewordenen Hause, blieb ihm nur das Lesen, das Klavierspiel; er ging von einem Zimmer ins andere, grämte sich bei dem Gedanken an sein verpfuschtes Leben. Und in manchen Nächten, ohne Zeugen und ohne daß er es nach außen kundtat, durchlebte er Krisen einer kindlichen, ausweglos erscheinenden Verzweiflung.

Ilja Petrowitsch arbeitete in seinem Büro an der Reform des Technischen Instituts; er wollte diese Anstalt, zu deren Direktor ihn das Schicksal bestimmt hatte, modernisieren. Es war die Zeit der großen Reformen Alexanders II., und Ilja Petrowitsch begriff trotz seiner siebzig Jahre, daß die Sitten nicht mehr die seiner Jugend waren: Ganz Rußland machte eine Wandlung durch, und jeder konnte jetzt seine Kräfte nutzen. Um zwei seiner Söhne machte er sich keine Sorgen: Nikolaj und Hyppolit würden im neuen Rußland ihren Platz finden. Doch für Peter fürchtete er. Ilja Petrowitsch hatte nicht viel Zeit, sich näher mit diesen Fragen auseinanderzusetzen; die Familie nahm wenig Raum in seinen Gedanken ein. Früh am Morgen legte er seine Uniform und alle seine Orden an, in der Stille des Abends schrieb er seine Berichte, seine Darlegungen. Er vergaß vollkommen, daß er noch zwei Kinder hatte, die zehnjährigen Zwillinge, die nach Saschas Fortgang allein zurückgeblieben waren, ohne einen Menschen, der sich darum kümmerte, ob ihre Ohren sauber und ihre Fingernägel geschnitten waren. Sie gingen zur Schule, und ihnen, die nicht einmal das Einmaleins kannten, wollte man etwas von Brüchen erzählen! Man beschämte sie: Als Söhne eines Generals wußten sie nicht einmal zu salutieren! Sie verbrachten viel Zeit allein in der Küche, danach gingen sie in das große Gesellschaftszimmer und setzten sich in eine dunkle Ecke, wo sie vor lauter Langeweile zu weinen anfingen.

Eines Abends saßen sie auf der Fensterbank, gähnten und ließen die Beine baumeln; Tschaikowsky, der mit großen Schritten in der Wohnung auf und ab ging (er hatte den Nachmittag bei Piccioli verbracht und Unterricht in Italienisch erhalten), bemerkte sie. Er ging auf sie zu. Er war doppelt so alt wie sie. Sie blickten ihn furchtsam und bewundernd an, sie wußten nicht, ob er ihnen einen Klaps geben oder sie streicheln würde. Und plötzlich überkam ihn tiefes Mitleid, er nahm sie in die Arme, führte sie in sein Zimmer, erzählte ihnen eine haarsträubende Geschichte, brachte sie zum Lachen, erklärte ihnen die Brüche und lehrte sie das *Paternoster*. Er betrachtete sie mit einem neugierigen Blick: Anatol war sanftmütig und hatte schöne Augen; Modest war nicht so hübsch, aber aufgeweckter. Konnten sie vielleicht die Leere in ihm ausfüllen? Nun, man würde sehen. Vorerst aber war da jemand, der ihn brauchte, sich an ihn binden würde. So würde er das einfache Glück kennenlernen, das allen Menschen vertraut war – von jemandem geliebt, von jemandem gebraucht zu werden. Und bevor er sie zu Bett brachte, spielte er ihnen auf dem Klavier vor und sang ihnen ein Lied. Die Zwillinge hielten sich an der Hand, bereit, ihr Leben für ihn hinzugeben, voll der Bewunderung und Dankbarkeit.

Beim Abendbrot betrachtete Ilja Petrowitsch seinen Sohn. Seit mehreren Tagen schon hatte er vor, mit ihm zu sprechen, er hatte heimliche Pläne für ihn, aber er verjagte diese Gedanken, indem er sich sagte, daß eine Stellung im Justizministerium Sicherheit bot. So viele junge Leute hatten Erfolg, zumal jetzt, einen Monat nach der Abschaffung der Leibeigenschaft und kurz vor der Reform des Gerichtswesens. Er dachte an die brillante Karriere Platon Wakars... Sicher, das war nicht schlecht, aber Petruschka hatte vielleicht noch andere Möglichkeiten.

Und ohne jemandem ein Wort zu sagen, nicht einmal seinem Bruder, der doch gegen Napoleon gekämpft hatte und dessen Rat er in allen seinen Angelegenheiten einholte, suchte Ilja Petrowitsch Rudolf Kündinger auf, der Petruschka unterrichtet und den er damals hatte entlassen müssen, ein Mann, der als intelligent und verständnisvoll galt. Er hatte beschlossen, den Lehrer zu fragen, ob sein Sohn für die Musik begabt sei oder nicht.

Kündinger antwortete ihm höflich: »Nein, Peter Iljitsch Tschaikowsky hat kein Talent. Er hat bestimmte Fähigkeiten, er spielt nicht schlecht Klavier. Aber darüber hinaus? Nein, es besteht nicht die geringste Aussicht auf eine musikalische Karriere. Außerdem ist es zu spät, er wird bald einundzwanzig Jahre alt.«

Ilja Petrowitsch hatte zwar nicht viel Zeit, sich um seine Familie zu kümmern, doch beim Abendessen – es gab das Fastengericht, und im ganzen Haus roch es nach Öl – hielt er den Moment für gekommen, um Peter zu sagen: »Ich glaube, Petruschka, daß du das Justizministerium und deine musikalischen Interessen miteinander verbinden solltest. Ich glaube, Petruschka, daß du begabt bist, und es ist gewiß nicht zu spät, um Künstler zu werden.« Sein Sohn lachte bitter auf: »Ich habe mich gerade in diesen Tagen in meine Situation geschickt, und jetzt wollen Sie, daß ich Harmonielehre studiere! Ich bin zu alt. Mein Gott! Mozart hat mit zwanzig Jahren . . .«

Am darauffolgenden Sonntag wurde die ganze Sache mit Onkel Pjotr Petrowitsch besprochen, der mit seinem Krückstock auf den Holzfußboden tappte und mit donnernder Stimme rief:

»Und sonst noch etwas? Das Ministerium gegen eine Posaune eintauschen?«

Für ihn hatte das Wort »Künstler« eine dreifache Bedeutung: Bohemien, Atheist, Narr.

In seiner freien Zeit kümmerte sich Tschaikowsky jetzt um die Zwillinge. Bald blieb von der fröhlichen Freundesschar um ihn herum nur noch Apuchtin übrig, der sich aus dem »ersten Narren« seines »Hofstaats« ganz schlicht in einen alten Freund verwandelte; sie hatten sich nicht mehr viel zu sagen, und die Zukunft konnte sie nur noch weiter auseinanderbringen. Die Cousinen waren verheiratet, Petersburg leerte sich mit einem Schlag, und als ihm zu Beginn des Sommers ein reicher Ingenieur anbot, ihn als Sekretär und Dolmetscher auf seinen Auslandsreisen zu begleiten, nahm Tschaikowsky freudig an. Zum erstenmal verließ er sein Land. Von Dünaburg bis zur Grenze nahm man noch die Postkutsche, und dieser erste Abschnitt der Reise war sehr feierlich. Vierundzwanzig Stunden später hatte sich alles verändert. Berlin und Offenbachs *Orpheus in der Unterwelt,* Hamburg mit seinen Spelunken, Belgien mit seinem »entfesselten Meer«, wo ihn bei dem Gedanken an seinen Vater und seine Brüder das Heimweh packte, London, wo er die berühmte Patti hörte, und schließlich, am Ende der Reise, Paris.

Er war glücklich; auf dieser Reise wurde er wieder, was er eine Zeitlang gewesen war. Er genoß das Leben in vollen

Zügen, ließ die Zeit verstreichen, ohne viel nachzudenken. Sein Traum, fremde Länder kennenzulernen, war in Erfüllung gegangen, er hatte eine Menge reicher, vielfältiger Eindrücke gewonnen. Zwei Monate lang lebte er seinem Vergnügen, und im Herbst kehrte er müde, ausgebrannt und von den Menschen enttäuscht nach Petersburg zurück, erschöpft von den Städten, die immer wieder in seiner Erinnerung auftauchten, verwirrt angesichts der lärmenden, rauschenden Musik, doch mit der Gewißheit, daß es neben dieser Musik eine andere gab, die er kaum kannte, die aber die wahre Musik sein mußte.

Die Musik, die er suchte, erschien ihm ebenso ernst wie schwierig, als er die Musikschule zu besuchen begann, die in jenem Jahr in Petersburg eröffnet wurde. Sie war die Vorstufe zu einem Konservatorium und wurde trotz der Proteste der rechtsgerichteten Presse und des Gespötts reaktionärer Kreise von Anton Rubinstein geleitet. Rubinstein gehörte nicht zu denen, die um den Beifall der Zeitungen oder der öffentlichen Meinung buhlten. Der Unterricht hatte begonnen, jeder Professor hatte bereits zwei oder drei Schüler, sogar junge Mädchen hatten sich eingeschrieben.

Die Stunden begannen um acht Uhr früh, wenn es noch dunkel war. Es war ein kalter, regnerischer Herbst. Tschaikowsky kleidete sich bei Kerzenlicht an, schluckte eine Tasse Tee und ein bißchen Brot hinunter und rannte vom Technischen Institut an der Kreuzung von Moika und Demidowgasse ans andere Ende der Stadt. Es wurde nicht jeden Tag geheizt, und wenn der Ofen angemacht wurde, brannte einem der Rauch in den Augen, und man bekam Kopfschmerzen vom Kohlenmonoxyd. Zaremba, der Professor für Musiktheorie, wiederholte nur zu gern, daß die Molltonart eine Sünde und die Durtonart ihre Vergebung darstelle. Zum Einschlafen! Nach dem Unterricht eilte er ins Ministerium, wo er bei jeder neuen Beförderung übergangen wurde. Der italienischen Oper überdrüssig, schloß er sich am Abend in seinem Zimmer ein, kümmerte sich um die Kinder, spielte mit seinem Vater Karten oder nahm alle mit ins Theater.

Professor Zaremba konnte ihm die Musik nicht näherbringen, und so versuchte er, sich allein an sie heranzutasten. Er wußte noch nicht recht, was er außer Mozart liebte – doch Mozart war eine Kindheitserinnerung. Er wurde sich klar darüber, was ihm nicht mehr gefiel. Ehe er sich ganz der Musik verschrieb, richete er seinen Haß auf alles, was nicht mit ihr zusammenhing: seine Arbeit, das gesellschaftliche Leben. Seiner Schwester schrieb er: »Früher oder später werde ich meine Beamtenlaufbahn für die Musik aufgeben.« Auf das gesellschaftliche Leben, das beide so geliebt hatten, verzichtete er bereits. »Glaube nur nicht, daß ich mich für einen großen Künstler halte, ich möchte einfach nur tun, wozu ich Lust habe. Werde ich ein berühmter Komponist werden oder ein armer kleiner Musiklehrer? In jedem Fall werde ich ein ruhiges Gewissen und nicht das Recht haben, mit dem Schicksal oder der Welt zu hadern.«

Er war von Zweifeln geplagt, aber seine ersten Kompositionsversuche bestärkten seine Hoffnungen. »Natürlich werde ich meine Stellung erst aufgeben, wenn ich die Gewißheit habe, ein Künstler und kein Beamter zu sein...« Doch was konnte er von Zaremba lernen, der niemals Schumann gehört hatte, der Beethoven für neu und Mendelssohn für modern hielt? Währenddessen konnte man in Europa nicht genug von Liszt und Berlioz bekommen, und in Petersburg war Wagner in Erscheinung getreten. Mit welcher Erschütterung wohnte Tschaikowsky seinem ersten Konzert bei!

Bis zur letzten Minute wußte Wagner nicht, ob das Konzert stattfinden würde oder nicht. Er war erkältet und sollte wenige Tage später nach Moskau reisen. Der Saal war bis auf den letzten Platz besetzt, das elegante, exklusive Publikum wußte bereits, daß der Meister in weißen Handschuhen und mit dem Rücken zum Saal dirigierte. Wer außer ihm, den alle großartig, überraschend und außergewöhnlich fanden, konnte sich so etwas leisten? In der Pause hörte Tschaikowsky zu, was das Publikum über diese Musik sagte, die ihn betäubte und blendete; er war entsetzt, er verstand sie nicht. Doch manche behaupteten, sie sei genial.

Er hielt sich eine Weile im Foyer auf, wo junge Leute feurig diskutierten. Derjenige, der am ältesten zu sein schien, zwirbelte seinen langen Bart und trug seine Argumente mit einer lauten, tiefen Stimme vor; ein kleiner Offizier versuchte vergeblich, zu Wort zu kommen. Ein sehr junger Mann mit rosigen Wangen hörte den beiden anderen zu, einem Militär und einem Zivilisten, die stritten und einander an den Knöpfen ihrer Gehröcke packten; ein gutaussehender, ruhiger Mann stand schweigend dabei, ratlos und aufmerksam. (Es waren Stassow, Mussorgski, Rimski-Korsakow, Balakirew, Cui und Borodin.)

Einer erklärte, er sei vor tödlicher Langeweile beinahe eingeschlafen; Worte wie »Fiasko«, »unfähig«, »schrecklich« kamen aus ihrem Mund, und alle entrüsteten sich besonders über die Becken, die »viel Lärm um nichts« machten. Der kleine, elegante Offizier tobte und konnte sich nicht wieder beruhigen, der Bärtige mußte ihn mit beiden Händen festhalten. Tschaikowsky entfernte sich und ging in den Saal zurück, wo sich zwei junge Mädchen Tränen der Bewunderung und der Rührung aus den Augen wischten. Wieder wandte er sich der Tür zu, er hätte gern weiter gehört, was gesagt wurde, und vielleicht selbst etwas sagen wollen. Doch was? Er wußte es nicht. Aber er hätte gern zu dieser Gruppe von Männern gehört, die sich duz-

ten, bei ihren Spitznamen nannten und große Leidenschaft-
lichkeit bekundeten. Die Menge schob sich zwischen sie
und ihn, und er verlor sie aus den Augen.

Das Petersburger Konservatorium, das 1862 eröffnet
wurde, unterschied sich anfangs nicht von der Musikschule.
Bei seiner Einweihung fanden ein Gottesdienst und ein
Empfang statt, und das Unterrichtsjahr begann mit Anton
Rubinstein und einem Dutzend deutscher, italienischer und
polnischer Professoren. Doch erst am Ende des zweiten Jahres seines Bestehens bekam dieses Konservatorium Ähnlichkeit mit den europäischen Musikhochschulen. Im ersten
Jahr nahm Tschaikowsky wie alle Schüler noch am Unterricht Zarembas teil, der sehr viel schlechte Philosophie und
sehr wenig Musik machte. Die Schüler versuchten, so gut es
ging, die technischen Schwierigkeiten zu meistern. Doch
das Ministerium nahm bei Tschaikowsky nach wie vor die
Hälfte des Tages in Anspruch. Insgeheim hatte er beschlossen, es in jenem Sommer aufzugeben, doch ein neuer
Freund versuchte, es ihm auszureden. Hermann Laroche,
ein sehr gebildeter junger Mann, der mit seinen siebzehn
Jahren älter wirkte, als er war, blickte ihn streng an und sagte: »Sie werden weder ein Verdi noch ein Offenbach. Wovon
wollen Sie denn leben?« Schon jetzt mußte Tschaikowsky
Stunden geben, um über die Runden zu kommen.

Laroche war Tschaikowsky seit einiger Zeit unentbehrlich
geworden; sein ausgeglichener Charakter und seine fundier-
ten Kenntnisse versetzten ihn in Erstaunen. Seit der Kindheit hatte man Laroche auf die Musik vorbereitet, und alles
war im Hinblick auf sie unternommen worden. »Sie werden
weder ein Verdi noch ein Offenbach«, wiederholte er mit
solcher Bestimmtheit, daß Tschaikowsky ihm nichts zu antworten wußte.

Der Wunsch zu komponieren ließ ihn den ganzen Winter
nicht los, und manchmal gab er seiner Schwäche nach, vor

sich hin zu träumen. Seine Träume hatten noch keinen konkreten Inhalt, Ehrgeiz oder das Drängen einer sich entfaltenden Begabung war ihnen fremd. Er träumte davon, Komponist zu sein, die musikalische Atmosphäre versetzte ihn in Erregung. Nicht die Opernkulissen, nicht die zufälligen Bekanntschaften mit Sängern, die oft seine Freunde wurden, wenn er ihnen auch vollkommen fremd blieb, sondern jene Atmosphäre, die Rubinstein um das Konservatorium schuf – die Abende, an denen er schon jetzt die Sänger am Klavier begleitete, die Neuigkeiten, die aus Europa zu ihm herüberdrangen, das sich langsam entwickelnde musikalische Leben Rußlands und vor allem Anton Rubinstein selbst, dessen Klasse er im zweiten Jahr besuchte.

Jetzt war er kein Beamter mehr, sondern Musiker. Er hatte über seinen Abschied vom Justizministerium nicht weiter nachgedacht – er war einfach nicht mehr im Büro erschienen. Zu Beginn seines zweiten Studienjahres am Konservatorium gab er für fünfzig Rubel im Monat Unterricht. Ilja Petrowitschs Geschäfte gingen zusehends schlechter, und er konnte nicht länger auf die Hilfe seines Vaters rechnen. Zu Fuß ging er von einer Unterrichtsstunde zur nächsten. Seine eleganten Gehröcke waren jetzt abgetragen, und etliche seiner früheren Bekannten grüßten ihn nicht mehr, wenn sie ihm auf dem Newskij-Prospekt begegneten. Und tatsächlich war er nicht mehr wiederzuerkennen: Er hatte sich einen Bart wachsen lassen und trug einen Hut mit breiter Krempe.

Mit Laroche spielte er stundenlang vierhändig: Beethoven, Glinka, die neuen europäischen Komponisten. Zwischen Unterricht und Proben aßen sie in der »Fünfkopenküche« im Keller der holländischen Kirche zu Mittag, dem Treffpunkt aller Mitglieder des Konservatoriums. Abends begleiteten sie sich gegenseitig nach Hause. Manchmal konnten sie sich bis in die Nacht hinein nicht trennen; dann setzten sie sich vor das Haustor, diskutierten und sprachen von ihrer Zukunft, von ihrem späteren Ruhm, von ihren Hoffnungen.

Aber es war selten, daß sie aus vollem Herzen redeten; beide hatten ein zurückhaltendes Wesen, und die romantische Freundschaft lag nicht in ihrer Natur. Der vernünftige Laroche berichtete ihm bei diesen Gesprächen von der Musikpolitik, die bei den Abendgesellschaften des Komponisten Serow gemacht wurde. Serow war durch seine damals sehr beliebte Oper *Judith* berühmt geworden. Tschaikowsky hatte den Nutzen dieser Freundschaft durchaus erkannt, in der Schwärmerei keinen Platz hatte und durch gegenseitige Achtung ersetzt wurde. Bei ihren Gesprächen nahm Tschaikowsky viele wichtige Dinge auf, doch mehr als alle Plaudereien gab ihm die Musik.

Anton Rubinstein betrat die Klasse. Er war kein großer Redner. Er setzte sich einfach an den Flügel: »Der Löwe spreizte seine königlichen Pranken.« Er begann den Unterricht, indem er vorspielte, und setzte es fort und beendete ihn, indem er vorspielte. Eine nach der anderen spielte er sämtliche Beethoven-Sonaten, und dazwischen rief er: »Hören Sie? Haben Sie begriffen? Oh, wie himmlisch! Wie betörend! Außergewöhnlich!« – und spielte weiter. Die Schüler und Schülerinnen hielten den Atem an, drei Stunden lang hörten sie ihm zu. Hatten sie begriffen? Ja ... Dann ging er mit Getöse hinaus, ein Riese mit wirrem Haar und zerfurchter Stirn. Den Komponisten gab er Übungen auf: für Samstag ein Quartett, für Dienstag eine Ouvertüre.

Nächtelang sitzt Tschaikowsky über seinen Partituren, morgens bringt er die kaum getrockneten Blätter mit. Anton Rubinstein spielt vier Takte: »Untauglich!«, und weigert sich, weiterzuspielen. Er verlangt von ihnen, die d-Dur-Sonate von Beethoven auf vier verschiedene Arten zu instrumentieren und, bitte schön!, ohne englische Hörner. Ihre Instrumentierungen sind schon laut genug. Doch wenn ihm etwas gefällt, gibt er einem mit seiner schweren Faust einen derart kräftigen Schlag auf den Rücken, daß einem die Knie zittern. Laroche bekommt mehr Lob als Tschaikowsky – auf diesen Schüler hat er große Hoffnungen gesetzt.

Laroche verheimlichte ihm seine Besuche bei Serow, er durfte sie nicht einmal erwähnen! Anton Rubinstein war nicht nur der Größte, er war der einzige – das sollte alle Welt wissen! Und doch kam in Petersburg selbst eine neue, feindselige Stimmung auf. Laroche wäre es nie eingefallen, mit der Gruppe ungebildeter junger Leute zu verkehren – Ingenieure, Studenten, Offiziere –, denen Stassow mündlich und in der Presse sein Lob aussprach. Stassow hatte vor einiger Zeit mit Serow gebrochen, seinem langjährigen Freund, Grund für den Bruch war Wagner. Laroche glaubte, eine zu hohe Bildung zu haben, um sich dieser Gruppe von Männern anzuschließen, die nie studiert hatten, die die kompositorische Begabung Rubinsteins nicht bewunderten und nie einen Vortrag von Professor Zaremba gehört hatten. Serow war dagegen etwas ganz anderes: Seine Musik war wahrhaft, und man brauchte ja nicht zu verstehen, warum die Großen der Welt sich nicht leiden konnten. Eine merkwürdige Gesellschaft von Schmeichlern, Säufern, Gescheiterten, aber auch wahrer Talente traf sich bei Serows »Dienstagen«.

Eines Tages führte Laroche Tschaikowsky dort ein, der ihm schwören mußte, Rubinstein nichts davon zu verraten. *Judith,* die einen ganzen Winter auf dem Spielplan stand, übte auf junge Menschen eine starke Anziehung aus. Unterwegs ließ sich Tschaikowsky von Laroche eine Geschichte über Serow erzählen.

Es war im Jahre 1842, als Liszt nach Rußland gekommen war. Stassow und Serow, damals noch unzertrennlich, hatten auf dem Balkon gesessen und während des ganzen Konzerts geweint; in der Nacht hatten sie kein Auge zugetan. Im Morgengrauen verfaßten sie einen Brief, den sie persönlich überbrachten. Liszt empfing sie. Nie hatten sie verraten, was sich bei dieser Begegnung abgespielt hatte, es war lediglich bekannt, daß sie dem Meister beim Abschied die Hand geküßt hatten. Ein Jahr darauf kam Liszt wieder, doch die italienische Oper, die mit Rubini Triumphe feierte, war schuld, daß er keinen vollen Saal hatte, was Glinka in Zorn versetzte . . .

Von Serows jugendlichem Ungestüm war nichts mehr vorhanden: ein spöttischer Geist, ein uninspiriertes Werk, das sich Wagners Regeln unterwarf, polemische Auseinandersetzungen in der Presse, eine ständige Gekränktheit, Klagen darüber, unverstanden zu sein, Vorträge über »Die Musik in technischer, historischer und ästhetischer Hinsicht«. Tschaikowsky begab sich ohne Illusionen und ohne Ungeduld zu diesem Abend. Er sah einen keineswegs alten, müden, von Speichelleckern umringten Mann. Dostojewski befand sich unter den Gästen. Es wurde leidenschaftlich über Musik gesprochen. Laroche war ein vertrauter Gast, doch Tschaikowsky wurde von niemandem bemerkt. Den Gesprächen, die ihn interessierten, hörte er aufmerksam zu, aber er fühlte, daß ihm all diese Menschen, die Gäste und auch der Gastgeber, sehr fremd waren.

Er war jetzt Musiker. Er strengte sich an, um Stunden geben zu können, er plagte sich mit der Theorie ab, schrieb wöchentlich zwei Kompositionen und trug seine alten Jakken ab, die er einst bei einem guten Schneider hatte anfertigen lassen und die die Köchin geflickt hatte. Seine gezwungene Art stammte noch aus der Zeit der Rechtsschule; er war hübsch, schlank und hatte trotz seiner weichen Lippen einen gleichgültigen Ausdruck um die Mundwinkel. Er war zu gut erzogen, um affektiert zu sein, und jener Ausdruck ständiger Gleichgültigkeit paßte gar nicht zu der Intensität, mit der er sein Leben lebte.

War diese Haltung vielleicht auf eine allzu ausschließliche Beschäftigung mit sich selbst zurückzuführen? Mit der endlich errungenen Freiheit, mit der Armut, die er kennengelernt hatte, mit der späten Gewißheit seiner Berufung war sein Charakter endgültig geformt.

Es war jedoch keine einfache Entwicklung. Die Jahre am Konservatorium und erste eigene Kompositionen hatten ihn zutiefst erschüttert. Das hatte kurze, wenn auch starke Halluzinationen zur Folge, die er vor seinem Vater zu verheimlichen suchte und die seine beiden Brüder in Schrecken versetzten. Abends vor dem Einschlafen überfiel ihn ein Zittern, er wurde von Krämpfen geschüttelt, seine Füße und Hände waren wie gelähmt, und dann kamen die »Schocks«, wie er es nannte, nach denen er lange geschwächt war und nicht einschlafen konnte.

Er erinnerte sich an die seltsame Erkrankung des Rückgrats, die ihn nach den Masern befiel, und an den Arzt, der von einer schweren erblichen Belastung gesprochen hatte. Seither war seine sorglose, unnütze Jugend mit ihrem monotonen Ablauf von Arbeit, Vergnügungen und Langeweile verstrichen, ohne tiefe Spuren hinterlassen zu haben. Wenn er manchmal heimlich zur Musik seiner Kindheit zurückkehrte, stellte sich die Erinnerung an die Krankheit, die ihn an den Rand eines unvorhergesehenen Wahnsinns gebracht hatte, unerbittlich ein.

Die Musik seiner Kindheit! Mozart! In welchem Glanz erstand sein Abgott heute wieder auf! Der Himmel senkte sich schwer über das armselige Petersburger Leben, das dennoch hin und wieder glückliche Tage kannte: die Wiederaufnahme von Glinkas *Ruslan und Ludmilla,* Konzerte im Stadthaussaal, vierhändiges Spielen mit Laroche, *Das Paradies und die Peri* von Schumann, dem gegenüber er große Ehrfurcht

empfand. Doch Mozart war der wahre Himmel, bei seiner
Musik stiegen ihm Tränen in die Augen! Er fürchtete mehr
als alles, andere könnten seine Tränen sehen und sich über
seine Empfindsamkeit lustig machen. Er litt bereits darunter, daß man ihn für weichlich hielt; er wollte alles daranset-
zen, um diese Behauptungen zu widerlegen.

Doch solche Ausbrüche der Revolte waren selten; von
Natur aus war er sanft. Demütig, mit gesenktem Kopf hörte er zu, als Rubinstein ihn wegen seiner »Hauptaufgabe«
rügte, einer im Sommer geschriebenen Ouvertüre zu
Ostrowskis Schauspiel *Das Gewitter.* Bescheiden nahm er
den Erfolg seines Orchesterwerks *Tanz der Mägde* entgegen,
das Johann Strauß (Sohn) in Kiew dirigierte. Es war sein
erster Erfolg. Das Publikum schenkte ihm keine besondere
Aufmerksamkeit, es gab ein oder zwei abwertende Kritiken,
und das war alles. Kurze Zeit später dirigierte er im Théâtre
Michel seine *Ouvertüre in f-Dur,* gespielt vom Konservato-
riumsorchester.

Den Sommer verlebte er bei seiner Schwester in Kamenka, auf dem Dawydowschen Landsitz. Sascha erinnerte ihn
an seine Mutter. Ein großes Haus, das geführt werden mußte, der Alltag von Großgrundbesitzern in der Provinz, ein
arbeitsamer Ehemann, riesige, reiche Ländereien, Kinder,
die eins auf das andere folgten, waren an die Stelle des glanz-
vollen, wilden Petersburger Lebens getreten.

Vierzig Jahre zuvor hatte Puschkin hier gelebt, umgeben von jungen Mädchen und jungen Frauen; er war
jung und verliebt gewesen, das Leben leicht und sorglos. Von der damaligen Atmosphäre war nichts mehr zu
spüren. Das Haus war umgebaut, der Park halb umge-
pflügt worden, in der Nähe entstand ein Dorf. Ein paar
alte Leibeigene und Dawydows Stiefmutter konnten sich
noch an Puschkin erinnern, aber der leichtfertige, fröhliche
Geist vom Anfang des Jahrhunderts war endgültig ver-

flogen. Dawydow lebte inmitten seiner dicken Rechnungs-
bücher. Zuckerrüben, Leinsamen und Weizen forderten
jetzt nicht nur die Arbeit befreiter Bauern, sondern auch des
Besitzers.

Nach diesen Monaten im Kreis der Familie war Tschaikowsky wieder allein. Er kam nach Petersburg, um sich von
seinem Vater und seinen Brüdern zu verabschieden, die im
Begriff waren, zu Sinaida in den Ural zu reisen.

Er zog jetzt in die leere Wohnung Apuchtins, der in Moskau lebte, und er ahnte, daß bald ein Menschenfeind aus ihm
werden würde. Wahrhaftig, er wurde von niemandem
gebraucht, und auch er brauchte niemanden! Geld besaß er
keines: Er hatte Schulden. Jemand schlug ihm vor, die Stelle
des Versorgungsinspektors auf dem Markt von Sennoi
anzunehmen . . . Er verschloß seine Tür vor allen. Das Komponieren fiel ihm schwer, und manchmal sagte er sich, daß
ihm gegen Rubinsteins Strenge und das Mißtrauen seiner
Kommilitonen nur eines helfen würde: das Ministerium.
Und wenn er dahin zurückkehrte? Nächtelang saß er über
seiner Musik, und wenn er sich von ihr losriß, verfiel er in
tiefste Niedergeschlagenheit. Er war allein auf der Welt, niemand konnte ihm helfen. Laroche kam, sie sprachen über
Chopin, sie spielten zusammen Klavier, und die Zeit verflog. Er war bereits fünfundzwanzig Jahre alt und hatte
noch nichts zustande gebracht. Am ersten Januar würde er
sein Studium beenden.

In der leeren, fremden Wohnung Apuchtins, von Hunger
und Kälte gequält, träumte er in manchen Nächten von
einer großen, schwer zu handhabenden Pistole, mit der er
sich eine Kugel ins Herz schießen würde.

V

In der »Fünfkopekenküche« erfuhr Tschaikowsky die große
Neuigkeit: Nikolaj Rubinstein, Anton Grigorewitschs jün-
gerer Bruder, das »Moskauer Genie«, war in Petersburg eingetroffen. Es war ein kalter, klarer Tag, Tschaikowsky war
lange am Ufer der Newa gewandert. Seit einiger Zeit zog er
einsame Spaziergänge den Moralpredigten Laroches vor.

Mit seinem Besuch in Petersburg verfolgte Nikolaj Rubinstein eine bestimmte Absicht. Anton leitete die Petersburger Abteilung der Russischen Musikgesellschaft, und
Nikolaj hatte beschlossen, für Moskau zu tun, was sein Bruder für Petersburg getan hatte. Er wollte eine Musikschule
gründen und hatte die Absicht, im Jahr darauf ein Konservatorium einzurichten. Nikolaj Rubinstein, Virtuose, Dirigent, Pädagoge, Administrator, ein heißblütiger, leidenschaftlicher und großzügiger Mensch, der das Risiko liebte
und von einer Frau zur anderen schwärmte, ein Musiker,
wie Moskau und sicherlich ganz Rußland ihn noch nie
gekannt hatten, kam nach Petersburg, um Musikprofesso-
ren für sein »Geschöpf« zu suchen. Und sein berühmter
Bruder sollte ihm seine besten Schüler zuführen.

Der berühmte Bruder empfand Nikolaj Grigorewitsch
gegenüber nicht gerade zärtliche Gefühle. Ohne große
Begeisterung hatte er ihm die Moskauer Hochburg auf
Lebenszeit überlassen. Er hatte keine andere Wahl gehabt!
Denn wenn man sich Vertrauen und Bewunderung Moskaus erhalten wollte, mußte man dort leben, sich der Stadt
ausschließlich widmen, ihr ständig neue Impulse geben. In
den letzten Jahren hatte Nikolaj unbestritten den Platz seines
Bruders eingenommen, der Petersburg nur noch selten verließ. Ja, er hatte es mit der unvergleichlichen Unbeküm-

mertheit seines sprühenden Temperaments getan und dabei aus seiner großen Begabung, einem bereits berühmten Namen und seiner Künstlernatur Nutzen gezogen. Bei allem, was er tat, erweckte er den Eindruck, vom Glück begünstigt und ein Liebling der Menschen und Götter zu sein.

Anton war nicht ganz zufrieden. Als Pianist wurde er in ganz Rußland verehrt und auch im Ausland sehr geschätzt, fast so sehr wie Liszt. Als Komponist, das fühlte er, lief etwas schief: Man hatte etwas gegen ihn. Einerseits Serow, andererseits die Gruppe der jungen Leute und ihr unverschämter Kritiker, César Cui. Und doch! – mit welchem Temperament, mit welcher Leichtigkeit komponierte er! Eine Oper konnte er in einem Monat komponieren, ein Lied in einer Viertelstunde! Was kümmerte ihn der Spott! Niemals würde er zulassen, daß ein anderer seinen Platz als größter lebender Komponist Rußlands einnahm! War es Hohn, daß ihm die Natur den Kopf eines Beethoven verliehen hatte? War er vielleicht weniger wert als Glinka?

Doch jetzt kamen die Angriffe nicht von einem Komponisten, weder von Serow noch von Dargomischsky. Sein Bruder, der Virtuose, der Dirigent, der Geschäftsmann in Sachen Musik, der *maestro* machte ihm den Ruhm streitig! Nikolajs von ständigen Ovationen begleitete Tätigkeit in Moskau, sein Erfolg, die heitere Beschwingtheit, mit der er arbeitete, seine ausgefüllten Tage, die wie ein ununterbrochenes Fest verstrichen, trübten Antons Gedanken. Vielleicht würde die Zukunft *ihm* recht geben, und von dem Leben, das Nikolaj gedankenlos mit Vergnügungen, Kartenspiel und Champagner vergeudete, würde nichts übrigbleiben. Das Schicksal, das ihn zu einem intelligenten, sorglosen und strahlenden Menschen gemacht hatte, würde ihn zugrunde richten und ihm nicht das ruhmreiche und würdige Alter gewähren, von dem Anton träumte. Er, Anton, hielt in allem Maß, sogar in seinen Beziehungen zu Frauen, die ihn doch in großer Zahl umschwärmten. Junge, schöne, adlige, unerreichbare Frauen, sie alle waren da, zu allem bereit! Nikolaj lachte: »Oh! Auch in Moskau fehlt es nicht an ihnen!« In der Pause beobachtete er, wie sie scharenweise kamen, um Antons Hand zu küssen, eine feuchte, welke Hand. Sie brüsteten sich damit, wenn er ihnen seine Aufmerksamkeit, einen Blick, eine Blume schenkte. Nikolaj amüsierte das: In Moskau verhielten sich andere Frauen ihm gegenüber genauso. In Petersburg wurde gemunkelt, der ungeduldige Anton sei auf seinen jüngeren Bruder eifersüchtig.

In Petersburg – und nur dort – war Nikolaj ungefährlich. Anton nahm seinen Bruder freundlich in Empfang, machte ihn mit allen Konservatoriumsangehörigen bekannt und gab ihm die Möglichkeit, ein glänzendes Konzert zu geben. Nikolaj wurde bei den adligen Mäzenen vorstellig. »In Moskau haben wir so etwas nicht, es gibt keinen Hof, nur Kaufleute, aber die sind reich und großzügig!« Die Moskauer Kaufleute verwöhnten Nikolaj auf ihre Art, bei den Festessen ließen sie ihn zwischen dem Erzbischof und der Frau des Gouverneurs Platz nehmen. Auch Petersburg war von ihm begeistert. »Nun, Anton, wen könntest du mir für meine Schule empfehlen? Hast du Russen? Die Polizei nimmt mir übel, daß ich nur Deutsche und Italiener habe.«

Und Anton schlug Tschaikowsky vor. Warum er das tat? Das gestand er nicht einmal sich selbst ein. Er sagte, der junge Mann stamme aus einer sehr guten Familie und sei kein schlechter Musiker. In Wirklichkeit wollte er Tschaikowsky aus dem Weg schaffen, irgend etwas sagte ihm, daß dieser Schüler nicht immer so gefügig bleiben würde.

Für seine Abschlußprüfung am Konservatorium mußte Tschaikowsky eine Kantate komponieren. Während er an ihr arbeitete, dachte er viel an seine bevorstehende Abreise nach

Moskau, an seine künftige Tätigkeit. Er würde fünfzig Rubel im Monat verdienen, im darauffolgenden Jahr hundert. Das bedeutete zwar nicht Elend, aber es bedeutete Armut. Eine unbekannte Stadt, fremde Menschen, fern von seinen beiden Brüdern... Aber er mußte endlich zu leben anfangen, der Prolog hatte lange genug gedauert. Für Rubinstein empfand er große Dankbarkeit, er war ihm erkenntlich für alles, was er für ihn getan hatte. Was er von Nikolaj halten sollte, wußte er noch nicht. Er scheute vor neuen Freundschaften zurück, doch der Moskauer gefiel ihm. Er mochte den Kontrast zwischen seinem tönenden Lachen und seinem zutiefst traurigen Blick, er mochte seine leuchtenden Augen, seinen blonden Lockenkopf, seine melodische Stimme und vor allem seine starken, edlen, magischen, einzigartigen Hände.

Seine Kantate, die Vertonung von Schillers Hymne »An die Freude«, war vollendet; sie wurde am Tag der Preisverteilung gesungen und der Komponist mit einer silbernen Medaille ausgezeichnet. Am 5. Januar 1866 brach Tschaikowsky nach Moskau auf. Seine Liebe zu Petersburg war unerwidert geblieben, und seine Kantate hatte keinen Anklang gefunden. Anton hatte die Stirn in Falten gelegt, als er sie las, Serow erklärte, er hätte sehr viel mehr erwartet, und der junge César Cui hatte in den Zeitungen geschrieben: »Tschaikowsky war durch und durch mittelmäßig«, und: »In keinem Moment hat seine Begabung die Ketten des Konservatoriums gesprengt.« Nur Laroche hatte ihn ermutigt und plötzlich Vertrauen gezeigt; zu Tschaikowskys großer Verwirrung sagte er ihm eine glänzende Zukunft voraus.

Voller Zweifel und Verbitterung reiste Tschaikowsky ab. Petersburg hatte ihn nicht anerkannt. Er hatte es nicht vermocht, Verständnis und Liebe zu erwecken, weder bei den Jungen noch bei den Alten. Vielleicht gab es Menschen, die ihn aufgenommen, die sich ihm genähert und seine Freunde hätten sein können, aber er hatte sie nicht gefunden. Er blickte aus dem Zugfenster. Jetzt beginnt ein neues Leben, dachte er. Auf der ganzen Welt waren ihm nur die beiden Jungen, Modest und Anatol, lieb und teuer; bei dem Gedanken an sie schnürte sich ihm das Herz zusammen. Alles übrige war ihm gleichgültig oder feind.

Als er am nächsten Morgen in Moskau eintraf, nahm er sich ein Zimmer im Hotel Kokorew und begab sich sogleich zu Rubinstein in die Mochowaja. Nikolaj Grigorewitsch wohnte in dem Gebäude, in dem sich die Musikschule befand. Im kommenden Herbst würden die Schule und er, das heißt das neue Konservatorium, umziehen. In den Klassenräumen war es kalt und dunkel, in der Wohnung des Direktors herrschte große Unordnung. Der Diener Agafon, vor dem sich Lehrer wie Schüler fürchteten, ließ Tschaikowsky eintreten, musterte ihn lange und bat ihn mit feindseliger Stimme, zu warten.

Nikolaj Grigorewitsch erschien, heiter, lächelnd, und strich über seinen langen blonden Schnurrbart. Mit einem einzigen Blick ergriff er von dem Besucher Besitz. Er lud ihn zum Mittagessen ein, befahl ihm, das Hotel zu verlassen, und schlug ihm vor, bei ihm zu wohnen. Er versprach, ihn sofort mit allen Mitarbeitern bekannt zu machen und noch am selben Abend die Ankunft des jungen Professors im Restaurant Testoff zu begießen. Trinken Sie Wodka? Spielen Sie Karten? Und was ist mit den Frauen? Tschaikowsky hatte kaum Zeit, ihm zu antworten. Dieser lärmende, starke, gesunde Mensch mit dem tiefen Blick war ihm ausgesprochen sympathisch. Er dankte ihm und zog umgehend in die Wohnung in der Mochowaja.

Alle »Adjutanten« Nikolaj Grigorewitschs – die künftigen Professoren des Konservatoriums – kamen, um Tschaikowsky, die frisch aus der Hauptstadt eingetroffene Sehenswürdigkeit, zu besichtigen: der Cellist Albrecht, der einen fortschrittlichen musikalischen Geschmack besaß, aber reaktionäre politische Ansichten vertrat (er bedauerte die Abschaffung der Leibeigenschaft); Jürgenson, ehemals Verkäufer in einem Musikgeschäft, der jetzt das von ihm gegründete Unternehmen leitete; Kaschkin, ein Russe aus dem Gouvernement Woronesch, mit seiner roten Nase, den nicht sehr sauberen Händen, dem Gehrock voller Schuppen und einer näselnden Stimme, ein träger, etwas aufdringlicher, aber sehr netter Mann.

Sie alle waren jung, kultiviert, und Nikolaj Grigorewitsch war ihrer aller Meister. Ob er ihnen befahl, einen Vortrag zu halten, oder mit ihnen zu den Zigeunern gehen wollte: Immer stimmten sie freudig und ehrerbietig zu. Wie sollte man ihm auch widersprechen, ihm, der so stark war, ihm, der einen mit einem Wort, mit einer Geste vernichten konnte, ihm, der immer und in allem recht hatte? Mit einem Blick musterte er Tschaikowskys Fräcke und Gehröcke und zuckte die Achseln: »In Moskau können Sie so nicht gehen. Das wurde hier vor drei Jahren getragen. Bei uns, mein Kleiner, muß man mit der Mode gehen. Bei Ihnen mag man mit abgetragener Kleidung interessant wirken, in Moskau nicht!« Er drängte ihm seinen eigenen Frack auf und band ihm eine seiner Krawatten um. Nun, war die Hose auch nicht zu kurz? Er war etwas kleiner als Tschaikowsky.

Mit großer Geschwindigkeit durchqueren drei Troikas die verschneite Stadt. Die Kutscher ziehen die Mützen: »Beste Empfehlung, Eure Exzellenz Nikolaj Grigorewitsch!«

Die Polizisten grüßen ihn. Bei Testoff wartet sein Privatséparée auf ihn, die Kellner sind »Seiner Exzellenz« Herrn Rubinstein und seinen Freunden zu Diensten. Und Tschaikowsky, in *seinen* Frack gekleidet, nach *seinem* Toilettenwasser duftend, neben *ihm* sitzend, trinkt auf die neue und lange Freundschaft und fühlt eine merkwürdige, heftige, mit Erstaunen und Bangen gemischte Sympathie für ihn in sich aufsteigen.

Rubinstein war nur fünf Jahre älter als Tschaikowsky, doch eine Kluft trennte die beiden. Nikolaj Grigorewitsch war berühmt und allmächtig, Tschaikowsky war nur ein angehender kleiner Professor. In den ersten Wochen seines Moskauer Aufenthalts verkörperte Rubinstein für Tschaikowsky das ganze Moskauer Leben; alles hatte nur durch ihn und neben ihm Bedeutung. Ohne ihn war es ein unbekanntes, unverständliches Leben, ein Dschungel, in den Rubinstein ihn manchmal entführte und in den er ihm wie alle anderen widerspruchslos folgen mußte.

Ihre Zimmer lagen nebeneinander, sie waren nur durch eine dünne Wand getrennt. Rubinstein behauptete, das Kratzen von Tschaikowskys Feder hindere ihn am Schlafen. Tschaikowsky, der einen leichten Schlaf hatte, hörte, wie er vom Englischen Klub zurückkehrte, wie Agafon ihn entkleidete, wie er über Magenschmerzen klagte. Die Federn des großen Diwans, auf dem er schlief, begannen zu ächzen; er warf sich hin und her, weil er nicht einschlafen konnte, und im Morgengrauen begann er, leise zu schnarchen. Um zehn Uhr sprang er aus dem Bett, rief Agafon zur Morgentoilette herbei und stürmte ins Konservatorium. Anschließend aß er bei vornehmen, mondänen Freunden zu Mittag, stattete ein paar Besuche ab und speiste am Abend im Restaurant. Anschließend besuchte er den Klub oder den Zirkel, wo er bis spät in die Nacht blieb. Manchmal spielte er, bevor er sich zur Ruhe begab, bis zum frühen Morgen Klavier: Dann bereitete er sich auf ein Konzert vor. Und Tschaikowsky konnte unmöglich schlafen, setzte sich im Morgenrock an seinen Tisch und versuchte, im Schein der Kerze zu komponieren. Aber er konnte sich nicht hören, aus dem Salon hallten Beethovens, Mendelssohns oder Schumanns Klänge wie Donner zu ihm herüber.

Als die Musikschule 1866 zum Konservatorium erweitert wurde, wurde ein Haus in der Wosdwischenka neben einem Bestattungsinstitut gemietet, und sie zogen um. Tschaikowsky richtete sich in der oberen Etage ein, Rubinstein wohnte im Erdgeschoß. Ein langer Gang, in dem man oft weiblichen Schatten begegnete, verband seine Wohnung mit den Räumen des Konservatoriums. Seine Schülerinnen verfolgten ihn, erbettelten sich einen Zigarettenstummel, ein Taschentuch, einen alten Briefumschlag. Wenn sie schön waren, streichelte er sie, während er mit ihnen sprach, und sie verloren den Kopf.

Nikolaj Grigorewitsch arbeitet jetzt jeden Abend, wenn er vom Klub zurückkommt; er bereitet sich auf seine große Auslandstournee vor. Tschaikowsky im oberen Stockwerk kann nicht schlafen; er komponiert. Aber Rubinsteins Klavierspiel tönt durch das ganze Haus; verzweifelt hält Tschaikowsky sich die Ohren zu. Auf eine eigene Wohnung kann er noch nicht hoffen, dazu hat er nicht genug Geld und nicht genug Mut.

Ein Jahr ist verstrichen, seit auf der ersten Seite der *Moskauer Nachrichten* folgende Anzeige erschien: »Der Unterricht in Solfeggio von P. Tschaikowsky findet jeden Dienstag und Freitag um elf Uhr morgens statt. Die Gebühren für diesen Unterricht sind auf drei Rubel im Monat festgesetzt.« Er ist jetzt ein Professor, von dem es heißt, daß er nicht schlecht komponiere. Albrecht und Kaschkin sagen es, denn Nikolaj Grigorewitsch beurteilt Tschaikowskys kleine Fantasien von oben herab. Er sähe es lieber, wenn er sich verliebte, bald wird er dreißig Jahre alt, und die Frauen lassen ihn völlig gleichgültig.

Seit der Eröffnung des Konservatoriums nehmen Tschaikowsky und Rubinstein ihre Mahlzeiten bei Albrecht ein, der Familienvater und ständig von häuslichen und beruflichen Problemen geplagt ist. Tagsüber verläßt Tschaikowsky seine Wohnung nur, um seinen Unterricht zu geben oder zu Albrecht zu gehen. Die Oper ist hier längst nicht so gut wie in Petersburg; hin und wieder geht er am Abend in das Dramatische Theater, seit seiner Jugend hat er eine Schwäche für Ostrowskis Dramen. Regelmäßig wohnt er den – immer sehr schönen – Konzerten bei, die Rubinstein mit sicherer Hand dirigiert. Es gibt hier ein viel größeres Publikum als in Petersburg; es ist vielleicht weniger erlesen, dafür aber gefühlvoller und leidenschaftlicher.

Tschaikowsky hat ziemlich viel Freizeit, er könnte zu Hause bleiben und arbeiten, aber Nikolaj Grigorewitsch belegt ihn zu oft mit Beschlag und läßt ihm keine Ruhe.

Rubinstein wollte ihn unbedingt mit Mufka, der Nichte eines reichen Moskauer Kaufmanns, verheiraten. Das Mädchen war nett, lustig und unerschrocken. Lange Zeit machte Tschaikowsky, obwohl er keine Abneigung gegen sie empfand und sie ihm sogar angenehm war, einen großen Bogen um sie, sobald er sie sah. Nikolaj Grigorewitsch führte ihn im Künstlerzirkel und im Englischen Klub ein, wo Tschaikowsky von Zeit zu Zeit Karten spielte. Manchmal wurde im Zirkel ein Maskenball gegeben, bei dem Nikolaj Grigorewitsch und der polnische Komponist Wienawski nach vom Publikum vorgeschlagenen Themen improvisierten. Die jungen Leute tanzten; zwischen einem schwerverdaulichen Abendessen und einem opulenten Nachtessen lasen Ostrowski und Pissemsky aus ihren neuesten Werken vor, und Tschaikowsky versteckte sich in einer Ecke aus Angst, daß man ihn aufgrund seiner Jugend für einen Tanzkavalier halten könnte. Er wußte nicht, ob er lieber mit der spöttischen Mufka zusammen wäre, die ihre Schultern entblößt hatte, um ihm zu gefallen, oder mit den alten Schauspielern, die über ihre armseligen Improvisationen und abgeschmackten Witze selbst am lautesten lachten.

Für Tschaikowsky blieb die Welt weiterhin fremd, oft

feindselig. Manchmal ängstigte er sich bei dem Gedanken an das, was das Leben für ihn bereithielt. Und doch war er den Menschen angenehm. Schon bald nach seiner Ankunft in Moskau war ihm aufgefallen, daß die Menschen auf ihn zugingen. Zum Teil lag das wohl an seiner angenehmen äußeren Erscheinung, an seiner Schönheit und seinen vornehmen Manieren. Er besaß eine geheimnisvolle Sanftheit, er schien aus einer edlen, vornehmen Familie zu stammen, und neben ihm wirkten seine neuen Freunde schlicht und naiv, ein wenig grob und wild. Wie der »gläserne Knabe« aus Wotkinsk bewegte er sich jetzt unter diesen Menschen, aber er war kein Kind mehr!

Er war ihnen angenehm, weil sich in seiner Nähe jeder sicher fühlte: Man wußte, daß er niemanden verletzen würde, daß er niemanden kränken und daß nichts Böses von ihm ausgehen würde. Seine außergewöhnliche Feinfühligkeit, seine Gabe, etwas anzusprechen, ohne anzustoßen, zu widersprechen, ohne sich aufzuspielen, nahmen alle für ihn ein. Nur Nikolaj Grigorewitsch wußte (wie auch Anton, der es dunkel geahnt hatte), daß sich hinter dieser Sanftheit, hinter dieser Weichheit etwas Festes, Eigenes, Unerschütterliches entwickelte, auf das bald weder freundschaftliche Scherze noch Drohungen Einfluß haben würden.

Diese Macht, die er vor allen verborgen hielt, war seine Schaffenskraft. Die Sehnsucht zu schaffen stieg mit einer solchen Heftigkeit in ihm auf, daß sie nur durch seine ungeheure Arbeitskraft gestillt werden konnte. Jetzt gleich, auf der Stelle diese Süße, diese Trunkenheit auskosten, seine Inspiration zu Papier bringen, den Schweiß der Mühen und die Tränen der Seligkeit kosten! Das war sein einziges, wahres, bittersüßes Glück. Was machte es, daß Petersburg ihn mit eisiger Gleichgültigkeit hatte gehen lassen! Was machte es, daß Nikolaj Grigorewitsch sich heute morgen wieder mit einem ironischen Lächeln seine Komposition der letzten

Nacht angehört hatte! Er würde nicht nachgeben, und er würde nicht aufgeben.

In diesem ersten Moskauer Jahr arbeitet er ungeheuer viel, er ist mit mehreren Vorhaben gleichzeitig beschäftigt. Er denkt an eine Oper, sucht ein Libretto; er bedauert, alle abzulehnen, die Rubinstein ihm vorschlägt. Er orchestriert die im Sommer geschriebene *Ouvertüre in c-Moll*. (Nikolaj Grigorewitsch, der mit dieser Ouvertüre »nicht einverstanden« war, hatte sie für ein Konzert der Musikgesellschaft als »unspielbar« abgelehnt. Tschaikowsky hatte sie nach Petersburg geschickt, wo Anton Rubinstein sie ironisch in Empfang nahm und sie die nächsten zwanzig Jahre in einer seiner Schubladen lag.) Auch schreibt er die *Ouvertüre in f-Dur* um, die Nikolaj Grigorewitsch bei einem Konzert dirigiert. Es ist das erstemal, daß Tschaikowsky in Moskau gespielt wird, und in der Presse wird sein Name nicht einmal erwähnt.

Und endlich, nachdem er viele Stunden lang unter großen Mühen seine unleserlichen Entwürfe entziffert hat, schreibt er langsam und unter großen Anstrengungen seine *I. Symphonie*. Niemals, weder vorher noch nachher, mußte er eine derart ermüdende Kraft aufbieten; es war, als müsse er einmal in seinem Leben ein einziges, grundlegendes Hindernis überwinden, als müsse er siegen, um sich in eine Höhe aufzuschwingen – und sei es auch nur in seinen eigenen Augen –, um alle Kaschkins und Albrechts weit hinter sich zu lassen.

Diesen Aufstieg sollte er teuer bezahlen! Er raubte ihm den Schlaf, er vergällte ihm die Diners bei Testoff, wo er trinken und, wie es der Brauch war, Tischreden halten mußte. Alle fielen einander um den Hals, duzten sich, und oft wurde er auf ziemlich grobe Weise wegen seiner Sitten gehänselt. In diesem vertrauten Kreis waren seine schwachen Seiten schnell bekannt geworden, was ihm ein Greuel war. Dieser Aufstieg löste erneut die »kleinen Schocks« bei ihm aus, die ihn hochrangig nervös machten und die von der Angst schlafloser Nächte und jener unerklärlichen Lähmung der Willenskraft begleitet waren. Viele Monate hindurch war er Opfer seines Verfolgungswahns und dem Irrsinn nahe.

Das war im Sommer gewesen; er hatte Moskau verlassen und verbrachte seine Ferien mit seinen beiden Brüdern in der Nähe von Petersburg.

Er hatte ihnen oft geschrieben und trotz aller Zärtlichkeit und Fürsorge nicht vergessen, sie zu ermahnen. »Modinka, lerne, lerne, lerne, und befreunde dich mit anständigen Kameraden und nicht mit Dummköpfen.« »Tolinka, was deine Sorgen wegen deiner Unfähigkeit angeht, so gebe ich dir den Rat, sie beiseite zu schieben! Du mußt arbeiten, arbeiten, arbeiten!«

Er sah sie also wieder; sie waren jetzt sechzehn Jahre alt und vergötterten ihn, jeder auf seine Weise – Anatol, der sehr stolz war, vergalt Zärtlichkeit mit Zärtlichkeit. Modest... In diesem Sommer hatte Tschaikowsky zum erstenmal die dunkle Ahnung, daß der Junge sein Doppelgänger war.

Petersburg war unverändert: immer noch streng, launisch, anspruchsvoll. Tschaikowsky verbrachte die erste Nacht auf einer Straßenbank, er hatte seine Freunde nicht angetroffen und nicht genug Geld für ein Hotelzimmer. Manche Begegnungen weckten tiefes Unbehagen in ihm. Früher hatte er Apuchtin zu nahe an sich herangelassen, jetzt ging er ihm aus dem Weg. Er konnte ihm einen Brief nicht verzeihen, den er in Moskau erhalten hatte. In seiner Jugend hatte Apuchtin vieles in ihm zerstört, jetzt traf ihn sein Sarkasmus nicht mehr. Apuchtin war ein anderer geworden, er war wie erloschen, aber er versuchte immer noch, seinem früheren Freund Skepsis und Zweifel an seinen Fähigkeiten und an seiner Berufung einzuträufeln. »Das unbedeutende

82

graue Leben des arbeitsamen Tschaikowsky« ärgerte den neidischen Mephisto.

»Du arme, naive Klosterschülerin, du glaubst also immer noch an ›Arbeit‹ und ›Kampf‹! Es fehlt nur noch der ›Fortschritt‹. Warum arbeiten? Mit wem kämpfen? Meine kleine Klosterschülerin, du mußt ein für allemal wissen, daß die Arbeit manchmal von Nutzen sein kann, aber immer ein großes Unheil ist. Wenn man tut, was einem gefällt, ist es keine Arbeit, und die Musik bedeutet für dich, was für Z der Kauf einer Krawatte bedeutet. Muß man, wenn ich die Schönheit von X bewundere, das ebenfalls Arbeit nennen?«

Diesen Brief voll beleidigender Anspielungen und musikalischer Ratschläge beantwortete Tschaikowsky nicht. Sie begegneten sich zwar in Petersburg, doch Tschaikowsky begriff, daß ihre Wege sich endgültig getrennt hatten. Dem einen hatte das Schicksal zu viele Versprechungen gemacht, die es nicht hielt, den anderen hatte es geizig und grausam behandelt. Zwischen ihnen war ein Riß entstanden. Tschaikowsky betrachtete dieses Wunderkind, dieses verwöhnte Geschöpf, diesen vergötterten Mann und dachte, daß Apuchtin etwas sehr Kostbares vergeudet hatte, und plötzlich schämte er sich ihm gegenüber, nur Mittelmäßiges zu leisten; er schämte sich seiner Armut und seiner Hoffnungen.

Er zog die Freundschaft Laroches vor, doch vor allem kümmerte er sich um seine Brüder. Und als er nach Moskau zurückkehrte, war es, als käme er nach Hause zurück, als wären Moskau, das Konservatorium und Nikolaj Grigorewitsch das Fundament seines Lebens, nach dem er so lange Zeit gesucht hatte. Er begriff, daß dies der Fels war, an den er sich klammern mußte.

Und seine »Musikerfreunde« brachten ihm aufrichtige, treue Freundschaft entgegen, wenn sie auch nicht sehr tief gehen und nicht sehr differenziert sein mochte. Es waren einfache, gutmütige Menschen, die Beziehung zu ihnen hatte immer einen Beigeschmack von Wodka und Kartenspiel, doch ihre Gefühle waren beständig.

Laroche kam zu Besuch. Die Gespräche wurden ernster, und sie nahmen das vierhändige Spielen wieder auf. Tschaikowsky war für Laroche zu jedem Opfer bereit, denn dessen Vertrauen und herzliche Worte zu seinem Empfang hatten ihn tief berührt. Er überließ ihm eine Zeitlang sein Zimmer und zog in den Vorraum, wo er auf einer Truhe schlief. Hinter dem Vorhang, auf dieser Truhe, konnte er sehr gut seine Symphonie komponieren; wenn notwendig, ging er hinunter in die Bierwirtschaft *Großbritannien,* wo das Klicken von Billardkugeln seine Arbeit begleitete. Im Augenblick verlangte er nicht mehr vom Leben, nur wünschte er sich das Ende seiner Nervenkrisen und ein paar Stunden Einsamkeit am Tag, ohne Freunde, ohne Schüler, ohne die Partner des Kartenspiels.

Der Gedanke an eine Oper ließ ihn nicht los. Er wußte noch nicht genau, was er suchte, aber er wollte keinen Orient, keine Rüstungen, keine Sklaven. Er dachte an Ostrowski, an sein Schaupsiel *Traum an der Wolga.* Ostrowski war zurückhaltend, doch er liebte Schmeicheleien und versprach, das Libretto vorzubereiten.

Beim breiten Publikum wurde Tschaikowsky mit seiner *I. Symphonie* und seiner Oper *Der Woiwode* (Der Traum an der Wolga) bekannt, die Moskau als »nicht schlecht« bewertete. Teile der Oper wurden in Konzerten gespielt, und Nikolaj Grigorewitsch dirigierte die Symphonie, deren *Adagio* Anklang fand. Jürgensohn bot ihm an, die Einrichtung für vier Hände zu verlegen.

Eines Tages war Tschaikowsky gezwungen, die Tänze aus dem *Woiwoden* eigenhändig zu dirigieren. In jener Saison feierte die italienische Oper Triumphe, und Berlioz machte seine Tournee durch Rußland. Man drängte ihn dazu, bereute es jedoch später. Er wußte nicht, wie man sich verbeugte, noch, wie man sich am Pult hielt, und er hatte nicht die geringste Ahnung, wie man ein Orchester dirigierte. Seine Unbeholfenheit war schon bei seinem ersten Auftritt vor einem Publikum aufgefallen, als er sich nach der Premiere seiner I. *Symphonie* in einem zu langen Pelzrock verbeugte, mit beiden Händen seinen Pelzhut drehte, auf der Bühne stolperte, nach einer Seite kippte und sein Gesicht hinter seinem Biberkragen verbarg. Anfangs hatte er kein Lampenfieber, doch als er mit dem Taktstock in der Hand vor dem Orchester stand, wurde ihm flau. Mit der linken Hand hielt er sich krampfhaft an seinem Bart fest, er sah weder die Musiker noch die Notenblätter, sein Kopf wollte sich nicht aufrecht halten und schien ihm von den Schultern zu fallen. Doch die Musiker kannten die *Tänze* und sahen ihn nicht einmal an; lächelnd und unerbittlich spielten sie bis zu Ende, ohne ihn zu beachten. Und das Publikum jubelte ihm zu.

Erst am Ende der Aufführung wurde ihm bewußt, was um ihn herum geschehen war. Der Saal war leer: Rubinstein, der auf der Rampe saß, eine alte Gewohnheit von ihm, schlug die Absätze gegeneinander und verzehrte Schokolade, während er mit jungen Damen plauderte. Albrecht sammelte die Noten ein. Andere Musiker wollten gerade zu den Zigeunern gehen, um die erste Berührung des unglücklichen Orchesterchefs mit dem Publikum zu feiern. Tschaikowsky ging von Laroche zu Kaschkin: Er wollte von ihnen erfahren, was sie von einem jungen Komponisten hielten, der zum erstenmal in Moskau gespielt wurde, ein Petersburger mit Namen Rimski-Korsakow, dessen *Serbische Phantasie* ihn begeistert hatte.

Von Rimski-Korsakow wußte er nur, daß er zur Petersburger »Gruppe der Fünf« gehörte, die ihn einmal zurückgewiesen hatte, jener Gruppe, die vor kurzem seine *Symphonie* abgelehnt hatte, die sich um den alten Dargomischsky scharte und deren Kritiker Cui war. Er wußte, daß diese Gruppe sich über Serow lustig machte, Anton Rubinstein »zerriß«, von Glinkas Opern *Ruslan und Ludmilla* höher einschätzte als *Ein Leben für den Zaren,* Beethovens Symphonien »uninteressante Nichtigkeiten« und Mozart »eine Bagatelle« nannten. Sie hatten Berlioz kommen lassen, dem gegenüber Tschaikowsky allenfalls ein wenig Respekt empfand; ihr Abgott war Liszt, und Tschaikowsky konnte sich nie an Liszts Musik erinnern. Doch vor einem Monat war diese Gruppe auf ihn zugekommen: Balakirew hatte ihm geschrieben.

War diese »Gruppe der Fünf« eine ferne, gleichwohl freundschaftliche Macht? War sie ein feindliches Lager? Oder waren sie Brüder, die sich mit ihm auf alle Ewigkeit zu einem einzigen Schicksal verbinden wollten? Weder das eine noch das andere. Als er im Frühjahr nach Petersburg kam, machte er die Bekanntschaft der Musiker dieser Gruppe. Sie waren alle voneinander und mehr noch von sich selbst eingenommen. Sie erzählten ihm, daß der schwerkranke Dargomischsky im Begriff sei, seine Oper *Der steinerne Gast* zu vollenden, und daß damit verglichen alle Opern Anton Rubinsteins nichts als Schund seien. Sie verehrten Dargomischsky und stellten ihn mit Glinka auf eine Stufe, als dessen geistige Nachkommen sie sich bezeichneten. Wagner war für sie reiner Schwachsinn, die italienische Oper eine Schande. In Europa hätte nur das Wert, was von niemandem anerkannt werde! Und Meyerbeer, dessen Musik in Vergnügungsparks von einem Limonade trinkenden Publikum gehört würde, hätte nichts Besseres verdient!

Tschaikowsky fühlte sich Balakirew näher als den anderen; ihr Briefwechsel, der beiden zu einer Notwendigkeit geworden war, hatte einiges geklärt. Balakirew war noch tyrannischer als Nikolaj Rubinstein, doch Tschaikowsky vertraute ihm und seinem Geschmack; bei ihren Gesprächen vermied er es, ihn zu reizen, er hörte ihm zu und folgte seinem Rat. Balakirew kannte alle Werke Tschaikowskys auswendig und spielte sie ihm vor; er hatte sich alles beschafft, was er finden konnte, und es gründlich studiert. Sein Urteil war streng, und er duldete keinen Widerspruch. Wenn er Tschaikowsky kränken wollte, rief er aus: »Oh! Das haben Sie bei einem Leierkastenmann gestohlen!« Tschaikowsky hatte nichts dagegen: Es war sein Traum, daß seine Musik eines Tages in einem Hinterhof von einer Drehorgel gespielt würde – aber das traute er sich niemandem zu sagen! Jedes einzelne Wort Balakirews hinterließ seine Spur, ihre Gespräche waren eine Bereicherung für Tschaikowsky. In jenem Jahr wurde Balakirew der Anführer der »neurussischen Schule«; ein schwieriger Weg lag vor ihm: der Kampf gegen die Rubinsteins und die deutsche Tradition.

Balakirew war fast noch ein Kind, als Glinka auf ihn aufmerksam geworden war; jetzt kamen Rimski-Korsakow, Mussorgski und Cui zu ihm als einem Meister und Freund.

Seit Tschaikowsky die *Serbische Phantasie* gehört hatte, erkannte er Rimski-Korsakows große Begabung an, doch konnte er noch keine Beziehung zu ihm finden: Rimski-Korsakow war zu jung, zu naiv! Cui hatte er seine strenge Kritik nicht verziehen, er mochte ihn nicht. Das Verhältnis zwischen ihnen blieb immer gespannt. Mussorgski, der dreist und laut war und mit Witzen um sich warf, der sich für seine Freunde Spitznamen ausdachte, zu allem etwas zu sagen hatte und von sich selbst nur in der dritten Person sprach, machte ihn nervös. Tschaikowsky hatte immer den Eindruck, daß Mussorgski, kaum daß er ihm den Rücken kehrte, über ihn spottete, sich über ihn lustig machte und daß er ihn nachahmte, wie er Rubinstein, Serow und Laroche nachahmte. Kaum hatte man den Mund geöffnet, um etwas zu sagen, fuhr er schon dazwischen, begann einen Streit, erhitzte sich. Setzte man sich ans Klavier, schien er nur aus reiner Höflichkeit zuzuhören; im Grunde wollte er nur seine eigenen Kompositionen und die seiner Freunde aus der »Gruppe der Fünf« hören.

Der fünfte Musiker dieser Gruppe war ein Freund des großen Mendelejew, der berühmte Chemiker Borodin. Er kam immer zu spät; er war ein schöner, bedächtiger Mann, der ein bizarres, ungeregeltes Leben führte. Wenn er Tschaikowsky zu sich einlud, entschuldigte er sich für die Unordnung. Bei ihm wurde nachts zu Abend und den ganzen Tag zu Mittag gegessen, der Tisch war schon am Morgen gedeckt. Er war ein bezaubernder Mann, hoch begabt, aber er konnte seiner Musik nur sehr wenig Zeit widmen. Er schrieb auf alles und jedes und mit allem möglichen, überstrich seine Manuskripte mit Eiweiß, damit der Bleistift nicht verblaßte, und hängte sie wie Wäsche zum Trocknen an einer Leine auf. Die anderen hielten ihn für ein Genie, doch behaupteten sie das nicht von jedem von ihnen? Wenn man ihnen glaubte, war Petersburg eine Stadt voller Genies.

Tschaikowsky trifft Balakirew oft allein. Er geht am frühen Morgen zu ihm, Balakirew spielte ihm vor: aus seiner *Tamara,* Lieder von Cui (er singt schlecht), Kompositionen der anderen aus der Gruppe.

»Und jetzt Borodin!« Und er spielt das Hauptthema der *es-Dur-Symphonie.* »Und jetzt Mussorgski!«

Hier verzieht Tschaikowsky das Gesicht zu einer Grimasse: Mussorgskis Musik ist für ihn die reine Kakophonie, sie hat für ihn etwas Albernes, und *Geliebte Sawischna* ist ihm so zuwider, daß es ihm kalt über den Rücken läuft.

Er lauscht den Worten Balakirews, von seinen Ansichten über Rußland, über die Musik, Volkslieder und Glinka ist ihm vieles fremd. In den letzten Jahren sind Tschaikowskys Vorstellungen klarer und präziser geworden, er kann jetzt nicht mehr nachgeben und aus Höflichkeit so tun, als sei er mit dem Gastgeber einer Meinung. Aber er ist ein schlechter

Dialektiker, er diskutiert unbeholfen und fühlt sich wehrlos. Also setzt er sich an den Flügel und beginnt zu spielen. Stassow betritt das Zimmer und sagt mit dröhnender Stimme:

»Ihr seid fünf gewesen, jetzt seid ihr sechs!«

Tschaikowsky weiß, daß dies nur eine von Stassows tönenden Phrasen ist, daß niemand, nicht einmal er selbst etwas auf seine Worte gibt.

Spät in der Nacht sitzen sie um den Tisch und trinken Tee; Tschaikowsky erzählt ihnen von Moskau. Man betrachtet ihn als Moskauer, er kann und will das nicht bestreiten. Sie erzählen viel über Petersburg. Sie haben Rubinstein gezwungen, das Konservatorium zu verlassen, und Serow ist nicht zum Präsidenten der Russischen Musikgesellschaft wiedergewählt worden, Dargomischsky hat seinen Platz eingenommen. Über Serow sind etliche Chansons komponiert worden:

> *Schnell her mit dem Sessel für das Genie,*
> *das Genie weiß nicht, wohin mit sich,*
> *das Genie liebt hohe Würden!*

Und sie singen diese Lieder im Chor!

In diesem neuen Petersburg fühlt sich Tschaikowsky nicht sehr wohl. Balakirew und Mussorgski setzen ihm zu, Stassow liegt ihm mit dem Vorwurf in den Ohren, er unterwerfe sich dem Geschmack Moskaus, wo man für die italienische Oper schwärme und zuviel esse. Und Tschaikowsky schämt sich ein wenig für Moskau. Es stimmt, daß die italienische Oper alles andere verdrängt hat, daß man verrückt nach der Artôt ist... Balakirew zuckt die Achseln: »Wir kennen sie, eure Artôt, sie hat im vergangenen Winter auch hier Furore gemacht; dreitausend Rubel pro Abend hat sie bekommen... Und was hat sie dafür gesungen? Mazurkas von Chopin! Die Variationen von Rodé!... Sie hat den vornehmen Herrschaften ihr *Kolo-ratur* vorgeführt!«

Tschaikowsky fährt nach Moskau zurück, wo er tatsächlich gleich am ersten Abend Pirogen und Fischsuppe in sich hineinschlingt. Dann geht er, ein wenig melancholisch, »nach Hause«.

VI

Sie war dreißig Jahre alt und hieß Désirée Artôt. Sie war die Tochter des Hornisten der Pariser Oper, Nichte des berühmten Violonisten und Schülerin von Pauline Viardot-Garcia, mit der sie eine gewisse Ähnlichkeit hatte: nicht schön, aber intelligent und begabt, eine sehr große Künstlerin.

Sie war die Primadonna der italienischen Oper, die in diesem Winter eine Reihe von Gastspielen in Moskau gab.

Désirée war häßlich – dick, mit rötlicher Haut, stark gepudert und geschminkt, mit Schmuck überladen –, aber sie war brillant und geistvoll, lebhaft, reizend und sehr selbstbewußt. Die begeisterte Aufnahme durch das russische Publikum schmeichelte ihr: Reiche Moskauer Kaufleute und die großen Musiker hingen an der Schleppe ihres weißen Kleides. Aber sie war tugendhaft und gab sich ihren Verehrern gegenüber kühl. Mit ihren dreißig Jahren war sie, so hieß es, noch Jungfrau.

»Ach, Modinka! Wenn Du wüßtest! Was für eine Künstlerin und Sängerin ist diese Artôt!« schrieb Tschaikowsky an seinen Bruder Modest. Er nannte sie anfangs nur »die herrliche Person«.

Nicht nur ihre Stimme betörte, sondern auch ihre große darstellerische Begabung. Neben ihr wirkten die anderen Sängerinnen wie Puppen oder Vögel – nicht wie Frauen. In den Rollen der Gilda oder Margarethe erreichte ihre reine Kunst solche Höhen, daß viele Kenner keine andere Gilda oder Margarethe mehr hören wollten. Weder die Patti noch die Nilsson konnten die Erinnerung an sie verdrängen. Im *Troubadour* konnte sie dank ihrer Stimmlage die Rollen der Leonore und Azucena mit derselben Vollkommenheit interpretieren.

Nikolaj Rubinstein und sein Gefolge fanden sich nur ihretwegen mit dem Triumph der italienischen Oper ab. Die Musikgesellschaft mußte mit der Artôt rechnen und durfte an Tagen italienischer Premieren keine Konzerte ansetzen. Das Große Theater war bis auf den letzten Platz besetzt, der Impresario wurde reich, der Tenor Stanio ließ das Publikum im Parterre und in den Rängen in Ohnmacht fallen, und die Artôt entfesselte Stürme der Begeisterung . . . Man mußte es wohl oder übel hinnehmen. Balakirew hatte recht: Die russische Oper verkam elendiglich. Und wie hätte sie mit dieser importierten Herrlichkeit konkurrieren können? Dreihundert Rubel, nicht mehr waren für die Inszenierung von *Der Woiwode* bewilligt worden! Die Sängerin Menschikowa drängte darauf, die Arbeit voranzutreiben, der *Woiwode* sollte an ihrem Galaabend aufgeführt werden! Die Chöre probten, alles geschah Hals über Kopf. Doch Tschaikowsky war trotz allem sehr glücklich.

Nach dem Unterricht im Konservatorium am Morgen und den täglichen Proben zum *Woiwoden* ging er abends in das Große Theater, um die Artôt zu hören. Niemand war ihr ebenbürtig, niemals würde es eine vergleichbare Sängerin für seine Opern geben! Ihr Repertoire, das mußte er sich eingestehen, war mittelmäßig. Daran war nichts zu ändern. War es überhaupt Musik? Aber ihr Gesang! Und diese Bühnenpräsenz! . . .

Und jetzt plaudert, lacht und scherzt eine Frau in der Gesellschaft der Männer, mit denen sie nachts im Schlitten durch die Moskauer Straßen fährt. Tschaikowsky kommt der Gedanke, daß nicht alle Frauen überflüssig und unerträglich sind. Und zum erstenmal scheint ihn ihre Gegenwart zu berühren, er sehnt sich danach. Aber noch verliert er nicht den Kopf.

Er unternimmt keinen Versuch, mit ihr allein zu sein; wenn er sie besucht, sprechen sie über Musik, Theater und das Ausland. Doch nie erzählt er ihr von sich, er ist nicht sehr mitteilsam und immer in Sorge, etwas von seiner finsteren Grundstimmung, von seiner Verzweiflung, seinen Krisen zu verraten. Nach und nach erstarrt sein Gesicht zu einer Maske der Höflichkeit und Freundlichkeit; seine traurigen, gequält blickenden Augen ausdruckslos. Wieviel Charme und Glanz entfaltet die Artôt im Gespräch! Mit wem könnte er sie vergleichen? Mit Laroche, mit Kaschkin! Nie ist er einer Frau wie ihr begegnet; an ihrer Sebstsicherheit, an ihren Umgangsformen, sogar an ihrer Gestalt glaubt er etwas Männliches zu entdecken.

Sie bittet ihn, Aubers *Schwarzen Domino* für sie zu transkribieren. Laroche ist entrüstet: Heute Auber, und morgen verlangt sie von Ihnen, ein Arioso für ihren Belcanto zu komponieren! Doch Tschaikowsky erklärt sich freudig einverstanden, er widmet ihr sogar ein Lied für Klavier, das sie sich mit unverhohlenem Vergnügen anhört. Ein paar Tage meidet er sie, eine starke Erregung hat sich seiner bemächtigt; dann wird er im Frack, mit weißen Handschuhen und einem Strauß in den Händen bei ihr vorstellig und gesteht ihr seine Liebe.

Er wußte weder, was Liebe war, noch wußte er, was eine Frau war. Zehn Jahre lang hatte er viele Frauen um sich gehabt: Freundinnen seiner Schwester, Schülerinnen, Sängerinnen und Frauen der Gesellschaft. Sie gefielen ihm, wenn sie jung und schön waren, und waren sie nicht gerade dumm, fand er sie angenehm. Aber es waren immer gewöhnliche Frauen gewesen. Désirée schien anders zu sein.

Er spürte bei ihr eine Kraft, die ihr vielleicht aus ihrem Beruf und ihrem Erfolg erwuchs oder die ihr angeboren war – und das bezauberte ihn. Diese Macht hatte nichts mit der Tyrannei Rubinsteins oder der Herrschsucht Balakirews gemein. Sie war etwas völlig anderes, er wollte, ja er konnte nicht gegen sie aufbegehren oder ankämpfen, er hatte den Wunsch, in allem nachzugeben, sich zu unterwerfen. Er fühlte, daß er bei ihr Sicherheit und Ruhe finden würde – vielleicht für das ganze Leben! Seine Freunde heirateten und waren glücklich. Die Musik würde ihn noch enger an Désirée binden, mit ihrem männlichen Verstand würde sie ihn begreifen. Und vor allem würde er wie alle anderen sein, und das bedeutete Glück oder doch zumindest Frieden. Wie alle anderen sein! Und endlich den schmählichen Gerüchten, die in der ganzen Stadt umgingen, ein Ende bereiten ...

»Mein teures Väterchen,
vielleicht ist Ihnen meine bevorstehende Heirat zu Ohren gekommen, und es mag Ihnen unangenehm sein, es nicht von mir erfahren zu haben. Ich will Ihnen erklären, was es damit auf sich hat.

Im letzten Frühjahr machte ich die Bekanntschaft von Mademoiselle Artôt, aber ich war nur einmal bei einem Abendessen nach ihrem Konzert bei ihr zu Gast. Als sie in diesem Herbst zurückkam, verstrich ein Monat, ohne daß ich sie sah; wir sind uns zufällig bei einer musikalischen Soiree wiederbegegnet; sie wunderte sich, daß ich mich noch nicht bei ihr gemeldet hatte. Ich versprach ihr, sie zu besuchen, und hätte dieses Versprechen wohl nie eingelöst (Sie wissen von meiner Abneigung gegen neue Begegnungen), wenn Anton Rubinstein, der sich vorübergehend in Moskau aufhielt, mich nicht mit zu ihr genommen hätte. Seither hat sie mich fast täglich zu sich eingeladen, und es ist mir zur Gewohnheit geworden, sie allabendlich zu besuchen. Sehr bald fühlten wir ein sehr zärtliches Gefühl in uns wachsen, worauf wir uns einander erklärten. Es stellte sich die Frage der Heirat, weil wir beide sie wünschen. Wir haben daher beschlossen, im nächsten Sommer zu heiraten, wenn nichts dazwischenkommt. Doch in Wirklichkeit gibt es bereits

Hindernisse. Sie rühren an erster Stelle von der Mutter her, die großen Einfluß auf sie hat und nie von ihrer Seite weicht: Sie findet mich zu jung und befürchtet, ich würde ihre Tochter zwingen, in Rußland zu leben. Dann sind da meine Freunde, insbesondere Nikolaj Rubinstein, die alles tun, was in ihren Kräften steht, um mich von diesem Vorhaben abzubringen. Sie sagen, wenn ich eine berühmte Sängerin zur Frau hätte, bliebe mir nur noch die klägliche Rolle übrig, der Ehemann dieser Künstlerin zu sein, und ich würde gezwungen sein, ihr durch ganz Europa zu folgen, auf ihre Kosten zu leben, und ich würde mir meine eigene Arbeit abgewöhnen und bald keine Zeit mehr dafür finden – kurz, wenn die Liebesglut sich etwas abgekühlt hätte, würden die Verletzungen meines Selbstvertrauens mich in Verzweiflung und ins Verderben stürzen. Diesem Unglück könnte man vielleicht vorbeugen, wenn sie sich bereit erklärte, von der Bühne abzutreten und in Rußland zu leben, aber sie sagt, bei aller Liebe zu mir könne sie nicht auf das Theater verzichten, das sie brauche, dem sie Ruhm und Geld verdanke. Augenblicklich ist sie in Warschau, und wir haben beschlossen, daß ich sie in diesem Sommer auf ihrem Landsitz bei Paris besuche und daß wir dort die Entscheidung treffen werden.

Und so, wie sie die Bühne nicht verlassen will, weiß ich nicht, ob ich ihr meine Zukunft opfern kann, denn es ist offensichtlich, daß ich in meiner Laufbahn nicht vorankommen werde, wenn ich ihr blindlings folge. Sie sehen also, mein teures Väterchen, daß meine Lage äußerst verzwickt ist: Einerseits bin ich ihr von ganzem Herzen verbunden, und es scheint mir, daß ich ohne sie nicht leben könnte; andererseits hält mich mein kühler Verstand zurück und zwingt mich, über das mögliche Unglück nachzudenken, das mir meine Freunde vorhersagen. Ich warte also auf Ihre Meinung zu diesem Thema.«

Tschaikowsky schrieb diesen Brief an Weihnachten, drei
Tage später traf die Antwort ein. Ilja Petrowitsch hatte viele
Tränen des Glücks vergossen und nach langem Überlegen
gerührt geschrieben:

»Du liebst sie, und sie liebt Dich. Damit ist die Sache
beschlossen, aber . . . Oh! Dieses verfluchte Aber! Denn in
der Tat will alles wohlüberlegt und genau geprüft sein, der
Knoten muß entwirrt werden. Désirée, also die, die Du
begehrst, muß in jeder Hinsicht vollkommen sein, wenn
mein Sohn Pjotr in sie verliebt ist.«

Dann kam die finanzielle Seite.

»Du bist Künstler, sie ist Künstlerin; Ihr werdet also von
Euren Talenten leben. Nur ist es so, daß sie bereits mit
Ruhm und Geld überhäuft ist, während Du noch am
Anfang stehst, und Gott allein weiß, ob Du jemals das erreichen wirst, was sie bereits besitzt. Deine Freunde glauben
an Dein Talent und haben Angst, daß durch diese Veränderung alles aufs Spiel gesetzt wird. Ich selbst glaube das
nicht. Wenn Du auch aufgrund Deiner Berufung Deine
Laufbahn im Ministerium aufgegeben hast, so wirst Du
nicht aufhören, ein Künstler zu sein, auch wenn Du am
Anfang Schwierigkeiten begegnen wirst, wie sie alle Musiker kennen. Du bist stolz, und Du leidest darunter, daß Du
noch nicht genügend Geld hast, um eine Frau zu unterhalten
und nicht von ihrem Geldbeutel abhängig zu sein. Ja, mein
Freund, ich verstehe Dich wohl, es ist unangenehm; aber
wenn Ihr beide arbeitet und Euren Unterhalt verdient, so
wird es keinen Neid geben.«

Dann zur Situation als Ehemann einer Künstlerin:

»Wenn Ihr Euch wirklich liebt, wie es in Eurem Alter
natürlich ist, wenn Eure Schwüre aufrichtig sind, dann ist
alles übrige ein Kinderspiel. Ein glückliches Eheleben grün-
det auf gegenseitiger Achtung; Du wirst nicht zulassen, daß
Deine Frau Deine Dienerin wird, und sie wird Dich nicht zu

ihrem Lakaien machen. Du mußt ihr überallhin folgen, doch mußt Du ebenfalls arbeiten, Deine Opern inszenieren, wo Du es für richtig hältst, und Deine Symphonien und anderen Werke aufführen. Deine Freundin wird Dich inspirieren, Du mußt Dir nur die Zeit zum Komponieren nehmen. Mit einem Menschen wie Deiner Désirée wirst Du Dich eher vervollkommnen als Dein Talent einbüßen.

Ich habe einundzwanzig Jahre mit Deiner Mutter gelebt und liebte sie in diesen Jahren mit der Leidenschaft eines Jungverliebten; ich habe sie geachtet, und sie ist immer eine Heilige für mich gewesen. Wenn Deine Désirée die gleichen Eigenschaften besitzt wie Deine Mutter (der Du ähnlich bist), sind alle Deine Zweifel nichts als Dummheiten. Gott allein kennt Eure Zukunft, und warum solltest Du Deinen Weg nicht gehen können, wenn Du Deine Frau überallhin begleitest? Hast Du denn keinen Charakter, um auf den Gedanken zu verfallen, daß Du ihr Diener sein wirst, ihre Schleppe tragen und sie auf die Bühne geleiten wirst, um Dich dann wie ein Nichts zu verstecken? Nein, mein Freund, wenn Du schon ihr Diener sein willst, dann sei einer, der seine Persönlichkeit bewahrt, und wenn sie singt, werden die Ovationen Euch beiden gelten.«

Am Schluß seines Briefes wandte sich Ilja Petrowitsch direkt an Mademoiselle Artôt:

»Liebe Désirée, ich habe noch nicht das Glück, Dich zu kennen, aber durch ihn kenne ich Deine Seele und Dein Herz. Stellt Eure Liebe auf die Probe – nicht durch Eifersucht, Gott möge das verhindern! –, sondern durch die Zeit. Prüft Eure Gefühle, und trefft Eure Entscheidung nach einem Gebet... Schreib mir, mein Kleiner, und sage mir offen, wie Deine Désirée ist; übersetze ihren Namen für sie ins Russische – das liebliche Wort ›Jelannaja‹. In Herzensangelegenheiten sind die Ratschläge anderer nichts wert, Du mußt es Dir selbst überlegen...«

Désirée – die »Begehrte« – kam nach einem Jahr aus Warschau zurück. Die ganze Zeit über hatte Tschaikowsky keinen einzigen Brief von ihr erhalten. Sie hatte Moskau als seine Verlobte verlassen, am Tag vor der Abreise hatte sie sich zärtlich von ihm verabschiedet. Aber noch am selben Abend war Nikolaj Rubinstein bei ihr erschienen, liebenswert, lächelnd, einen Blumenstrauß in der Hand. Als sie allein im Salon saßen – die Lorbeerkränze waren bereits eingepackt –, bat er sie um ein ernstes Gespräch. Es war das erstemal, daß er mit einer Frau über derartige Dinge sprach, und trotz seiner Kühnheit war er jetzt äußerst verlegen. Er hielt es jedoch für seine Pflicht, sie über gewisse Neigungen Tschaikowskys aufzuklären. In großer Erregung fuhr die Artôt zum Bahnhof.

Als sie nach Moskau zurückkam, hieß sie Artôt-Padilla. Einen Monat nach ihrer Abreise aus Moskau hatte sie den berühmten Bariton geheiratet. Padilla war ein schöner und, wie es hieß, sehr dummer Mann. Sie liebten einander.

Tschaikowsky hörte sie in ebenjenem *Schwarzen Domino*, den er für sie transkribiert hatte. Wieder sah er sie auf der Bühne stehen. Er versteckte sich hinter seinem Opernglas, damit Kaschkin die Tränen nicht sah, die aus seinen Augen rollten und auf das gestärkte Hemd fielen. Es war Rührung, nicht Schmerz, was ihn weinen ließ, und seine Tränen riefen ein seltsames, heftiges Lustgefühl in ihm hervor. Er wollte ihr begegnen, mit ihr sprechen, ihr seine Musik widmen. Er wollte an ihrer Seite sein, auf schmerzliche Weise glücklich.

Doch Padilla gab Albrecht zu verstehen, daß eine Begegnung zwischen seiner Frau und Tschaikowsky nicht erwünscht sei.

In den ersten Monaten nach der Trennung von seiner Verlobten hatte Tschaikowsky nicht viel Zeit gehabt, an sie zu denken. Die Inszenierung des *Woiwoden* nahm ihn voll in Anspruch. Die dreihundert Rubel, die die Direktion bewilligt hatte, waren für die Ausbesserung der alten, abgenutzten Dekorationen aufgebraucht worden. Menschikowa, die Primadonna, war bei allem guten Willen bestimmten Ensembles einfach nicht gewachsen. Am Tag vor der Generalprobe bekam der Tenor ein Furunkel am Arm. Ohnmächtig vor Schmerzen fiel er mitten im Liebesduo dem Sopran in die Arme. Die Chöre weigerten sich, die Triolen zu singen, und Tschaikowsky mußte sie durch Duolen ersetzen. Der Kapellmeister forderte einen Wechsel in der Reihenfolge der Blasinstrumente. Und Tschaikowsky änderte, zerstückelte, flickte zusammen. Als Nikolaj Grigorewitsch eines Tages bei den Proben auftauchte, hob er die Arme, als er das gequälte, resignierte Gesicht seines Freundes sah: Wie konnte man nur ein solcher Waschlappen sein! Man mußte diskutieren, beharren, fordern! Doch Tschaikowsky antwortete ihm nicht einmal. Er wartete nur darauf, daß alles vorbei war.

Und es war sehr schnell vorbei: Die Oper wurde nur fünfmal aufgeführt und dann für immer vom Spielplan abgesetzt. Und doch hatte die Premiere einen gewissen Erfolg gehabt, man hatte den Komponisten hervorgerufen und der Menschikowa applaudiert. Viele Flaschen wurden geleert, um den Urheber zu feiern, der nichts anderes empfand als eine unendliche Müdigkeit. Doch weiter ging der Erfolg nicht. Laroche, der Musikkritiker geworden war, sparte nicht mit Vorwürfen und schrieb in seiner Kritik über den *Woiwoden,* daß Tschaikowsky »die Epigonen Mendelssohns und Schumanns nachahme«. Der Freund Laroche hatte sich in einen perfiden Richter verwandelt.

Doch weder der Mißerfolg des *Woiwoden* noch das Schweigen seiner Verlobten – er spürte selbst, wie wenig dieses Wort zu Désirée paßte – noch das Scheitern seiner symphonischen Dichtung *Fatum,* die Balakirew gewidmet war und von diesem ironisch aufgenommen wurde, waren die eigentlichen Gründe für seine immer größer werdende Menschenscheu. Kaum hatte er am gesellschaftlichen Leben teil, wollte er sich schon wieder aus ihm zurückziehen. Er sehnte sich nach Ruhe, nach Stille, nach süßen, heimlichen Freuden. Hatte er schon eine Vorahnung von jener ewigen Einsamkeit, und glaubte er, daß er sie fern von den Menschen besser ertragen würde als unter ihnen? Seine Mißerfolge spornten ihn zu schöpferischer Arbeit an. Immer stärker wurde der, wie er glaubte, unerfüllbare Wunsch nach einem Leben ohne alle Verpflichtungen und Verantwortungen. Noch zu arm, um allein zu leben, schwebte ihm ein wunderbares Dasein vor in Rußland oder anderswo, in dem er sich tief in sich verschließen konnte und niemanden an sich heranzulassen brauchte, ein Dasein, in dem er sich genügen, in dem er sich selbst die ganze Welt ersetzen würde.

Balakirew hielt *Fatum* für »ein abscheuliches Getöse«. Jürgenson und die anderen schlugen vor, eine neue Zigarettensorte danach zu benennen. Balakirew und Jürgenson versprach Tschaikowsky mit schmerzlichem Lächeln, er werde, »um ihnen Freude zu machen, noch etwas Charmantes schreiben«. Dem Petersburger Despoten versprach er, eine symphonische Dichtung über »Liebe, Leidenschaft und Gefühle« zu komponieren, wie er es von ihm verlangt hatte, und für die Moskauer Freunde Lieder. Aber um den Preis welcher Mühe flossen ihm die Lieder in diesem Herbst aus der Feder:

> *Nur wer die Sehnsucht kennt,*
> *weiß, was ich leide.*
> *Allein und abgetrennt*
> *von aller Freude.*

Mit seiner leisen, aber frischen Stimme sang er es für Jürgensons Gäste und begleitete sich selbst am Flügel. Der Schein der Kerzen in den Kandelabern auf dem Flügel fiel auf sein Gesicht, während er, bemüht, seine Erregung zu unterdrükken, die berühmten, verzweifelten Worte sang. »In Rußland kann jeder vernünftige Mensch ein Lied schreiben«, sagte er und verbeugte sich vor den Damen.

Es war Balakirew, der Tschaikowsky die Anregung zu der symphonischen Dichtung *Romeo und Julia* gab, die ihm gewidmet wurde. Tschaikowsky schickte ihm Auszüge nach Petersburg, um sie seinem Urteil zu unterwerfen. Doch auch diesmal war Balakirew unzufrieden.

Borodin und er kamen nach Moskau. Die Beziehungen zu Tschaikowsky waren freundschaftlich. Ein wenig zu ernsthaft, fand Tschaikowsky. Balakirews Intoleranz, seine Parteilichkeit und Grobheit ermüdeten und lähmten ihn. Nach ihrer Abreise atmete er auf. Aber als Reaktion auf die Einsendung des *Romeo* war in den Briefen von neuem der nörgelige Ton zu vernehmen:

»Das erste Thema ist nicht nach meinem Geschmack: ohne Schönheit, ohne Stil! Was das g-Moll-Thema angeht, so ist es eher eine hübsche Einleitung zu einem Thema. Das erste d-Dur ist hübsch, wenn auch ein wenig schwül. Das zweite des-Dur ist einfach entzückend.« Endlich! (Das des-Dur war eine Marotte Balakirews, er verlangte es von allen.) Doch dann ging es weiter: »Ich möchte Ihnen jedoch noch eins zu diesem Thema sagen: Es enthält zuwenig Liebe und zuviel schmachtende Leidenschaft und ist irgendwie ein bißchen italienisch.«

Mit einem Wort: Nichts gefällt ihm, und er muß noch einmal alles umschreiben. Tschaikowsky schickt ihm die überarbeitete Partitur. Jetzt verlangt Balakirew, er solle die Schlußakkorde entfernen. »Sie müssen wissen, in Petersburg wird der *Romeo* ohne diese Akkorde gespielt, das kommt hier besser an!« Nach der Beseitigung dieser Akkorde rät ihm Balakirew, mit dem Verlegen noch ein wenig zu warten und ein paar weitere Kleinigkeiten zu ändern...

Zwischen Moskau und Petersburg weht ein eisiger Wind, der den Briefwechsel abkühlt. Tschaikowsky fürchtet, alle diese Ratschläge könnten ihm sein jüngstes Werk verleiden, das er gleichwohl liebt. Doch mit dem *Romeo* erringt er ersten Ruhm. Er wird in Moskau und Petersburg triumphal aufgenommen. Zum erstenmal wird Tschaikowsky im Ausland gespielt, und im Sommer 1870 wird der *Romeo* von einem großen Berliner Verleger erworben.

Tschaikowsky hat noch nicht genug Geld, um sich von Nikolaj Grigorewitsch zu trennen, um das ungeregelte Leben, das Kartenspiel und den Alkohol aufzugeben, um sich den Intrigen des Konservatoriums zu entziehen. Nichts hat sich seit seiner Ankunft geändert: Nikolaj Grigorewitsch mischt sich noch immer in alles ein, Agafon behandelt ihn schlecht. Die beiden großen Räume im ersten Stock, wo zwei Konzertflügel Tag und Nacht geöffnet stehen, sind immer voller Menschen. Man geht spät zu Bett, man steht nach Belieben auf. Jeden Morgen klingelt es: Briefe, Blumen für Rubinstein. Abends kommen die Musiker. Laroche ist in Petersburg, Hubert beginnt, sich einen Namen zu machen.

Tschaikowsky komponiert unablässig, er liebt diese harte, ermüdende Arbeit, die er sich auferlegt. Er beginnt eine Oper, schreibt kleine Klavierstücke und denkt an ein Streichquartett. Nach Laroches Weggang übernimmt er sogar die Musikkritik in den *Russischen Nachrichten*.

Das hatte sich zufällig ergeben. Kaschkin war zu faul, um sich damit zu belasten, und man wollte diese Aufgabe keinem unbekannten Amateur anvertrauen. Obwohl es ein langweiliges, uninteressantes und schlechtbezahltes Geschäft war, willigte Tschaikowsky ein.

Als Musikkritiker mußte er seine Beurteilungen und Ansichten auf soliden Grundlagen aufbauen. Rasch erhellten sich seine Gedanken über die Musik, und die Frage nach der italienischen Oper wurde ein für allemal geklärt. Der Schüler Picciolis, der die Italiener bis zum Wahnsinn geliebt hatte, brachte es über sich, die italienische Musik als »Antimusik« zu bezeichnen. Gewiß entzückte ihn nach wie vor Verdis großartige Begabung, die über jede Vulgarität erhaben war, und Gounod gegenüber empfand er immer noch große Zärtlichkeit. (Hatte Laroche nicht behauptet, Tschaikowskys Musik liege genau in der Mitte zwischen Gounod und Schumann, was ihm sehr unangenehm war?) Er bewunderte die Stimmen, die das Cis sangen, aber Musik konnte er es nicht mehr nennen. Diese Unmusik und auch die damals in Mode gekommenen amerikanischen Walzer überschwemmten Moskau, das für die Patti und die Nilsson schwärmte. Tschaikowsky fand nur schwer Gehör, wenn er die Vorzüge der Kammermusik von Glinka, Schumann und Liszt pries.

Doch er liebte Moskau, wo er sich jetzt heimisch fühlte – für immer. Wo sonst hätte er leben sollen, wenn nicht hier, in dieser Unordnung, in dieser Enge? Ilja Petrowitsch war nach und nach in seine Kindheit zurückgefallen, die Zwillinge hatten ihr Studium beendet und waren ins Leben eingetreten, die Familie seiner Schwester wurde immer größer. Er war allein auf der Welt, und nur hier, in den verrauchten Räumen, wo die Musiker zusammenkamen, in den Séparées der Restaurants, in seinem Zimmer schließlich mußte er nicht befürchten, daß eines Tages alles ans Licht käme, daß seine Neigungen bekannt würden und seinen Untergang herbeiführten. Und außerdem hatte er hier Freunde. Sicher waren sie keine Genies wie in Petersburg, aber sie kümmerten sich um ihn, und er hatte den Eindruck, daß sie sich für ihn einsetzten.

Sich befreien! Dieser Gedanke, der Wunsch, allein zu leben, wurde immer stärker und quälender. Sich befreien!

Aber wie nur, um wohin zu gehen? Egal! Nur frei sein, schreiben, sich selbst, seine Jugend, die Traurigkeit des grausamen, rätselhaften Lebens beweinen dürfen. Komponieren! Den Himmel, das Meer sehen und sich darüber freuen können! Das Licht unter einem Lampenschirm lieben, am Abend, in einem bequemen Sessel . . . Aber wo? Es würde wahrscheinlich immer ein Traum bleiben. Es würde immer die Bürde des Konservatoriums und der *Russischen Nachrichten* geben, die Entwürfe zu seiner Oper, über die Nikolaj Grigorewitsch seinen Tee und seine Zigarettenasche schüttete . . . Gleichwohl gab Tschaikowsky im Frühjahr 1871 sein erstes Konzert, das seinen eigenen Werken gewidmet war, und dieses Konzert brachte ihn seinem Traum näher.

Turgenjew kam zu spät zu dem Quartett, das eigens für dieses Konzert geschrieben worden war und dessen Andante ein wahres Wunder genannt wurde. Doch Turgenjew glaube es nicht, er konnte die neuen russischen Maler und Musiker nicht ausstehen. »Der ägyptische König Ramses der Neunundzwanzigste ist ebenso vergessen, wie sie es in fünfzehn oder zwanzig Jahren sein werden«, schrieb er an Stassow. »Wir haben bei uns ein Genie gefunden, Glinka; um so besser, freuen wir uns darüber, und seien wir stolz auf ihn. Aber alle diese Dargomischskys, Balakirews und Brylloffs werden von der Woge der Zeit hinweggespült werden und mit dem Sand und dem Staub verschwinden.«

Er kam trotzdem, um Tschaikowsky zu hören – natürlich zu spät, um sich wichtig zu tun –, weil Rubinstein ihm gesagt hatte, dieser sei anders als die anderen, man dürfe ihn nicht mit einem Mussorgski verwechseln, er hätte fast ein wenig Ähnlichkeit mit Chopin . . . Während des ganzen Konzerts war Turgenjew zufrieden: Das Publikum, das drei Viertel des Konservatoriumssaals füllte, war erlesen, die Sängerin gut. Nikolaj Grigorewitsch, der die beiden Klavierstücke spielte, war wie immer himmlisch. Turgenjew ging befriedigt davon.

Als Tschaikowsky am nächsten Morgen aufstand, sagte er sich, daß Moskau ihn jetzt kannte. Leider war der Saal nicht voll besetzt gewesen, man hatte zu sehr mit Plakaten gespart! Aber es war trotzdem recht angenehm gewesen.

Als Professor am Konservatorium verdiente er zweitausend Rubel im Jahr; die Konzerte der Musikgesellschaft, die den Komponisten Tantiemen zu zahlen begannen, brachten ihm ungefähr fünfhundert und die Kritiken noch einmal einige hundert Rubel ein. Der Erfolg seines Konzerts hatte ihn ermutigt, und er faßte den Entschluß, allein zu leben. Nikolaj Grigorewitsch wollte zunächst nichts davon wissen, doch Tschaikowsky stellte einen jungen Diener ein, mietete eine Dreizimmerwohnung in der Spiridonowka, hängte über dem Flügel das Porträt von Anton Rubinstein auf und zog um. Bei einem Trödler kaufte er ein halbes Dutzend Stühle und einen Diwan, auf dem er, wie es damals üblich war, schlief. Endlich hatte er ein eigenes Zuhause, er konnte sich einschließen, niemanden empfangen und einladen, wen er wollte, wenn ihm danach war; der Diener holte sein Essen aus dem benachbarten Lokal. Er konnte seine zweite Oper, *Der Opritschnik,* vollenden.

Er arbeitete mit äußerst sparsamen Mitteln. Im *Opritschnik* verwendete er alles, was er angefangen und nicht beendet hatte, Fragmente aus dem *Woiwoden,* aus der Oper *Undine,* die er aufgegeben hatte. Er stellte Texte Ostrowskis und Laschecknikows zusammen, und oft verlor er in dem Gewirr von Musik und Libretto die Übersicht. Er schien eine Art Experiment zu machen und alles, was er finden konnte, miteinander zu vermengen, um zu sehen, was dabei herauskam. Nach zweijähriger Arbeit las er die Handschrift noch einmal gründlich durch, machte eine Abschrift und schickte sie nach Petersburg, wo seit kurzem der neue Dirigent des Marinski-Theaters, Naprawnik, von sich reden machte.

Im allgemeinen fühlte sich Tschaikowsky nicht von neuen Gesichtern angezogen, doch langsam wurde er der alten Freunde überdrüssig, und um sich gegen sie abzuschirmen, umgab er sich hin und wieder mit Unbekannten. Zu seinen engsten Freunden gehörten jetzt ein aristokratischer Dandy, Millionär und Kunstliebhaber, ein närrischer Greis, der ihm Anekdoten erzählte, und einer seiner Schüler, der musikalisch hochbegabte, kränkliche, zärtliche Wolodja Schilowsky, mit dem er manchmal auf geheimnisvolle Weise überstürzt aus Moskau verschwand. Sie reisten auf den Landsitz Schilowskys oder ins Ausland – auch mitten im Winter – oder nach Kiew, wo sie zwischen den Kathedralen und dem Château des Fleurs glückliche Tage verlebten.

Der Anfang dieser Freundschaft lag einige Jahre zurück; Wolodja Schilowsky war damals erst vierzehn Jahre alt gewesen. Tschaikowsky gab ihm Unterricht und begleitete ihn, wenn er mit seinem Erzieher ins Ausland reiste. Er war ein fauler Schüler, aber er hatte »charmante, originelle Manieren«. »Dieser kleine Mann«, schrieb Tschaikowsky, »ist dazu bestimmt, alle Welt zu entzücken.« Auch Wolodja hing mit einer wunderlichen, leidenschaftlichen Liebe an seinem Lehrer.

In den Sommermonaten vernachlässigte Tschaikowsky seine Brüder und lernte an Schilowskys Seite das Glück kennen. Er verbrachte selige Wochen in der Schweiz, wo Wolodja sehr launenhaft, aber immer charmant war. Er verlebte in der russischen Steppe einen heißen und trockenen August, und Wolodja langweilte sich dermaßen, daß sie vorzeitig nach Moskau zurückkehrten. Mit ihm war Tschaikowsky überall glücklich. Manchmal hoffte er, daß Schilowsky ein großer Musiker werden würde, aber Wolodja lag tagelang auf seinem Bett, wobei er seine wunderschönen

Lackstiefel bewunderte und bewundern ließ, Tschaikowsky hänselte und sich vorstellte, zweitausend Jahre zuvor ein römischer Patrizier gewesen zu sein.

Er hatte noch immer nichts vom *Opritschnik* gehört. Naprawnik war inzwischen der unumschränkte Herrscher der Petersburger Oper, und nach mehreren Monaten vergeblichen Wartens faßte Tschaikowsky den Entschluß, ihn aufzusuchen.

In all der Zeit hatte er zwar viel, aber ziemlich ungeordnet gearbeitet, und er wußte nicht recht, was daraus werden sollte. Tag für Tag komponierte er an seinem Tisch, ohne sich je ans Klavier zu setzen; es strengte ihn sehr an, er litt darunter, aber er gab nicht auf. Mit einem neuen Werk, das ihn mit Stolz und Zufriedenheit erfüllte, fuhr er nach Petersburg – es war die *II. Symphonie.* Als Thema für das Finale hatte er ein russisches Volkslied gewählt, *Der Kranich,* das er vom Kammerdiener der Dawydows gelernt hatte.

Eine Woche vor Weihnachten, während eines Schneesturms, verließ er Moskau. Nie war er mit so großen Hoffnungen nach Petersburg gekommen. In seinen weiten Pelzmantel gehüllt, setzte er sich in einen Schlitten; dieses Mal stieg er nicht bei seinem Vater ab, sondern im Hotel Victoria. Am nächsten Morgen würde ein Ausschuß des Marinski-Theaters den Spielplan festsetzen und über sein Schicksal entscheiden.

Naprawnik empfing ihn freundlich. Er hatte mit allen lebenden Komponisten ein Hühnchen zu rupfen. Irgendwann hatte Rimski-Korsakow seine Oper in der Presse nicht genügend gelobt, Cui hatte ihn gekränkt, mit Balakirew verstand er sich nicht gut. Tschaikowsky entwaffnete ihn mit seiner Bescheidenheit. Er teilte ihm mit, *Der Opritschnik* sei angenommen worden – »Ja, ja, gerade eben!« –, versäumte jedoch nicht, ihn darauf hinzuweisen, daß weder das Datum, die Besetzung noch der Regisseur feststünden. Eingeschüchtert bedankte sich Tschaikowsky bei Naprawnik und begleitete ihn zu den Orchesterproben von *Das Mädchen von Pskow* von Rimski-Korsakow, die Naprawnik dirigierte. Noch nie hatte Tschaikowsky eine so wunderbare und gründliche Einstudierung gehört. Naprawnik hatte das Orchester, das jetzt fünfundsiebzig Musiker umfaßte, neu geordnet; er hörte jeden einzelnen Ton heraus und schwang mit automatischen Gesten seinen Taktstock, wobei er nach links und rechts seine Anweisungen gab:

»Zweites Horn: Sie haben ein Fis.«

»Fagotte: ein Des.«

»Bässe: piano.«

Und zu den Bratschen unter ihm:

»Das klingt aber unsauber bei Ihnen!«

Dabei konnte er seine tschechische Aussprache nicht verleugnen.

Der Opritschnik war angenommen worden, doch wann und wie würde er aufgeführt werden? Seine Freude war durch diese Frage ein wenig getrübt, was ihn jedoch nicht daran hinderte, seinen Vater mit der Nachricht zu erfreuen. Ilja Petrowitsch wollte wissen, ob er heiraten würde, die Sache mit seiner »Désirée« habe sich wohl zerschlagen, ob er jetzt womöglich an eine andere denke?

Tschaikowsky versucht, sich in Erinnerung zu rufen, was er auf diese Frage antwortet, wenn sie ihm gestellt wird: Obwohl er genug Geld verdiene, sei er aufgrund seiner sorglosen und unordentlichen Art ständig verschuldet. Und wenn Kinder kämen? Ilja Petrowitsch schweigt traurig. Sie sprechen über Krankheiten. Tschaikowsky klagt über seine zerrütteten Nerven, aber wer von den jungen Leuten heutzutage tut das nicht? Vor allem die Künstler... Wieder pflichtet Ilja Petrowitsch ihm bei.

Tschaikowsky ist mit seinen Brüdern nicht zufrieden, aber er freut sich, sie wiederzusehen. Sie sind inzwischen zu jungen Männern herangewachsen. Anatol ist sehr schön, von zahllosen Frauen umringt, deren Herzen er bricht; er leidet darunter, und jedesmal ist es »bis ins Grab« und »bis in alle Ewigkeit«. Modest, hager, mit gelblichem Teint, von existenziellen Ängsten bedroht, will Schriftsteller werden. Das hat gerade noch gefehlt! Doch wer weiß, vielleicht hat er Talent? Bisher hat er seinen älteren Bruder, von dem er die Schwermut geerbt hat, in allem nachgeahmt. Er kennt die Petersburger Maler und Musiker... Doch als Tschaikowsky zu einem ihm zu Ehren veranstalteten Abend zu Rimski-Korsakow geht, nimmt er ihn nicht mit.

Er macht sich allein auf den Weg, in einem Zustand großer Erregung: Unter dem Arm trägt er den Klavierauszug seiner *II. Symphonie*. Er wird sie alle wiedersehen, die »Fünf« werden sie hören!

Der Hausherr nimmt ihn persönlich in Empfang. Rimski-Korsakow ist mit einer klugen, bezaubernden, musikalischen Frau verheiratet. Die Premiere von *Das Mädchen von Pskow* ist für den 1. Januar angesetzt. Er strahlt vor Glück, er ist angesehen, er ist in Mode gekommen. Tschaikowsky betritt den großen Salon. Wie ihn alle Augen anstarren!

Balakirew ist nicht mehr derselbe, er ist alt und mager geworden. Modest hat ihn auf die Veränderung vorbereitet: Er sei plötzlich religiös geworden, wolle der Welt entsagen und der Musik den Rücken kehren. Doch davon spricht man besser nicht. Da ist Borodin, charmant und reizend wie immer. Tschaikowsky empfindet große Sympathie für ihn, obwohl Borodin ihn eines Tages in einer Kritik hart angegriffen hat. Wer ihm nicht gefällt, mit wem er sich nicht versteht, ist Mussorgski, der Narr, der Clown. Zum Glück weiß Tschaikowsky nicht und wird nie erfahren, daß Mussorgski ihm wegen seiner ernsten Miene den Spitznamen »Sadyk-Pascha« verliehen hat.

In allen Einzelheiten berichtet Stassow von Dargomischskys letzter Nacht. Tschaikowsky kannte die Umstände seines Todes noch nicht. Am Abend vor seinem Tod, beim Konzert der Musikgesellschaft, dirigierte Balakirew Borodins Symphonie in es-Dur. »Das Publikum hörte Borodins Musik zum erstenmal, Sie können sich daher vorstellen, in welcher Verfassung wir alle waren! Und was für eine Symphonie! Eine Perle, die größte aller Symphonien! Und der arme Dargo konnte nicht mit uns kommen, er war sehr krank, er lag im Bett, schrecklich aufgeregt. Er wartete, er wollte wissen, wie es ausgegangen war, wie das Publikum Borodin aufgenommen hatte. Er wartete darauf, daß wir nach dem Konzert kamen und ihm alles erzählten, damit er beruhigt sterben konnte. Und wir, wir hatten Angst, ihn zu stören. Stellen Sie sich vor, wir sind bis zu seiner Tür gegangen und wieder umgekehrt, weil wir dachten, er schliefe. Währenddessen zählte er die Minuten, verzehrte sich. Die ganze Nacht hat er sehnsüchtig auf unsere Schritte, unser Klingeln gewartet... Im Morgengrauen starb er, ohne etwas erfahren zu haben.«

Das Gespräch wird lebhaft, man wendet sich allgemeineren Themen zu. Es ist die Rede von Naprawnik und seinen Neuerungen, von Turgenjew, der Balakirew bei einem Aufenthalt in Petersburg um die Erlaubnis gebeten hat, die jungen Musiker zu »examinieren«. »Wir haben abgelehnt, nach allem, was er in *Rauch* über uns geschrieben hat, wissen wir noch nicht einmal, ob wir ihn überhaupt noch grüßen sollen!...«

Man gratuliert Tschaikowsky zu seinem *Opritschnik* und fragt ihn, was er mitgebracht habe. Sadyk-Pascha setzt sich an den Flügel.

»Am Ende wird Sie etwas an ein Volkslied erinnern...«

Einen Augenblick lang sieht er Kamenka vor sich, den Kammerdiener, der *Kranich* sang, ein lustiges Lied... ta-ra, ta-ra, ta-ta-ta-...

Ohne Rimski-Korsakows vernichtenden Blick zu beachten, geht Mussorgski ins Nebenzimmer.

Ein Sturm der Begeisterung, Umarmungen, Händedrükken! Für das Finale, für den *Kranich,* ernennen sie Tschaikowsky zum ersten Musiker Rußlands – nach ihnen, den *Fünf,* natürlich! Der Abschied ist herzlich. Stassow verspricht, ihm ein Thema für eine neue symphonische Dichtung nach Moskau zu schicken.

Wieder ist es Nacht. Ein Schneesturm, kleine Schlitten. Tschaikowsky kehrt in sein Hotel zurück. Wie jung sie ihm alle vorkommen, auch jene, die zehn Jahre älter sind als er. Nichts macht ihnen angst. Sie sind von bezaubernden, klugen, verständnisvollen Frauen umgeben. Freundschaft, Liebe, Selbstvertrauen, Mut. Er kennt nichts von alledem. Seine Jugend ist längst vorbei. Einsamkeit, Ungewißheit, vor allem die Angst, diese ständige Furcht um seinen guten Ruf. Die Kälte des Lebens, die er mit niemandem teilen kann, die ewige Einsamkeit! Und er weiß, es wird sich nie etwas daran ändern.

Jetzt wird er von der Welt beurteilt... In den vergangenen Jahren ist aus dem Professor für Musik, der in seinen Mußestunden komponierte, ein berühmter Komponist geworden, dessen Werke in Rußland und in Europa aufgeführt werden. Als Antwort auf seine Musik kommen die Urteile seiner Zeitgenossen. Urteile Nahestehender, manchmal einseitig und inkompetent, Urteile Fremder, oft hinterhältig und bösartig, Urteile von Freunden und Feinden. Alle Augen sind auf ihn gerichtet. Jeden Tag oder vielmehr jede Nacht arbeitet er. Er veröffentlicht alles, was er komponiert, er gibt Konzerte, seine Opern werden von den kaiserlichen Bühnen aufgeführt, und er weiß jetzt, daß diese ungerechten, oberflächlichen, strengen Urteile ihm überallhin folgen werden, wie sie all denen folgen, die bei einem großen Publikum ankommen.

Weit davon entfernt, Nachsicht zu üben, waren seine Zeitgenossen streng und oft perfide. Laroche, sein langjähriger
Freund, der ihn ermutigte und ihm Unsterblichkeit voraus-
sagte, hatte den *Woiwoden* verrissen. César Cui hatte in der
Presse harte, ironische Worte über ihn geschrieben, aber
wenn er ihn in Petersburg ansprach, dann jedesmal mit
einem Kompliment:

»Wunderschön! Noch leidenschaftlicher als mein Duett in
Radcliffe.«

Anton Rubinstein und Balakirew sprachen ihm auch für
wenige Takte ihre lebhafte Bewunderung aus. Doch hinter
seinem Rücken behaupteten sie, »von Tschaikowsky nichts
mehr zu erwarten«. Die anonymen Kritiken waren oft grob
und ungebührlich. Darauf reagierte Tschaikowsky so: »Ich
bin nicht Anton Rubinstein. Mir können diese Beleidigun-
gen nicht gleichgültig sein. Ich bin noch nicht so berühmt
wie er.«

Das Urteil der Moskauer hing zum Teil von Nikolaj Rubinstein ab. Tschaikowskys Ruhm lag in seinen Händen. Er
forderte keine Umarbeitungen wie früher Balakirew – »dieses Thema unbedingt in e-Dur, das Finale kein piano, sondern pianissimo!« Er belehrte ihn nicht mehr. Seine Vorwürfe betrafen nur noch die Form der Werke: »Das ist
unspielbar, das kannst du einer Harfe nicht zumuten, du
hast fabuliert!« Und von 1875 an nahm er sich fast aller seiner Werke mit großer Sympathie an, dirigierte sie und ließ
sie aufführen, sooft er konnte.

Doch an bestimmten Tagen – wenn er sich mit Agafon
oder dem Portier des Konservatoriums gestritten hatte,
wenn er betrübt war, weil er neue Falten in seinem Gesicht
entdeckt hatte, wenn er müde und ihm von dem in der
Nacht getrunkenen Champagner übel war, wenn der Verlust beim Kartenspiel ihn mißmutig machte – stand er mit
dem linken Bein zuerst auf... Dann explodierte er und

haderte mit allen, die ihm über den Weg liefen, was Tschaikowsky tief kränkte.

»Ja, ich bin sehr empfindlich, sehr verletzbar«, dachte Tschaikowsky, doch an dem Tag, als Rubinstein ihn im Beisein Huberts wegen der »Unspielbarkeit« seines Konzerts abkanzelte und es eine »Karikatur« nannte, konnte er sich nicht länger beherrschen und entfernte die Widmung, die er soeben für Rubinstein geschrieben hatte; und von da an glaubte er, einen Feind in ihm zu haben.

Er war tatsächlich überempfindlich. Er wußte, daß er mißtrauisch und furchtsam war, aber das Leben und vor allem die Gerüchte, die in der Stadt über seinen Lebenswandel in Umlauf waren, hatten ihn dazu gemacht. Die Kritik ereiferte sich gegen ihn. Einerseits warf man ihm vor, die Klassiker blind nachzuahmen, andererseits, sie nicht gut genug zu kennen. Das Gespött, mit dem sein zweites Quartett aufgenommen wurde, die Schnitte, die Naprawnik an seiner Oper vorgenommen hatte, die Schikanen, denen er nach dem *Sturm* ausgesetzt war (eine symphonische Dichtung nach dem Thema von Stassow, die er in den Wochen glücklicher Absonderung bei Schilowsky komponiert hatte) – all das machte ihn traurig und versetzte ihn in einen Zustand tiefster Verzweiflung, gegen den er ankämpfte. Doch schlimmer war, daß er in sich selbst keinen Frieden und keine Gewißheit fand. Der *Opritschnik* hatte ihn schon bei den ersten Aufführungen enttäuscht, und doch füllte diese Oper in Petersburg die Säle; sie wurde in Kiew gespielt und in Moskau erwartet. Wie war es möglich, daß er diese Oper ohne Stil, ohne Meisterschaft, ohne Inspiration geschrieben hatte? Das Publikum wollte ihn hören, applaudierte ihm, rief ihn auf die Bühne, und er hatte nur den einen Gedanken: fliehen, vor diesem Erfolg fliehen, vor dem Unverstand dieses Publikums fliehen, das sein Bestes verkannte, aus Moskau fliehen; in die Welt hinausgehen und suchen, was ihm fehlte und das er noch nicht benennen konnte. Nie hatte er ein so heftiges Verlangen nach Verbundenheit gehabt, nie hatte er sie mit solcher Kraft herbeigesehnt. Aber er traute sich nicht einmal, dieses Verlangen auszusprechen.

Er reiste nach Italien; weder in Venedig noch in Rom fand er Ruhe, nie hatte er trübseligere Orte gesehen. In Neapel verbrachte er ganze Tage weinend in seinem Hotelzimmer. Nur rasch zurückkehren, wieder zu Hause sein, vielleicht war alles wiedergutzumachen, wenn er eine neue Oper schrieb, über der er die alte vergessen würde. Vielleicht gab es in Moskau mitfühlende Menschen, die er bisher übersehen hatte und die seine Ängste mit ihm teilen würden. Und da war Modest . . . Schon bei der ersten Wiederbegegnung hatte er gespürt, daß er keinen Freund, sondern seinen Doppelgänger vor sich hatte.

»Ich bin wirklich entsetzt, wenn ich daran denke, daß Du Dich von keinem einzigen meiner Fehler befreien konntest. Ich möchte in Dir einen einzigen Zug entdecken, der nicht mein eigener ist, aber es gelingt mir nicht. Du bist mir zu ähnlich, und wenn ich mit Dir böse hin, bin ich nur wütend auf mich selbst, denn Du hast die Rolle meines Spiegelbilds übernommen, das mir alle meine Fehler vorhält.«

Er wollte nicht kapitulieren und klammerte sich verzweifelt an alles, was ihn vor sich selbst retten konnte. Seine Ausdauer in der Arbeit half ihm dabei, die Musik beschützte ihn, doch alles andere war für ihn Verrat. Für den Petersburger Opernwettbewerb schrieb er *Wakula der Schmied;* diesmal war er mit sich zufrieden. Nach seinem Streit mit Rubinstein rückten die Menschen, die ihn umgaben, immer weiter von ihm ab, und er war einsamer denn je, aber er verübelte es ihnen nicht. Er wußte, daß ihn nur noch der Unterricht am Konservatorium mit seinen Freunden verband, und daher begann das Konservatorium, eine Last für ihn zu werden.

Der Wunsch, aus diesem lauten, leeren Leben, aus diesem erschöpfenden Chaos auszubrechen, wurde immer dringlicher. Es war nun kein Traum mehr, sondern eine fixe Idee. Wenn er sein Leben nicht ändern konnte, lohnte es sich dann noch, zu leben? Wenn er keinem Menschen begegnete, der ihn liebte, wenn er kein tiefes, dauerhaftes Gefühl empfand, das ihn von seiner Einsamkeit erlöste, wollte er lieber sterben.

In seiner Wohnung in der Spiridonowka floß das Leben gleichbleibend dahin. Nachts brachte ihm sein junger Diener Aljoscha mit engelhafter Geduld fünfmal seinen Tee. Die kleine Hündin Bischka schlief stundenlang auf seinen Knien und brachte jedes Jahr sechs Junge zur Welt. Auf einem Tisch lag die Biographie Mozarts, auf einem anderen lag aufgeschlagen Herodot. Jeden Sonntag statteten ihm seine Konservatoriumsschüler ehrerbietig einen Besuch ab. Und im Winter 1875 tauchte ein sehr ernster junger Mann auf, Sergej Tanejew, ein sehr guter Musiker mit einem dicklichen Eunuchengesicht.

Er bewunderte Tschaikowsky, er liebte seine Musik und schätzte das Gespräch mit ihm, und Tschaikowsky behandelte ihn wie seinesgleichen. Die Moskauer Musiker sahen in Tanejew einen Mann von besonderer Art. Er war Komponist und ein Pianist mit einer erstaunlichen Technik, er ließ seinen Eingebungen nie freien Lauf, sondern widmete die meiste Zeit der Lösung kontrapunktischer Probleme. Er hatte vor, ein Lehrbuch über den richtigen Pedalgebrauch zu schreiben, und saß stundenlang, den Bleistift in der Hand, und las die Musik deutscher Komponisten vom Blatt ab. Seine friedliche Erscheinung, seine aufmerksamen Augen wirkten beruhigend auf Tschaikowsky. Seine monotone Stimme war manchmal etwas langweilig, aber »der gute Serecha«, »der teure Freund Serecha« wurde Tschaikowsky immer unentbehrlicher.

Tschaikowsky verehrte Bizet und Delibes, ohne diese Vorliebe genauer begründen zu können. Tanejew liebte Bach und Händel und rechtfertigte seine Wahl mit außergewöhnlich klugen Reden. Doch diese gegensätzlichen Ansichten standen dem gegenseitigen Verständnis nicht im Wege. In ihrer Lebensweise unterschieden sie sich ebenso wie in ihrem Geschmack. Bei Sergej ersetzte die Zuneigung einer Mutter und einer alten Kinderfrau alle Leidenschaften, alle Bindungen. Als ihre Freundschaft entstand, kannte Tschaikowsky eine scheinbar ausweglose Trauer und Verzweiflung. Der eine hatte seinen bis dahin geretteten prekären Seelenfrieden verloren, der andere ahnte nicht das geringste davon. So waren sie beschaffen, als sie das Bedürfnis nach gegenseitiger Annäherung hatten. Tschaikowsky widmete Sergej *Francesca da Rimini* – die Idee zu dieser Oper war ihm im Zug nach Bayreuth gekommen.

Tschaikowsky fuhr anläßlich der ersten Aufführung des *Rings der Nibelungen* nach Bayreuth, nicht nur als Komponist und Musiker, sondern auch als Rezensent der *Russischen Nachrichten*. Er hatte übrigens schnell begriffen, daß er nie ein guter Kritiker sein würde, und gab diese Tätigkeit nach seiner Rückkehr aus Bayreuth auf. Vom Augenblick seiner Ankunft in dieser Stadt bis zu seiner Abreise war er bestürzt und wie benommen von allem, was er sah und hörte. Man schlief auf der Straße, es gab wenig zu essen, denn die Nahrung reichte kaum für ein Drittel der Angereisten. Man gab sich mit ein wenig Brot und Kaffee zufrieden. Überall begegnete man Bekannten: Ganz Petersburg, ganz Moskau waren da. Am Tag vor der Premiere von *Rheingold* traf Kaiser Wilhelm mit seinem Gefolge in der fahnengeschmückten Stadt ein. Eine tobende Menge umdrängte die kaiserliche Kutsche und die, in der Wagner saß und seine schmalen Lippen zu einem spöttischen Lächeln verzog. Die deutschen Komponisten waren zahlreich vertreten, auch der schöne weiße Kopf Liszts wurde gesehen. Bis zum Beginn der Aufführungen fand vor dem Theater ein regelrechter Jahrmarkt statt.

In jenem August herrschte glühende Hitze. In dem vollbesetzten Theater dauerten die Vorstellungen von vier Uhr nachmittags bis zehn Uhr abends. Die schlechte Luft, der Mangel an Nahrung und Wasser, die vielen Menschen, die keine Unterkunft hatten – all das hatte etwas Biblisches an sich. Alles, was geschah, war außergewöhnlich, angefangen vom Orchester, das, zum erstenmal unsichtbar für das Publikum, bis zu den letzten Takten der *Götterdämmerung* in einer Versenkung spielte. Tschaikowsky gelang es nicht, seine Gedanken zu ordnen oder seine Eindrücke zu verarbeiten. Er hätte diese Musik selbst spielen, sie mindestens dreimal hintereinander hören müssen, um sie in sich aufnehmen und begreifen zu können. Sie war anstrengend und betäubend; das hatte nichts mit dem zu tun, was er in der Musik suchte. Bei der *Walküre* geriet er außer sich: »Ist es möglich, daß sich künftige Generationen für dieses schwerfällige, prätentiöse und völlig talentlose Greuel ebenso begeistern werden, wie wir uns heute für die *Neunte Symphonie* begeistern, die zu ihrer Zeit ebenfalls mit Abscheu bedacht wurde?« schrieb er. Es fiel ihm schwer, für die Leser der *Russischen Nachrichten* einen Bericht über die Bayreuther Saison zu schreiben. Voller Angst und körperlich zerschlagen kam er nach Moskau zurück. Und doch hatte er in Bayreuth angenehme Momente erlebt: Liszt hatte ihm seine Bewunderung bezeugt, die deutschen Musiker kannten und schätzten ihn . . . Aber seine Stimmung war auf einem Tiefpunkt angelangt. Im Herbst schrieb er Modest und teilte ihm seinen überraschenden, aber endgültigen Entschluß mit:

»Vom heutigen Tag an werde ich alles mögliche tun, um

irgend jemand zu heiraten. Ich weiß, daß meine Neigungen das größte und unüberwindlichste Hindernis für mein Glück sind, und ich muß mit allen meinen Kräften gegen meine Veranlagung ankämpfen. Ich werde Unmögliches zustande bringen, um mich noch in diesem Jahr zu verheiraten, und wenn ich dazu nicht genügend Mut aufbringe, werde ich in jedem Fall auf meine Gewohnheiten verzichten. Der Gedanke, daß jene, die mich lieben, sich meiner manchmal schämen, trifft mich tödlich. Es ist hundertmal geschehen und wird noch viele hundertmal geschehen... Mit einem Wort, ich möchte durch eine Heirat oder eine offizielle Verbindung mit einer Frau das ganze Pack zum Schweigen bringen, das ich zwar verachte, das aber den Menschen, die mir nahestehen, Kummer bereiten kann. Doch ich stekke zu tief in meinen Gewohnheiten und Vorlieben, als daß ich sie mit einem Schlag wie einen alten Handschuh wegwerfen könnte. Ich habe keinen sehr festen Charakter, und seit meinem letzten Kampf habe ich bereits dreimal meinen Neigungen nachgegeben.«

VII

Im Jahr 1877 sollte sich sein Leben von Grund auf ändern:
So hatte Tschaikowsky es beschlossen.

Wakula der Schmied wurde ein nachhaltiger Mißerfolg.
Das Konservatorium wurde ihm immer mehr zur Last. Er
hatte Geld, aber es zerrann ihm zwischen den Fingern, es
reichte nie aus. Die Zeit verflog. Die Einsamkeit war ihm
unerträglich, und gleichzeitig floh er die Menschen, vor
allem jene, mit denen das Gespräch eine Anstrengung war.

Als er eines Tages von weitem Leo Tolstoi erblickte, versteckte er sich in einem Toreingang und entkam durch ein
Labyrinth aus Innenhöfen in eine Nebenstraße. Dafür
schämte er sich vor sich selbst. Es war kurze Zeit nach dem
Konzert, das vom Konservatorium zu Ehren Tolstois veranstaltet worden war. Der Schriftsteller hatte Tschaikowskys
Musik hören wollen. Er hatte Nikolaj Rubinstein mehrmals
darum gebeten.

Tolstoi kam, mit einer Schafsjacke und Filzstiefeln bekleidet, zum Konzert, und der Portier wollte ihm den Eintritt
verwehren. »Nun geh schon, guter Freund, und melde Rubinstein, daß Tolstoi da ist!« Doch der Portier wollte nicht
auf ihn hören und versuchte, ihn mit Gewalt vor die Tür zu
setzen. Zum Glück erkannte ihn jemand, und mit vielen
Verbeugungen und Entschuldigungen wurde er in die erste
Reihe geleitet.

An diesem Abend wurde das *Streichquartett Nr. 1* aufgeführt, das sich Turgenjew eines Tages angehört hatte. Als
das Andante gespielt wurde, konnte Tolstoi seine Tränen
nicht zurückhalten. Tschaikowsky saß neben ihm, vor Rührung und Aufregung lief sein Nacken rot an. Er wußte es, es
geschah immer, und das verstärkte seine Verwirrung noch.

Gerührt hatte Tolstoi ihm gedankt und ihn mit seinem tränenfeuchten, durchdringenden Blick angesehen. Und jetzt, einen Monat später, versteckte Tschaikowsky sich vor ihm! Er hatte nicht den Mut, das Gespräch über die Musik weiterzuführen, sich wieder anzuhören, daß Beethoven dumm sei und jeder russische Muschik mehr musikalischen Verstand habe als Mozart. Feige zog er es vor, Tolstoi aus der Ferne zu bewundern.

Vor Tolstoi hatte er die Flucht ergriffen, und als Albrecht ihn zu Weihnachten zu sich einlud, wich er aus, indem er Unwohlsein vortäuschte. Es hieß, Nikolaj Grigorewitsch sei von ihm enttäuscht: Um so besser! Er war seines einsamen Lebens überdrüssig und beklagte sich vage darüber in Briefen an seinen Vater und seine Schwester. Eines Tages machte er Kaschkin ein überraschendes Geständnis: »Ich suche eine nicht mehr ganz junge Frau. Ich will keine feurige Leidenschaft...« Kaschkin fühlte, wie sich ihm die Kehle zuschnürte, und er hatte tiefes Mitleid mit ihm.

Es soll endlich geschehen! Es wird Zeit! Alle tun es! Was bedeutet es schon, wenn in dieser Wohnung – wo er arbeitet, wo Aljoscha das Geschirr einräumt, wo er beim Komponieren laut mitsingt, wo Bischka mit ihren vielen Flöhen überall herumläuft, wo er nachts, wenn er nicht schlafen kann, aufsteht und schreibt – der Friede und die kostbare Stille gestört werden? Schluß damit! Manchmal erzittert er bei dem Gedanken an die schöne Unbekannte, an ihre Korsagen, ihre Haarnadeln, ihre zweifellos grelle Stimme, ihr Drängen, auszugehen. Aber es ist ihm egal. Nitschewo! Es wird schon gutgehen. Schlimmer, als es ist, kann es nicht werden. Sie darf nur nicht zu jung sein, nicht zu hübsch und nicht zu heißblütig... An ihrer Seite wird er sich nicht mehr fürchten, und nur das ist wichtig. Die Leute werden bei seinem Anblick sagen: Seht euch diesen Mann an! Er ist ein anständiger Mann, ein verheirateter Mann, ein Mann wie alle anderen, man kann ihm nichts vorwerfen. Vielleicht wird es sogar heißen: Er ist ein Familienvater und kein Verbrecher, er ist weder krank noch pervers. Ja, er wird ein Mann sein wie alle anderen!

Und vielleicht wird sie ihn irgendwann einmal still und gütig anblicken und keine Forderungen mehr an ihn stellen. Und vielleicht wird sie, wenn das Leben zu mühselig wird, ein paar tröstende Worte finden und seine Hand halten wie ein sehr naher und ergebener Freund. Das Leben kann so nicht weitergehen. Zehnmal am Tag weint er. Er fürchtet sich, und niemand weiß, wie sehr er sich fürchtet!

In *Francesca da Rimini* spiegelt sich die Hilflosigkeit dieser Liebe, die sich an niemanden und alle wendet, an alle, die seine leidenschaftlichen Träume bevölkern. Es spiegeln sich darin seine höllischen, stürmischen Begierden, die ihn in ihre Strudel hinabzogen. Oft war ihm gesagt worden, wie kein anderer könne er in seiner Musik von der Liebe sprechen, und er begann, es zu glauben. Warum war das so? Er, der nie das Übermaß der Liebe oder das Glück zu zweit gekannt hatte, teilte im *Romeo*, in seinen Liedern und jetzt in *Francesca* mit wildem Überschwang seine ganze Liebesverzweiflung mit. Und die Menschen, die normalen, mit ihrem Leben zufriedenen. Menschen fanden unendliches Vergnügen daran, seiner Musik zu lauschen, in der er mit einer ihnen unbekannten Verzweiflung und Erschütterung das Schönste und Geheimnisvollste in der Welt zum Ausdruck brachte, obwohl er selber es nie erfahren hatte.

Die Anhänger seiner Musik wurden immer zahlreicher. Konservatoriumsschüler, junge Sängerinnen, junge Pianisten brachten ihm grenzenlose Verehrung und Bewunderung entgegen. Im Januar trat eine Frau in Erscheinung, beinahe ein Schatten, für die er zu einem Gott werden sollte.

So begann das Jahr 1877.

Über den Geiger Kotek waren einige Klavierbearbeitungen bei ihm bestellt worden. Diese sehr gut bezahlte Arbeit war für Nadeshda von Meck, die Witwe eines reichen Eisenbahningenieurs, ausgeführt worden. Sie besaß ein riesiges Vermögen, Häuser in Moskau, Güter im Süden Rußlands und Villen im Ausland. Sie hatte elf Kinder und war bereits Großmutter. Von Rubinstein wußte er, daß sie alt, häßlich und ausgesprochen originell war. Alle Menschen in ihrer Umgebung liebten die Musik.

Der erste Brief, den sie an Tschaikowsky schrieb, war kurz, aber nicht alltäglich:

»Sehr verehrter Pjotr Iljitsch!

Gestatten Sie mir, Ihnen meinen aufrichtigen Dank für die schnelle Ausführung meines Auftrags auszusprechen. Es erscheint mir unangemessen, Ihnen von der Begeisterung zu sprechen, in die mich Ihre Musik versetzt, denn Sie sind sicher an ganz andere Komplimente gewöhnt, und eine so unerfahrene Verehrerin, wie ich es bin, mag Ihnen lächerlich erscheinen. Aber es ist mir ein so teures Vergnügen, daß ich es nicht verlacht sehen möchte. Darum bitte ich Sie nur, mir zu glauben, wenn ich sage, daß mir das Leben durch Ihre Musik leichter und angenehmer wird.«

Er schickte ihr eine kurze, sehr höfliche Antwort. Zwei Monate später traf ein weiterer Brief ein:

»Ich würde Ihnen gern von der außergewöhnlichen Zuneigung berichten, die ich Ihnen entgegenbringe, aber ich fürchte, Ihnen Ihre kostbare Zeit zu rauben. So sage ich Ihnen nur, daß diese Gefühle, mögen sie auch noch so abstrakt sein, mir sehr viel bedeuten, denn sie sind die besten und reinsten von allen, die der Mensch kennt. Aus dem Grund können Sie, Pjotr Iljitsch, wenn Sie wollen, mich eine Phantastin und sogar eine Wahnwitzige nennen, aber Sie können sich nicht über mich lustig machen, denn all dies würde nur dann lächerlich sein, wenn es nicht so aufrichtig und tief empfunden wäre.«

Diese Briefe hatten ihm sehr geschmeichelt. Im darauffolgenden Monat bat sie ihn um die Erlaubnis, seine Transkriptionen auf ihre Kosten bei Jürgenson drucken zu lassen. Sie schrieb ihm, sein *Marsch* hätte sie »wahnsinnig gemacht«, Wagner sei nichts anderes als ein »Kunstschänder«, und hätte sie das Glück in Händen, so würde sie es ihm schenken.

Über ihn, den sie nicht kannte und auch nicht kennenlernen wollte, wandte sie sich an seine Musik. Jetzt gab es einen Menschen, den alles, was Tschaikowsky komponiert hatte, entzückte, einen Menschen, der mit unsagbarer Erregung neue Meisterwerke erwartete, einen Menschen, der niemals enttäuscht sein würde. In einem ihrer Briefe gab sie ihm zu verstehen, daß es für sie nicht erforderlich sei, ihn zu sehen, daß sie ihn nicht auffordern werde, zu ihr zu kommen, und auf keine Begegnung hoffe, da diese nicht notwendig sei und nur Anlaß zu Gerede geben würde.

Am Morgen, wenn sie erwache, gelte ihr erster Gedanke und ihre erste Sorge ihm.

Sie gebe sich mit wenig zufrieden. Sie sei froh, wenn sie unter den Briefen, die der Haushofmeister ihr jeden Morgen bringe, hin und wieder ein Schreiben von ihm fände; so könne sie den Tag in Angriff nehmen, ihr »Reich« mit der Gewißheit verwalten, daß er, der ihr soviel köstliche Freude bereite, lebe und atme und gesund sei, einerlei, ob nah oder fern von ihr, aber in der gleichen Welt.

Die Verwaltung ihres riesigen Besitzes, die sie übernommen hatte, war sehr kompliziert. Ihr Mann, Karl von Meck, Erbauer der Liebauer Eisenbahn, hatte bei seinem Tod sehr verwickelte Geschäfte hinterlassen. Auf ihrem Besitz, der zu den schönsten und reichsten von ganz Rußland gehörte, waren Webstühle, Mühlen und Zuckerfabriken ohne Unterlaß in Arbeit. Ihre kostbaren Sammlungen waren berühmt. Sie sorgte für ein Trio junger Musiker und widmete sich der Erziehung ihrer Kinder. Alle lebten unter ihrem Dach – die ältesten mit ihren Familien, die jüngsten mit ihren Gouvernanten, ihren Kinderfrauen, Hauslehrern und zahlreichen Dienstboten.

Noch bis vor einem Jahr hatte sie am Gesellschaftsleben teilgenommen und zahlreiche Empfänge gegeben. Sie war eine große, schlanke Frau, nervös und intelligent, und sie galt als extravagant. Tschaikowsky erinnerte sich, sie bei einem Konzert gesehen zu haben. Sie trug ein auffälliges, golddurchwirktes und mit grünen Pfauen besticktes Kleid, das ihr überhaupt nicht stand; ihre hohe, schwere Frisur schmückte ein grüner Pfau. Ein andermal hatte er in einer benachbarten Loge gesessen und ihr schweres, unangenehmes Parfüm gerochen. Aber an ihr Gesicht konnte er sich nicht erinnern. Wie eine alte Frau hatte sie ihre kleinen, häßlichen Hände ineinandergeschlungen auf den Knien gehalten. Sobald sie irgendwo eintrat, zog sie die Handschuhe aus, ohne sich um die Konventionen zu kümmern.

Er konnte sich an all diese Einzelheiten erinnern. Doch sie waren unwichtig. Wichtig war allein, daß sie reich, großzügig und alt war und daß sie ihn nicht aufforderte, sie zu besuchen. Fittiche breiteten sich über ihm aus, unter denen er sich verstecken konnte. Und er hatte sich nicht die geringste Mühe geben müssen, sie selbst war auf ihn zugekommen.

Als Antwort auf ihre Briefe bat er sie am 1. Mai, ihm dreitausend Rubel zu leihen, um seine Schulden bezahlen zu können. Gleichzeitig teilte er ihr seinen Entschluß mit, ihr, seiner »besten Freundin«, seine *IV. Symphonie* zu widmen. Während er schrieb, ahnte Tschaikowsky, daß es eine unschöne Verbindung zwischen dem Darlehen und der Widmung gab. Frau von Meck übersah dies jedoch. Glücklich über sein Vertrauen, schickte sie ihm umgehend das Geld. Für sie war es eine unbedeutende Summe! Die Widmung rief ein so großes Glück, eine so starke Erregung in ihr hervor, daß ihr das Herz zu stocken drohte. Wie konnte sie ihm danken? Seine Freundschaft! Süß und schmerzlich war ihr bei diesem Gedanken. Sie erhob sich aus ihrem Sessel und schritt lange in ihrem Zimmer auf und ab. Das Zimmermädchen trug den eingeschlafenen Mops hinaus ... Frau von Meck preßte die Fäuste gegen die Brust, rang die kleinen, häßlichen Hände; ihre tiefen, dunklen, harten Augen funkelten unter den dichten Augenbrauen. Julia, eine ihrer älteren Töchter, die unverheiratet war und das Haus führte, lauschte den unruhigen Schritten und befürchtete einen Herzanfall. Tschaikowskys Lied *Süß und schmerzlich* lag immer aufgeschlagen auf dem Notenpult des Flügels im Salon. Am Abend bat Frau von Meck Julia, es ihr vorzusingen. Nach dem Abendessen ruhte sie sich gewöhnlich eine halbe Stunde lang aus.

Nachts, wenn das ganze Haus im Schlaf lag, saß sie noch lange aufrecht in ihrem Bett, die Haube auf dem Kopf, im Licht der Nachtlampe. Sie atmete angestrengt, sie prüfte ihr Gewissen, suchte das heftige, unerklärliche, geheimnisvolle Gefühl zu ergründen, das sie diesem unbekannten Menschen entgegenbrachte, der nicht lieben konnte, der nie eine Frau geliebt hatte. Sie schwor sich, ihn niemals zu sich zu rufen. Wenn es einen Gott gäbe, sagte sie sich, würde dieser Mensch von selbst auf sie zukommen. Sie würde es schaffen – ohne Jugend, ohne Schönheit, ohne Feuer. Sie würde es mit anderen Mitteln erreichen, sie würde ihn gefangenhalten. Sie würde warten ... Sie konnte warten.

All diese Gedanken kamen ihr in den langen, schlaflosen Nächten. Doch am Morgen trafen die Zeitungen ein – Krieg mit der Türkei, Umsturz in Frankreich –, der Verwalter wartete auf ihre Anweisungen, die Sorgen häuften sich: Eine Tochter hatte gerade eine Niederkunft hinter sich, eine andere erwartete ein Kind, ihr ältester Sohn vergeudete sein Vermögen mit Zigeunern, ein anderer stand vor dem Examen, die beiden Jüngsten hatten Masern. Ihre eigene Gesundheit war ihr Anlaß zu Befürchtungen. Jeden Monat litt sie tagelang an schwerer Migräne ... Aber es gab nicht nur Sorgen, sondern auch die Freude an ihren Kindern und Enkeln, an Musik und Reisen ...

Und wenn der Tag mit seinen Freuden und Sorgen begann, dann dachte sie mit vertrauten Gefühlen an Tschaikowsky, so wie sie an ihre jüngste, erst fünfjährige Tochter Milotschka oder an ihre beiden vom Fieber geschüttelten Söhne dachte. Wo war er? Ging es ihm gut? War ihm das Leben mit seinen Gläubigern, dem Konservatorium, der Anhäufung von kleinen Sorgen, Kränkungen und Widerwärtigkeiten nicht zu mühsam? Woran dachte er? Was komponierte er, der teure, einzige, unvergleichliche Freund? Dachte er ab und zu an sie, auf die er sich stützen konnte? Glaubte er an sie? Wußte er, daß er an ihrer Seite frei bleiben würde? Nein, nie würde sie ihn seiner Freiheit berauben, wenn er nicht von selbst zu ihr kommen wollte, würde sie ihn nicht rufen. Sie war fünfundvierzig Jahre alt, vielleicht blieb ihr nicht mehr viel Zeit zum Leben, aber sie würde warten ... Ohne Schönheit, ohne Feuer ... Mit anderen Mitteln ...

Lange ging sie im Zimmer auf und ab. Julia kam herein und sagte:

»Liebe Mama, Sie ermüden Ihr Herz.«

... Er saß in seinem alten Schlafrock an seinem Arbeitstisch und komponierte. Er mochte diesen Schlafrock, der vom Geruch der vielen tausend Zigaretten, die er geraucht hatte, durchdrungen war. Außer Aljoscha hatte ihn noch niemand in diesem Aufzug gesehen. Er war immer ausgesucht gekleidet und bestellte seine Hemden im Dutzend, pflegte seine Hände und ließ sich einmal im Monat den Bart stutzen. Bevor er morgens ein sauberes Hemd anzog, rieb er sich mit Eau de Cologne ein, und in letzter Zeit parfümierte er sich nach dem kalten Bad, das man ihm für seine Nerven empfohlen hatte, mit Lavendelwasser. Trotz dieser Sorgfalt, trotz seines Raffinements selbst in der Kleidung wirkte er zehn Jahre älter, als er war. Obwohl erst siebenunddreißig Jahre alt, war er am Morgen – im Schlafrock, mit bloßem Hals, ungekämmt und mit geschwollenen Lidern – ein alter Mann.

An diesem Morgen war er spät aufgestanden. Am Tag zuvor hatte ihn die erschöpfende Monotonie seines Lebens wieder einmal aufgebracht: die tiefe Verzweiflung beim Erwachen, die Tränen, die Baldriantropfen... Danach der Unterricht am Konservatorium und die grelle Stimme Nikolaj Grigorewitschs, der seinen Diener, einen Professor oder einen Schüler grundlos schalt. Das Mittagessen bei Albrecht und bis zum Abend der Nachgeschmack von Gurken – er vertrug Gurken nicht. Und der Wodka, an den er sich im vergangenen Winter gewöhnt hatte und auf den er jetzt keinen einzigen Tag mehr verzichten konnte... Am Nachmittag, mit schweren Beinen und brummendem Kopf, hätte er sich am liebsten mit dem Gesicht zur Wand aufs Bett gelegt und geweint, aber Tanejew war gekommen, und er mußte sich auf ein langes Gespräch einlassen, in dessen Verlauf Tanejew erklärte, es sei »ein Verbrechen, einen Wechsel der Tonart mit parallelen Quinten einzuleiten« – und ähnliches mehr. Er war trotzdem ein wenig eingeschlafen, als er plötzlich schweißüberströmt aufwachte. Es war höchste Zeit, zum Abendessen auszugehen. Fünf Freunde warteten im *Großen Moskauer Hof* auf ihn – lange würde er sich dieses kostspielige Leben nicht mehr leisten können! Buchweizengrütze und Schweinefleisch lagen ihm noch auf dem Magen.

In der Nacht hatte er viel geweint und komponiert.

Samstag! Der neue Tag kündigte sich an wie alle anderen Tage. Dann brachte man ihm den Liebesbrief einer ihm völlig unbekannten Frau. Liebesbriefe bekam er selten, und er beantwortete sie nie. Doch diesmal schien es ihm unmöglich, es nicht zu tun. Das junge Mädchen erklärte, sie habe ihn hin und wieder getroffen, jedoch nie den Mut gehabt, ihn anzusprechen; sie liebe ihn, wie sie nie einen Menschen geliebt habe, und sie könne ohne ihn nicht leben. Sie fügte außerdem hinzu, daß sie tugendhaft sei. Er bedankte sich für das Lob, das seiner Musik galt, erwähnte die Liebeserklärung jedoch mit keinem Wort.

Einen Moment lang hatte er den Eindruck, etwas getan zu haben, was er nicht hätte tun sollen, aber die Nacht ließ ihn alles vergessen.

Ein paar Tage später traf der zweite Brief von Antonina Iwanowna Miljukowa ein. Er war länger als der erste, und als Tschaikowsky ihn gelesen hatte, fragte er Langer, einen Professor des Konservatoriums, ob er sich an eine Schülerin dieses Namens erinnere und was er von ihr hielte. Antonina hatte ihm geschrieben, sie sei Pianistin und hätte bei Langer studiert.

Langer brauchte eine Weile, bis er sich erinnerte. Er sah Tschaikowsky aufmerksam an:

»Oh, jetzt fällt es mir ein. Eine Törin!«

Offenbar hatte sich Antonina in seiner Klasse nicht hervorgetan. Diesmal war Tschaikowskys Antwort kürzer und trockener. Bei Gelegenheit erwähnte Langer, das Mädchen sehe nicht übel aus.

Antonina Iwanowna schrieb mit einer kindlichen Handschrift und ohne jede Zeichensetzung:

»Es ist an der Zeit, daß ich mit mir kämpfe, wie Sie es mir in Ihrem ersten Brief geraten haben, doch der Gedanke, daß wir in ein und derselben Stadt leben, ist mir ein Trost. Wo ich auch bin, nie werde ich Sie vergessen können, nie werde ich aufhören, Sie zu lieben. Was ich an Ihnen liebe, kann ich sonst nirgendwo finden, mit einem Wort, nach Ihnen will ich keinen anderen Mann mehr ansehen . . .«

»Aljoscha!« rief Tschaikowsky, nachdem er ihn gelesen hatte.

Aljoscha kam herbeigelaufen, ließ die Vorhänge vor den Fenstern herunter und zündete die Kerzen an. Tschaikowsky machte den Tag gern zur Nacht. Wenn die Vorhänge hochgezogen waren, hatte er oft Angst. Durch die Fenster sah er die Blätter an den Bäumen und hörte die Vögel singen. Er bat Aljoscha, seine Hand zu nehmen, bis die Krise vorüber war. Und wenn an seiner Seite eine Frau wäre, eine Hausherrin, würde er sich dieser Angst und Aljoschas Unentbehrlichkeit dann nicht schämen? Und wenn sie nachts schlafen wollte, könnte er beim Komponieren nicht mehr singen! So viele seiner Angewohnheiten würde er aufgeben müssen ... Er mußte sich beruhigen: Noch hatte ihn niemand mit Gewalt verheiratet.

Ein weiterer Tag begann mit den Prüfungen im Konservatorium. Er haßte das Konservatorium. Er sagte sich, daß er ohne diese lästige Arbeit hätte komponieren können ... Er vollendete gerade seine *IV. Symphonie* und suchte ein Thema für eine neue Oper. Am Nachmittag, zu Gast bei der Sängerin Lawrowskaja, sprach er davon und bereute es sofort, denn alle machten ihm die unmöglichsten Vorschläge. Die Lawrowskaja versuchte, ihn davon zu überzeugen, daß Puschkins *Eugen Onegin* sich ausgezeichnet für ihn eigne. Müde und gereizt verließ er sie, betrat ein Wirtshaus und bestellte sich eingelegte Pilze, Hammelfleisch und Buchweizengrütze.

Das mechanische Klavier spielt einen Walzer von Strauß, ein Potpourri aus *La Traviata.* Die Stammgäste – kleine Angestellte, Beamte, Billardspieler – essen, trinken und lauschen der Musik. Der Kellner hält ihn bestimmt für einen Oberschullehrer. In zehn Jahren, wenn er alt, vollkommen weißhaarig und leicht gekrümmt ist, wird er ganz wie ein Universitätsprofessor aussehen. Oh, wenn er doch nur

etwas Außerordentliches komponieren könnte, etwas
Erschütterndes, Klares, zutiefst Russisches... Dante und
Shakespeare muß er eine Zeitlang vergessen. Er möchte
etwas Schönes, Einfaches schaffen, erzählen, wie die Menschen leben, wie sie sich lieben und sich trennen... Er muß
an den Salon der Lawrowskaja denken. *Eugen Onegin?* Nein,
das ist es nicht, was er sucht. Aber es wäre gut, es noch einmal zu lesen, in Tatjanas Brief stehen wunderbare Zeilen,
die etwa so lauten:

> *Dein bin ich! Und mein ganzes Leben*
> *war nur, damit ich dich einst fand.*

Dabei fällt ihm etwas ein... Ach ja! Antonina Iwanowna.
Warum vernachlässigt sie in ihren Briefen eigentlich die Zei-
chensetzung? Dabei hat sie ihre Ausbildung doch in einem
Kloster gemacht! Er bestellt starken Tee mit Zitrone und
Cognac... Und weiter:

> *Vielleicht ist alles leerer Wahn,*
> *das Trugbild unerfahrener Seele.*

Natürlich ist es leerer Wahn. Er ist nicht Onegin. Er könnte
einen Sohn haben wie Onegin. Könnte er wirklich einen
Sohn haben? Es ist besser, nicht daran zu denken. Als erstes
muß er sich unbedingt den Puschkin besorgen.

Mit großen Schlücken trinkt er Tee mit Cognac. Er
starrt vor sich hin, und vergessene Verse fallen ihm wieder
ein, Verse, die er in der Schule auswendig gelernt hat, Verse,
die Apuchtin so nahegingen. Aus der Tiefe seiner Erinnerungen tauchen verblaßte Bilder wieder auf, begleitet von
harmonischen Klängen. Süß durchdringt es ihn, und ein
vertrautes Gefühl der Beklommenheit schnürt ihm die Kehle zu.

»Ober, die Rechnung bitte!«

Er drückt den Hut in die Stirn, zieht den Pelzmantel an,

stößt mit seinem Stock gegen die Stühle und geht in die Twerskaja hinaus.

Es wird dunkel, die Gaslaternen brennen, die Geschäfte schließen bereits. Er muß sich unbedingt den Puschkin besorgen, danach wird er weitersehen! Zu Hause hat er kaum Bücher: die Mozart-Biographie, Stendhal, zwei Dutzend bunt zusammengeworfener historischer Werke... Eines nach dem anderen schließen die Geschäfte. Als er an der Kusnetzky-Brücke ankommt, läßt der Lehrling der Buchhandlung Wolf gerade das Eisengitter herunter.

Durch die Hintertür wird ihm das Buch gereicht, er gibt einen Rubel Trinkgeld, man sieht ihn an, als wäre er verrückt. Er ruft eine Kutsche herbei und läßt sich nach Hause fahren. Aljoscha kommt ihm entgegen. »Ich möchte weder essen noch schlafen, ich will trinken und arbeiten.« Und er schließt sich in seinem Zimmer ein.

Er liest mit seligem Entzücken, langsam und voller Aufmerksamkeit, denn über diesen vertrauten Zeilen können die Gedanken leicht abschweifen und verhindern, daß er jedes Wort auskostet... Ja: »... mein ganzes Leben war nur, damit ich dich einst fand.« So lautete es! Und weiter liest er: »Nur deinen Schutz erflehe ich!« Auch Antonina, ein armes, tugendhaftes Mädchen, erfleht seinen Schutz. Das geht ihm kurz durch den Kopf, aber er hält sich nicht lange damit auf. Je länger er liest, um so deutlicher zeichnen sich in seiner Vorstellung die Umrisse eines Librettos ab.

Mit geröteten Augen und wirrem Haar weckt er Aljoscha im Morgengrauen und stürzt aus dem Haus. Er will zum Landsitz von Wolodjas ältestem Bruder reisen und Konstantin Schilowsky bitten, ihm ein Libretto zu schreiben.

Seine Wahl war zufällig auf Schilowsky gefallen. Über die Texte seiner Opern und Lieder machte er sich selten Gedanken. Manchmal, wenn er keinen Gedichtband zur Hand hatte, schmiedete er die Verse selbst, und er schämte sich keineswegs dieser Reimerei, deretwegen Cui ihn den »ungebildetsten russischen Komponisten« nannte. Sogar Rubinstein, der vor nichts zurückschreckte, wagte es nicht, eigene Verse zu schreiben. Und doch, welche Freiheiten nahm er sich gegenüber den Dichtern heraus! So hatte er in sein berühmtes Lied nach einem Gedicht von Lermontow einfließen lassen: »Ich möchte dir um den Hals fallen! Ich möchte dir um den Hals fallen! Ich bin froh, und ich bin traurig, und ich möchte dir um den Hals fallen! Ich möchte dir um den Hals fallen!« Für Tschaikowsky hatte der Text nicht die geringste Bedeutung, und er verstand nicht, warum seine Freunde ihn auslachten. Auf die Qualität eines Librettos nahm er keine Rücksicht, er korrigierte und amputierte es, wie es ihm paßte. Und jetzt wandte er sich an Schilowsky – den Gesellschaftslöwen, Amateurschauspieler und Komponisten eines Erfolgswalzers – mit der Bitte, ihm möglichst schnell das Libretto für seine neue Oper zu schreiben. Er hatte den in der Nacht entstandenen Entwurf bei sich.

Als er Konstantin Schilowsky Tatjanas Briefszene erläuterte, brach etwas in ihm auf. War dies nicht sein eigenes Schicksal? Sollte er Antonina mit den Worten antworten: »So benimmt sich kein junges Mädchen aus gutem Haus! Ich wünsche Ihnen, daß Sie so schnell wie möglich einen passenden Mann heiraten!« Nein, es war das Schicksal... Das Leben bot ihm, was er gesucht hatte. Er mußte ihm dafür dankbar sein.

Er verbrachte ein paar Tage bei den Schilowskys, er versuchte, an Antonina zu denken, die mit Tatjana noch weniger Ähnlichkeit hatte als er mit Onegin. Aber er kannte sie ja nicht einmal. Sie hatte ihn gebeten, sie zu besuchen, sie wartete auf ihn; er zögerte den Besuch immer wieder hinaus. In seinem letzten Brief hatte er ihr von seinen Fehlern gesprochen, von seiner Nervosität, von seinem schwierigen Charakter – er sei zänkisch, launisch und schwermütig –, von seiner anfälligen Gesundheit, von seiner Trägheit.

Sie ließ sich davon nicht abschrecken; bei seiner Rückkehr nach Moskau erwartete ihn ein weiterer Brief:

»Ist es möglich, daß Sie unseren Briefwechsel abbrechen wollen, ohne mich auch nur ein einziges Mal gesehen zu haben? Nein, so grausam können Sie nicht sein! Sie halten mich für leichtsinnig und kokett, und darum sind Sie von meinen Briefen nicht betroffen! Wie soll ich Ihnen die Aufrichtigkeit meiner Worte beweisen? Nein, solche Lügen sind undenkbar! Seit ich Ihren letzten Brief gelesen habe, liebe ich Sie noch viel mehr, und Ihre Fehler erschüttern mich nicht . . . Ich brenne vor Verlangen, Sie zu sehen, ich kann es nicht abwarten . . . Ich möchte Ihnen um den Hals fallen, Sie küssen, aber mit welchem Recht? Sie müssen mich recht unverfroren finden . . .

Ich schwöre Ihnen, daß ich im wahrsten Sinne des Wortes ehrlich bin, ich habe nichts vor Ihnen zu verbergen. Mein erster Kuß wird für Sie sein und für keinen anderen. Ich kann ohne Sie nicht leben, und deshalb werde ich meinem Dasein vielleicht bald ein Ende machen. Ich bitte Sie noch einmal inständig, mich zu besuchen . . . Ich küsse Sie, ich nehme Sie fest in meine Arme . . . «

Während seiner Abwesenheit waren noch andere Briefe eingetroffen. Er beantwortete sie alle. Modest erzählte er von der neuen Oper, die er nach Puschkins Dichtung komponieren wolle. Seinem Schwager teilte er mit, er werde am Ende des Sommers nach Kamenka kommen, um endlich komponieren und nichts als komponieren zu können . . . Antonina Iwanowna versprach er, sie am Freitagabend zu besuchen.

An diesem Tag wurde über Liebe kein Wort gesprochen. Er trank den Tee mit einer angenehmen Frau von etwa dreißig Jahren, die eine schmale Taille hatte und sich auf anmutige Art zierte; Tschaikowsky war aufgeregter als sie. Sie verstand es nicht, ein Gespräch zu führen, aber sie hörte aufmerksam und bewundernd zu und bat ihn, ihr auf ihrem alten Klavier etwas vorzuspielen. Sie war Pianistin, aber sie kannte kein einziges Werk Tschaikowskys, was reichlich sonderbar war, da sie sich, wie sie sagte, seit fast vier Jahren für ihn interessierte. Die Wohnung war dunkel und sauber und mit unnützen Gegenständen vollgestopft. Tschaikowsky spielte mit der Quaste seines Plüschsessels und mit den Fransen der Tischdecke und gestand ihr, daß er nicht gern unter Menschen gehe, Schulden hätte und daß Aljoscha seine Launen mit einer Engelsgeduld ertrage. Sie erzählte ihm, ein General sei in sie verliebt gewesen, ihre Mutter sei Witwe, und sie hätten ein Wäldchen in der Nähe von Klin geerbt, das verkauft werden könne. Sie sagte ihm auch, daß sie treu, ruhig und anspruchslos sei. Sie habe nur einen Wunsch: den Mann, den sie liebe, glücklich zu machen.

Er betrachtete sie, und seine Augen flehten sie an, nicht weiterzusprechen. Sie verstummte. Dann sprachen sie von dem Kloster, in dem sie ausgebildet worden war . . . Tschaikowsky nahm Abschied, überzeugt, daß nichts Entscheidendes vorgefallen war, daß, wenn überhaupt etwas geschehen sollte, es nicht sofort geschehen und wahrscheinlich sowieso alles folgenlos bleiben würde. Antonina Iwanowna dachte anders.

Sie wartete zwei Tage. Sie hatte es sich reiflich überlegt, sie liebte ihn rasend. Ihren Freundinnen vertraute sie ihre überwältigenden Eindrücke an. Ihrer Mutter schrieb sie: »Mama, dieser Mann ist so feinfühlig!« Am meisten rührte sie das Eingeständnis seiner Fehler: »Ich kann nicht lieben, ich bin unfähig, mich an jemanden zu binden.« So etwas war so selten!

Nach zweitägigem Warten schrieb sie ihm einen leidenschaftlichen, wenn auch zweckgerichteten Brief: »Sie haben einem alleinstehenden jungen Mädchen einen Besuch abgestattet und auf diese Weise unsere Geschicke miteinander verbunden. Wenn Sie mich nicht zu Ihrer Frau machen wollen, werde ich mich töten. Noch nie habe ich am Abend den Besuch eines unverheirateten Mannes erhalten.«

Hatte sie recht? Wenn Onegin zu Tatjana zum Teetrinken gegangen wäre, hätte er sie geheiratet. Es war ein Fehler gewesen, sie nach all ihren Briefen und Erklärungen zu besuchen... Aber wie hätte er ablehnen können? Sie hatte ihn so angefleht! Jetzt gab es keinen Weg mehr zurück! Und war es nicht sein Traum, sich mit einer Frau zu verbinden? Und mehr noch, geliebt zu werden?

Manchmal kam es ihm vor, als gebe es ein Mißverständnis zwischen ihnen, als hätte sie nicht begriffen, um welche Art von Verbindung es sich handelte. Doch warum sollte er eine andere suchen? Dieses anständige, freundliche und selbstlose Mädchen würde ihn vielleicht glücklich machen. Sie mußte ihn ja lieben, wenn sie ihm drohte, sich zu vergiften oder zu ertränken. Er müßte ihr dankbar sein. Sie war gesund, jung, zweifellos gut, und sie stellte keine Anforderungen an ihn.

Es war ein merkwürdiger Heiratsantrag. Er sprach nicht von seinen Gefühlen. Er bot ihr an, die Ehefrau eines Mannes zu werden, der sie nicht liebte und ihr auch keine Hoffnung machte, daß er sie je lieben werde. Ganz offen sagte er zu ihr: »Ich liebe Sie nicht und werde Sie nie lieben...« Antonina Iwanowna lächelte, sie war mit der Wendung der Dinge zufrieden. Tschaikowsky wünschte, daß die Hochzeit in einem Monat stattfand. Er wies sie wiederholt darauf hin, daß er einen »sonderbaren Charakter« habe und ihr kein Glück versprechen könne. Zum Abschied küßte er ihr die Hand und bat sie, das Geheimnis zu wahren.

Seine Freunde sollten von seinem Entschluß nichts erfahren, er hätte ihnen sonst seine Verlobte vorstellen müssen, und man würde sie kritisieren und ihm von der Heirat abraten. In einem kurzen Brief – nicht zu vergleichen mit dem Brief, den er geschrieben hatte, als er in Désirée verliebt war – kündigte er seinem Vater die Heirat an und bat ihn, die Neuigkeit nicht zu verbreiten. Seinen Brüdern schrieb er ebenfalls. Ein ihm bekannter Geistlicher setzte die Hochzeit für den 6. Juni an. Modest bat ihn, seine Abwesenheit zu entschuldigen, Anatol versprach zu kommen. Sein Brief klang besorgt, er verstand nicht, warum Tschaikowsky es so eilig hatte.

Was hätte er ohne die dreitausend Rubel von Frau von Meck getan? Ihm sträubten sich die Haare, wenn er an sein Leben im letzten Winter dachte: die Schulden, die Sorgen . . . Die Zukunft war unsicher. Widerwillig nahm er die Prüfungen ab, doch das fiel niemandem auf. Würde im nächsten Herbst wieder alles von vorn anfangen? Morgens der Unterricht, abends die Gesellschaft seiner Frau und hin und wieder Theater- und Konzertbesuche, Empfänge, die vornehme Gesellschaft. Und immer die unausstehlichen, ermüdenden Geldsorgen, unentwegt verschärft durch seine unseligen Neigungen und sein Unvermögen, sein Leben einzurichten.

Frau von Meck war eine Freundin, die ihm ihre Hand entgegengestreckt hatte. Und in den letzten Maitagen mußte er oft mit Dankbarkeit und Neugier an sie denken. Ihr hatte er zu verdanken, daß er sich seiner Berufung zum Komponisten voll bewußt geworden war. Und es war nicht zu früh gewesen! Wenn er sich die vergangenen zehn Jahre seines Lebens vor Augen führte – im Grunde die einzigen, die zählten –, schien es ihm, daß er trotz wirklicher Eingebungen, hartnäckiger Arbeit und einiger Erfolge – *Francesca,* die *II. Symphonie* und mehrere Lieder – nie ein so großes Selbstvertrauen und die Gewißheit, mit seiner Kunst eng verwachsen zu sein, gekannt hatte wie jetzt. Dank seiner Kunst begann er, sich selbst und mehr als alles auf der Welt die Musik zu lieben. Als er den letzten Entwurf seiner »der besten Freundin« gewidmeten Symphonie beendet hatte, spürte er, daß jetzt die Zeit der großen Werke angebrochen war. Er war ein kleiner Musiker gewesen, danach ein durchschnittlicher Komponist. Jetzt, dessen war er sich sicher, begann ein ernster, wichtiger Abschnitt seines Lebens, in dem er eine wahrhaftige und unauflösliche Verbindung mit seiner Kunst eingehen und aus einem schwärmerischen Werk ein lebenswichtiges Werk werden würde.

Eugen Onegin? . . . Bestimmt würde niemand diese Oper aufführen wollen! Noch nie wurden auf einer Bühne so einfache, normale, gegenwartsnahe, ja geradezu alltägliche Dinge gezeigt. Konnte man überhaupt noch von einer Oper sprechen? *Lyrische Szenen* trifft eher zu. Doch das ist nicht wichtig! Er muß arbeiten, arbeiten . . . alles andere wird sich finden. Vor der Hochzeit will er mehrere Szenen komponieren.

Er verabschiedet sich von Antonina. Die Prüfungen sind vorbei, er hat das endgültige Manuskript der *IV. Symphonie* beendet. Schilowsky ruft ihn, das Libretto ist fertig. Er tritt die Reise an.

VIII

Auf dem Landsitz Konstantin Schilowskys wohnte er in einem kleinen Nebengebäude. Er stand um acht Uhr auf, nahm das Frühstück allein zu sich und komponierte bis zum Mittagessen. Dann fuhr er mit seiner Arbeit ohne Unterbrechung bis zum Abendessen fort. Nach einem langen Spaziergang schloß er sich der Familie Schilowsky an. Schweigend saß er im großen Salon, in dem Zeitungen gelesen oder Patiencen gelegt wurden Die Fenster gingen auf einen Park mit hohen Linden hinaus. Hier liebte man ihn, hier stellte man ihm keine Fragen!

Er arbeitete viel und gut, das spürte er selbst. Hätte ihn jemand aus seiner Arbeit gerissen, wäre er wie ein Schlafwandler schreiend aufgewacht. Er sah die Mängel des Librettos nicht, die gräßlichen Reime Schilowskys, der ein frivoler Autor modischer Walzer war und Puschkins Verse verstümmelt hatte. Er arbeitete »wie wahnsinnig« und mit »tiefer Freude«, ohne sich um »Bewegungen oder Effekte« und alles, was eine Oper enthalten mußte, zu kümmern. »Ich pfeife auf alle Effekte!« sagte er. Er erkannte, daß sich seine Arbeit sehr von einer *Aida* oder *Afrikanerin* unterscheiden würde. In manchen Augenblicken war er überzeugt, daß seine Oper keine Zukunft hatte, daß sie nie auf einem Spielplan stehen würde, und doch – je mehr er arbeitete, um so stärker »schmolz und erzitterte er vor ungetrübtem Glück«. In *Eugen Onegin* gab es Liebe! Und wurde nicht behauptet, in der Musik würde ihm die Liebe immer gelingen? Als er Tatjanas Brief komponierte, fühlte er, daß er bereit wäre, für diese schöpferische Freude sein Leben hinzugeben, und daß er kein anderes Glück begehrte.

Aber was begonnen war, konnte nicht rückgängig gemacht werden. Einen Tag vor der Hochzeit kehrte er nach Moskau zurück, zwei Drittel seiner Oper waren fertig. Er handelte wie ein Automat, er schickte Antonina Iwanowna Blumen, er holte Anatol, der ihn mit einem zärtlichen, forschenden Blick prüfte, vom Bahnhof ab. Instinktiv ging er Nikolaj Grigorewitsch aus dem Weg, dem man erzählt hatte, Tschaikowsky komponiere eine Oper über *Eugen Onegin*. Rubinstein fand das »geradezu reizend« und war überzeugt, daß Tschaikowsky keine Oper, sondern nichts als ein paar charmante und durchaus gelungene kleine Szenen schreiben würde. Er ließ ihn wissen, das Konservatorium wolle dieses Werk im kommenden Winter aufführen, falls es beendet sei; er wünschte sich lediglich einen glücklichen Ausgang.

Und nun würde Tschaikowsky »ein Mann wie alle anderen« werden! Während der ganzen Zeremonie machte er ein feierliches Gesicht. Sie stand neben ihm, schlank, recht hübsch, mit ausdruckslosen Augen. Anatol, der zusammen mit dem Geiger Kotek Trauzeuge war, versuchte zu erraten, was für eine Frau sie war. Der Chorgesang hallte durch die leere Kirche. Antoninas Mutter, eine ältere Frau mit einem breiten Gesicht und gekrümmtem Rücken, stand in einer Ecke, auf den Arm eines entfernten Verwandten gestützt. Der Geistliche nahm den Goldring von Antoninas kleiner, dicker Hand und streifte ihn über Tschaikowskys Finger. Als dieser jetzt seine großen, schönen Hände betrachtete, schien es ihm, als gehörten sie ihm nicht mehr. Es war heiß, der weiße Brautschleier berührte ihn an der Schulter; er glaubte, an ihm zu ersticken.

»Küsset einander«, sagte der Geistliche.

Ein fremdes, freundliches Gesicht wandte sich ihm bereitwillig zu. Tschaikowsky senkte den Kopf, seine Lippen streiften Antoninas rosige Wange und ihren Mundwinkel.

In diesem Augenblick verspürte er eine entsetzliche Abneigung, den heftigen Wunsch, sich zu übergeben, und er begriff, daß ein fürchterlicher Alptraum begann, der kein Ende nehmen würde. Hinter dem Rücken seiner Frau sah er die Augen Anatols auf sich gerichtet, und er wußte, daß sein Bruder seine Gedanken erriet und Angst hatte.

Die Zeremonie war vorüber. Ein Wagen brachte sie durch die heißen, staubigen Moskauer Straßen zum Nikolajewsky-Bahnhof. »Ich liebe Sie nicht, ich werde Sie nie lieben«, wollte Tschaikowsky der Frau zurufen, die in ihrer hohen weißen, mit Orangenblüten geschmückten Haube neben ihm saß. Doch strahlte ihr Gesicht eine solche Heiterkeit und Zufriedenheit aus, daß ihm die Worte im Hals steckenblieben. Wild klopfte sein Herz unter seiner weißen Weste.

»Als sich der Zug in Bewegung setzte«, schrieb er seinem Bruder später, »erstickte ich fast an meinen Schluchzern, und ich hätte schreien mögen. Doch bis wir in Klin ankamen, mußte ich mich mit meiner Frau unterhalten, erst danach hatte ich das Recht, mich im Dunkeln auszustrecken und mit meinen Gedanken allein zu sein... Zu meiner Erleichterung bemerkte sie nichts und ahnte nichts von der Verzweiflung, die ich mit großer Anstrengung verbarg.«

Als Ilja Petrowitsch von der Hochzeit und der Ankunft seines Sohnes erfuhr, bekreuzigte er sich und wußte sich vor Freude nicht zu fassen. Er war zweiundachtzig Jahre alt und hatte dreimal geheiratet. Seine dritte Frau war einfach, gutherzig und ihm ergeben, und sie liebte die Kinder aus den anderen Ehen. Beide bereiteten sich auf den Empfang der Neuvermählten vor.

Sie verbrachten eine Woche in Petersburg. Es war Sommer. Alle Theater der verwaisten Stadt waren geschlossen. Sie besuchten weder Pawlowsk noch die Konzerte noch die Inseln. Antonina gefiel Ilja Petrowitsch, er hatte den Eindruck, daß sie ihren Mann liebte, der nicht von ihrer Seite wich. Diese ständige Gegenwart war nicht ein Zeichen dafür, daß er sie brauchte, er wollte sie nur nicht mit anderen Menschen allein lassen. Er komponierte nicht und sprach nicht einmal mehr von seiner Musik. Eine tiefe Falte grub sich zwischen seine Augenbrauen. Als seine Schwiegermutter ihn fragte, ob er glücklich sei, bejahte er dies... Als sie abgereist waren, erfuhr Frau Tschaikowsky von der Haushälterin, daß die junge Frau in dem Bett im Salon geschlafen hatte, der als Schlafzimmer hergerichtet war, und Tschaikowsky auf dem Diwan im Arbeitszimmer.

Doch in dem kleinen Haus von Antoninas Mutter, wo sie ihre Flitterwochen beenden sollten, mußten sie sich ein Zimmer und ein riesiges Bett mit einer breiten Daunendekke und einer Pyramide aus sechs Kopfkissen teilen. Auch hier war man glücklich über ihren Besuch, sie wurden freudig empfangen, und die Gespräche drehten sich auch hier nur um ein Thema: Überlegungen über das Glück zu zweit, Anspielungen auf den künftigen Nachwuchs... Die Beziehungen zwischen Antonina und ihrer Mutter waren merkwürdig: Einmal zankten sie schamlos und lautstark miteinander, dann waren beide sehr zärtlich zueinander, dann wiederum schmollten sie miteinander. Auch hier blieben sie eine Woche. Mehrmals kam Antonina mit von Tränen geröteten Augen zum Frühstück. Er vermied es sorgfältig, sie mit ihrer Mutter allein zu lassen. Eines Abends hatte er eine Krise. Er saß im Zimmer in einem Sessel am Fenster, als Antonina überraschend auf seine Knie sprang. Er hatte kaum Zeit, zurückzuweichen und ihr zu sagen: »Ich habe Sie gewarnt, ich habe ehrlich gehandelt...« Mit katzenhaften Bewegungen, die ihr gut standen, bedeckte sie sein Gesicht mit leidenschaftlichen Küssen. Mit aller Kraft stieß er sie von sich. Er wurde von einem heftigen Krampf geschüttelt, danach barg er sein von Tränen und Schweiß überströmtes Gesicht in den Händen, während Antonina in einem plötzlichen Wutanfall alles zerriß, was ihr in die Hände fiel: Taschentücher, Spitzen, Schleier. Sie war achtundzwanzig Jahre alt, aus Romanen und aus den Erzählungen ihrer Freundinnen hatte sie einiges gelernt. Sie sagte sich, daß der Mann, der ihr Ehemann genannt wurde, zwar keusch und schüchtern sei, doch sie mit ihrem »bacchantischen Temperament« würde ihn ... Aber fürs erste wollte sie nicht zu sehr insistieren. Sie war zufrieden, daß sie ihr Ziel erreicht hatte und Frau Tschaikowsky geworden war. Sie beschloß, in Moskau eine hübsche Wohnung zu mieten, ein »Nest« für sie beide einzurichten und eine Köchin zu engagieren. Es war undenkbar, daß dieser feinfühlige Mann, dieser »Tugendengel«, ihre Liebe nicht erwidern würde.

Mit der Wohnung und der Köchin war er einverstanden, doch unter der Bedingung, daß Antonina ihm erlaubte, den Sommer in Kamenka zu verbringen. Er hatte seine Schwester und seine Neffen schon so lange nicht mehr gesehen. Er hatte große Mühe, sie davon zu überzeugen, daß es so für alle besser sei – er würde sie bei der Einrichtung nicht stören und könne seinen *Onegin* beenden. Während er sprach, nahm Antonina ihre Perücke ab und spazierte in einem Batistbüstenhalter und einem festonierten Beinkleid vor ihm auf und ab. Er schlief in seinem Sessel ein und begann zu schnarchen. Den Kopf auf den Kissen, betrachtete sie ihn, bis die Kerze erloschen war.

Er hatte beschlossen, drei Wochen in Kamenka zu verbringen. Doch wohin und warum sollte er eigentlich von dort wegfahren? Wenn es in der Welt eine wahre Freude für ihn gab, so konnte er sie nur hier finden. Sascha, das junge Mädchen der Petersburger Gesellschaft, war inzwischen Mutter und lebte glücklich mit ihrem Mann und ihren zahlreichen Kindern, vier Töchtern und drei Söhnen. Modest und Anatol hielten sich ebenfalls in Kamenka auf, und die ganze Familie bildete einen starken Kreis um Tschaikowsky; er glaubte, dieser Kreis würde nie gesprengt werden und ihn ewig schützen, ihn vor dem Leben und den Menschen, vor Moskau und vor Antonina bewahren. Er glaubte sich in eine andere Welt versetzt, wo es keine Schlaflosigkeit, keine Angst und keine Krisen gab, wo er bis zu seinem Tod seiner Schwermut, seinen geheimen Leidenschaften, dem Glück und der Süße seiner neuen Liebe leben könnte.

Kamenka! Hier hatte Puschkin gelebt, hier hatte Tschaikowsky vor zwanzig Jahren den ganzen Reichtum der russischen Dichtung und Romantik entdeckt. Er war oftmals hierhergekommen. Es war ein richtiges Heim, wie er selbst es nie haben würde, um das er sie schwermütig und glücklich zugleich beneidete.

Doch wem gilt diese neue Liebe, die soviel Glück und uneingestandene Seligkeit in ihm auslöst? Die Kinder spielen in seiner Nähe, er sagt, daß er sie alle liebt, und das ist beinahe die Wahrheit. Er liebt die schöne Tanja, die intelligente Anna und all die anderen. Aber diese Liebe ist nichts im Vergleich zu der Verehrung, die er seinem zweiten Neffen entgegenbringt, eine Verehrung, die ihn Torheiten begehen und Momente höchsten Glücks kennenlernen läßt – seine Verehrung für Baby. Baby, das ist der siebenjährige Wolodja mit dem zarten Gesicht und dem gescheitelten Flachshaar. Er ist ein lebendiges, kluges, anschmiegsames Kind, der Liebling der ganzen Familie. Tschaikowsky fühlt, daß seine Liebe für Baby, die ihn zu einem Gefangenen der Schönheit macht, erst mit seinem Tod enden wird.

Der Gedanke an Moskau ernüchterte ihn zuweilen. Er dachte an die zwei Wochen, die er mit Antonina verbracht hatte, und versuchte sich einzureden, daß alles nur Verzagtheit, »nervöse Überspanntheit« gewesen sei. Er faßte vernünftige Entschlüsse, er sagte sich, daß seine Frau sicher positive Eigenschaften besaß, die er nur entdecken und schätzenlernen mußte. Mit der Vernunft stellte sich auch der Wunsch zu arbeiten wieder ein, er fühlte sich auf dem Weg der Besserung. Ja, er mußte komponieren, sich in dieses Ersatzglück fügen und sich mit ihm zufriedengeben; an das wahre Glück durfte er nicht denken.

Er legte sich früh zu Bett und ging vor Morgengrauen mit Modest auf die Jagd. Dies war ihm ein dringendes Bedürfnis: Er schoß fast immer, ohne zu zielen, mit jedem Schritt flogen die Schnepfen und Wildenten davon, und der Hund sah ihn vorwurfsvoll an. Er schoß immer wieder über das stille Moor hinweg und zielte mitten in das wunderliche zweigezackte Licht des Mondes, der sich zum Horizont hinabsenkte.

Mit taubenetzten Stiefeln kamen sie zurück, schlangen jeder sechs Eier hinunter und tranken sechs Tassen Tee. Das Haus erwachte, es füllte sich mit den Stimmen der Kinder und dem Gezwitscher der Kleinen. Mitja und Baby kamen ausgelassen zum Frühstück, die Kinderfrau trug den Letztgeborenen im Arm.

Die Abende wurden kühler. Die letzten Gewitter waren vorbeigezogen, die Ernte war eingebracht, und die Felder waren gelb und trocken. Neben der Terrasse blühte der Vogelbeerbaum. Antonina Iwanowna schrieb, die Wohnung warte auf ihn, das »Nest« sei bereit. Es war Mitte September, der Unterricht im Konservatorium würde bald beginnen. Er mußte fahren.

In Kamenka hatte er kaum am *Eugen Onegin* gearbeitet. Nur den ersten Entwurf hatte er abgeschlossen. Er erhoffte sich nichts von dieser Oper, und ohne Nikolaj Grigorewitsch und die geplante Aufführung im Konservatorium hätte er sich mit ihrer Beendigung nicht beeilt. Die Leidenschaft, mit der er bei den Schilowskys gearbeitet hatte, war verflogen. Er kehrte mit der fertiggestellten *IV. Symphonie* nach Moskau zurück, das Herz von Baby erfüllt, dem jetzt alle seine Gedanken galten.

Ja, die Köchin war engagiert worden, und die Wohnung sah aus wie eine Konfektschachtel. Auf seinem Flügel streichelte eine Porzellanschäferin ein Lämmchen. Vorsichtig stellte er den Gegenstand auf das Fensterbrett, aber das Fenster öffnete sich, und die Schäferin zerbrach in tausend Stükke. Die Köchin war schon nicht mehr die, von der Antonina in ihren Briefen berichtet hatte; mit ihr hatte sie sich überworfen, und der Streit war vor dem Friedensrichter geregelt worden. Antonina klagte, sie hätte zuwenig Geld. »Petitschka!« sagte sie, »Petitschka!« Sie küßte ihn auf Mund und Wangen und machte einen unbeschreiblich glücklichen Eindruck.

Inzwischen war Tschaikowskys Heirat in Moskau bekanntgeworden. Nikolaj Grigorewitsch war außer sich: Wie kam er dazu, insgeheim eine Mesalliance einzugehen? Ohne ihm, seinem musikalischen Gönner, etwas davon zu sagen? Wieso und warum? Im Konservatorium empfing man ihn mit zweideutigem Lächeln. Professoren und Musiker umrangen ihn, gratulierten ihm und umarmten ihn. Jürgenson gab anläßlich des glücklichen Ereignisses ein Fest. Alle brannten darauf, »die Erwählte« zu sehen.

Tschaikowsky gab sich nicht die geringste Mühe, heiter oder auch nur höflich zu erscheinen. Den ganzen Tag hatte er nichts getrunken, er wollte nicht, daß man von ihm sagte, er sei betrunken zu Jürgenson gekommen. Er stand hinter dem Sessel seiner Frau, die Arme eng am Körper, ohne zu lächeln, und beantwortete die an Antonina gerichteten Fragen, so daß den ganzen Abend niemand die Stimme der jungen Frau zu hören bekam. Bei Tisch setzte er sich neben sie, doch Nikolaj Grigorewitsch fand Gelegenheit, ihr einen Witz ins Ohr zu flüstern. Sie brach in schallendes Gelächter aus, und ein schmerzlicher Ausdruck glitt über Tschaikowskys Gesicht. Der Wein floß in Strömen, es gab gesalzene und gepfefferte Vorspeisen in Hülle und Fülle. »Auf das

Wohl des jungen Paares!« rief der Gastgeber, und die Hausherrin musterte das junge Paar mit einem süßlichen Blick. »Gorko!« rief Rubinstein. »Bitter!« – wie es bei Hochzeiten üblich war, um die Jungvermählten zu zwingen, sich in aller Öffentlichkeit zu küssen. Er hätte zu gern gesehen, wie Tschaikowsky eine Frau küßte, denn das war noch nie vorgekommen! Nur Kaschkin fühlte sich unbehaglich, und als sich das Ehepaar Tschaikowsky gleich nach dem Essen unter einer Flut schlüpfriger Anspielungen verabschiedete, teilte er seinen Tischgenossen seine Befürchtungen mit. Antonina Iwanowna wurde heftig kritisiert, und Nikolaj Grigorewitsch erklärte, sie sei keine Frau, sondern ein eingelegter Hering.

Fliehen? Sich töten? Sie töten? Schon in den ersten Tagen des Zusammenlebens in ihrem »Nest« begriff er, daß der menschlichen Kraft Grenzen gesetzt waren, daß seine Ehe etwas Unsinniges war, daß er unmöglich mit einer Frau, mit einer Ehefrau leben konnte, daß er nicht nur nicht sicher war vor den Verdächtigungen – was er sich so sehr wünschte! –, sondern daß Antonina jetzt alles unter die Leute bringen würde. Scham und das Gefühl, verloren zu sein, erdrückten ihn. Wohin sollte er entkommen? Tagsüber schloß er sich in seinem Arbeitszimmer ein und versuchte zu komponieren, aber es gelang ihm nicht. Stundenlang grübelte er vor sich hin, auf dem Diwan ausgestreckt oder im Sessel sitzend. Manchmal hatte er Wahnvorstellungen. Er lag reglos da wie ein Toter. Und plötzlich riß es ihn aus dieser Apathie heraus, er stöhnte und erhob sich, nur halb bei Bewußtsein, stürzte zum Fenster und stieß seinen Kopf mit großer Wucht gegen die Wand. Ihm wurde schwarz vor Augen, und er stieß so lange weiter, bis er den Schmerz nicht mehr ertragen konnte; dann schlug er die Hände vor sein bleiches Gesicht und weinte.

Modest war fern, und er schämte sich, Anatol zu rufen.

Alle anderen machten ihm angst. Im Herbstregen ging er durch die nächtlichen Straßen. Der Wind pfiff, die letzten Blätter fielen von den Bäumen und wirbelten durch die Luft. Vertraute Gestalten tauchten im Dunkel auf, Gestalten vergessener Menschen. Eine Frau in einem langen Mantel erinnerte ihn an seine Mutter. Er bildete sich ein, die Menschen um ihn herum verständigten sich mit Zeichen, zeigten mit dem Finger auf ihn. Sie redeten über ihn... Man würde ihn ergreifen und einsperren... Er stolperte durch die Pfützen, lief durch die Gassen zum Ufer der Moskwa hinunter. Sich das Leben zu nehmen fand er schrecklich. Zu groß wären der Kummer und die Schmach für die Seinen! Der Skandal würde die Laufbahn seiner Brüder vernichten, die letzten Jahre seines Vaters vergiften und den Namen Dawydow in Verruf bringen. Was würde Baby später sagen? Wie würde er über ihn urteilen? Kamenka!... »Die Fülle des Glücks.« Es war gekommen, und es war gegangen, so wie das Leben gegangen war und auch die Musik – genau in dem Augenblick, als sie unentbehrlich wurde, als er mit ihr eins geworden war. Soviel verlorene Zeit! Wie spät er reif geworden war! Er hatte noch nicht den zehnten Teil dessen zum Ausdruck gebracht, was er zu sagen hatte. Und auch mit Frau von Meck, seiner »besten Freundin«, war alles vorbei. Mit welchem Verdruß, mit welcher Härte würde sie sich von ihm abwenden, wenn sie es erführe!... Vielleicht war sie es, die die Brücke überquerte und auf ihn zukam... Er mußte sich beeilen, er durfte keine Zeit mehr verlieren.

Und plötzlich weiß er genau, was er tun muß: Nicht sich ertränken, sondern bis zur Brust ins Wasser gehen, sich erkälten und an einer Lungenentzündung sterben. Niemand wird einen Selbstmord vermuten, man wird ihm eine normale Beerdigung geben... Wie wird er vor Gott treten? Auch hier wird er für Fehler einstehen müssen, für die er nicht verantwortlich ist. Seine Gedanken kommen ins Rollen, führen ihn zurück in seine Jugend, in seine Kindheit. Wird er noch länger büßen müssen, wo doch sein ganzes Leben eine einzige Qual war?

Es regnet in Strömen, die Böschung ist verlassen. Er steigt zum schwarzen Fluß hinab. Am anderen Ufer glänzen Lichter; eine Droschke fährt vorüber. Durch die Dunkelheit bewegt er sich auf das Wasser zu und läßt sich in seine plätschernde Kälte gleiten. Das eisige Wasser schmerzt ihn, seine Schuhe werden immer schwerer, seine Hose wird naß. Dieser schwarze, abgrundtiefe Schlund lockt ihn; hier könnte er im Tod Vergessen finden. Nein, es darf nicht sein! Was wird man über ihn sagen? Er denkt an die Dawydow-Kinder: »Onkel Petja hat Selbstmord begangen!« Unmöglich! Doch was soll er tun?

Das Wasser ist kalt und schwer, seine Knochen werden zu Eis. Er wird fiebrig nach Hause kommen, und Antonina wird den Arzt rufen. Er wird krank sein, sehr krank, bewußtlos, vom Fieber geschüttelt. In Petersburg und in Kamenka werden sie es erfahren. Das Wasser steht ihm jetzt bis zu den Knien, er steigt noch tiefer hinein. Er darf nicht fallen... Aber er verliert das Gleichgewicht, das Wasser reicht ihm jetzt bis unter die Arme. Er weint, hebt die Arme, er fühlt seinen Körper nicht mehr, sein aufgeknöpfter Mantel schwimmt um ihn. Er verliert seinen Stock. Auf dem Wasser treibt ein Stück Holz, ein paar vermoderte Blätter... Lungenentzündung oder Nierenentzündung? Noch ein Schritt, und alles wäre vorbei! Er muß umkehren!

Am Ufer kann er seine bleiernen Beine, seine erstarrten, eisigen, steifen Glieder kaum bewegen. Er steigt das Ufer hinauf, er beobachtet, wie das Wasser von seinem Körper rinnt. Er klappert mit den Zähnen, er glaubt, einen Trommelwirbel zu hören. Seine Gedanken verwirren sich; die Trommel und die Blasinstrumente hat er immer gemocht, doch jetzt ist ihm diese Erinnerung unangenehm. Laroche hat ihm einmal gesagt: »Wenn du nur ein kleiner Mann bist, warum gibst du uns dann diese *fortissimi*?« Er hört die Hörner blasen, und es tut ihm weh. Er möchte die Hände in die Taschen stecken, aber der Mantel ist durchweicht, und er zittert zu sehr. Jemand geht vor ihm, er sieht ihn ganz deutlich. Ein Freund? Er muß schweigen, er darf nichts gestehen. Ein Feind? Man wird ihn packen und durch die Nacht schleppen, im strömenden Regen... Er steigt noch immer die Böschung hinauf. Seine klammen Kleider kleben an seinem Körper.

Endlich ist er zu Hause angekommen. Er ist im Fieberwahn. Antonina befiehlt Aljoscha, ihn auszukleiden und ins Bett zu legen. Man läßt ihn einen brühheißen Grog trinken, er kommt wieder zu sich und versucht, stotternd zu erklären, daß er ins Wasser gefallen ist, als er den Fischern behilflich sein wollte. Sein Blick fällt auf eine Frau mit kastanienbraunem Haar, einem frischen Gesicht und einem schmalen Mund, die an seinem Bett steht. Er schreit aus allen Kräften, er schlägt unter der Bettdecke um sich. Mitten in der Nacht wechselt Aljoscha sein schweißnasses Hemd.

Gegen Morgen fällt das Fieber, und der Arzt wird nicht geholt. In eine Decke gehüllt, sitzt Tschaikowsky auf seinem Bett und ringt die Hände. Neben ihm schneidet sich Antonina Iwanowna die Nägel. Er hört das Quietschen der Schere, dann sagt er leise zu ihr: »Gehen Sie fort!«

Sie stößt einen Schrei aus und stampft mit den Füßen auf. Er springt aus dem Bett, schließt die Tür, damit die Dienstboten sie nicht hören, knöpft seinen Morgenrock zu, fährt sich mit der Hand durch das Haar und nähert sich ihr mit verzerrtem Gesicht. Sie flüchtet in eine Ecke des Zimmers, er flüstert ihr etwas zu. Er ist rot im Gesicht, heiser, kaum wiederzuerkennen. Taumelnd holt er sie ein und hebt die Hand gegen ihr rundes Gesicht; er weiß nicht, ob er sie schlagen, erwürgen oder erstechen will. Sie flieht unter hysterischem Gelächter . . .

Als er wieder zu sich kommt, zittern ihm Kopf und Hände, Tränen strömen ihm über die Wangen. Er nimmt eine Feder und ein Blatt Papier und schreibt Anatol ein paar Zeilen: »Ich muß fort von hier. Schick mir ein Telegramm, von Naprawnik unterzeichnet, mit dem er mich nach Petersburg ruft.«

Zwei Tage später traf gegen Abend ein Telegramm ein. Tschaikowskys Anwesenheit in Petersburg sei unerläßlich, der Direktor des Marinski-Theaters bitte ihn, unverzüglich zu kommen.

Ein Schnellzug ging noch am selben Abend. Tschaikowsky wollte kein Gepäck mitnehmen, aber Aljoscha gab ihm das Toilettennecessaire mit, das er bei seiner letzten Auslandsreise gekauft hatte. Als Antonina das von Naprawnik unterzeichnete Telegramm las, rollten zwei Tränen über ihre Wangen. »Petitschka!« sagte sie zum letztenmal. Sie wollte seine Partituren bei Jürgenson kaufen und bat ihn um Rat. Sie kannte keines seiner Klavierstücke und wollte versuchen, sie zu spielen . . .

Als Tschaikowsky am nächsten Morgen aus dem Zug stieg, blieb Anatol, der ihn abholte, wie angewurzelt stehen: Er hatte ihn nicht erkannt. Ein Greis mit einem gelblichen, abgemagerten Gesicht, geröteten Augen und zitternden Händen kam auf ihn zu. Anatol schloß ihn in die Arme, doch Tschaikowsky brachte kein Wort hervor. In einem Zimmer im Hotel Dagmar lag er zwei Tage ohne Besinnung.

IX

Das Fenster der Schweizer Pension ging auf den Genfer See. Es war September, die Luft war flüssig und durchsichtig, von den Bergen wehte ein leichter Windhauch, und die Blätter der Magnolien bebten mit einem metallischen Klirren. In dem stillen Garten stand ein alter, großer, schattenspendender Feigenbaum. Tschaikowsky war mit Anatol in Clarens.

Er sagte sich, daß er, wenn er vollständig gesunden wollte, vergessen mußte, was geschehen und warum er hier war. Doch in den lichten Augenblicken dieser ruhigen, müßigen Tage erinnerte er sich der letzten Wochen seines Lebens in Rußland.

Er hatte noch ziemlich krank in seinem Zimmer im Hotel Dagmar gelegen, als Anatol nach Moskau fuhr. Anatol stieg bei Nikolaj Rubinstein ab, der ihn mit Fragen bedrängte. Er mußte alles erzählen, und Nikolaj Grigorewitsch wollte sich mit der ihm eigenen Energie sofort der Sache annehmen, obwohl Anatol ihm versicherte, er könne auch allein damit fertig werden: »Nein, nein, ich möchte Ihnen unbedingt behilflich sein.«

Sie ließen Antonina Iwanowna wissen, daß sie geschäftlich mit ihr zu reden hätten; sie antwortete ihnen mit einem reizenden Briefchen, und lud sie beide zum Tee ein.

Anatol versuchte, ihr schonend beizubringen, daß Tschaikowsky niemals zu ihr zurückkehren würde, während Nikolaj Grigorewitsch ihr heftige Vorwürfe machte, »unseren genialen Musiker nicht verstanden zu haben«. Als sie erfuhr, daß ihr Mann sie für immer verlassen hatte, ließ Antonina Iwanowna weder Verzweiflung noch Bedauern erkennen. Von Zeit zu Zeit erhob sie sich, betrachtete sich im Spiegel, richtete sich das Haar und summte dabei vor sich hin. Sie erzählte ihnen, eines Tages hätte ein General um ihre Hand angehalten, und als sie sie zur Tür geleitete, sagte sie, gestern noch hätte sie es sich nicht träumen lassen, daß Rubinstein höchstpersönlich zum Tee zu ihr komme . . .

Auf der Treppe sahen Rubinstein und Anatol sich an. Hatte sie den Zweck ihres Besuchs begriffen? Doch sie hatte ihn sehr wohl verstanden, und vor allem war sie jetzt sicher, daß sie sich um ihre Zukunft keine Sorgen machen mußte.

Rubinstein gewährte Tschaikowsky einen einjährigen Urlaub: Man würde sagen, daß er schwer erkrankt sei und habe verreisen müssen und daß seine Frau ihm bald folgen würde. Anatol kehrte nach Petersburg zurück; Tschaikowsky stand wieder auf, ging aber noch nicht aus dem Zimmer. Alles machte ihm angst; er hatte Angst vor den Menschen, vor Balakirew und vor Naprawnik, er versteckte sich vor aller Welt. Er wollte niemanden sehen, denn er konnte niemandem erklären, was geschehen war. Er war überzeugt, daß ihm niemand mehr die Hand geben würde.

Und die Freundin, die ihm noch vor kurzem ihre Hand entgegengestreckt hatte? Würde sich auch Frau von Meck von ihm abwenden und ihn vergessen? »Sie wird von meinem Laster erfahren und unsere Beziehungen abbrechen«, dachte er. Und doch brauchte er ihre Briefe, ihre Freundschaft, ihre moralische und materielle Unterstützung mehr denn je.

In Clarens war er allein – mit Anatol, der nicht von seiner Seite wich. Als er sich zum erstenmal an den Tisch setzte, nahm er seine Feder und versuchte, Frau von Meck fast die ganze Wahrheit zu schreiben:

»Ich habe sofort gefühlt, daß ich meine Frau niemals lieben könnte, daß die Gewohnheit, von der ich mir soviel versprochen hatte, sich nie einstellen würde. Ich habe den Tod gesucht, er schien mir der einzige Ausweg zu sein. Ich habe

Stunden des Wahnsinns durchlebt, meine Seele war mit Haß auf das arme Geschöpf erfüllt, und ich hätte sie beinahe erwürgt. Und doch war nur ich schuld daran... Ich habe furchtbare Angst, daß Sie so etwas wie Verachtung für mich empfinden.«

Außerdem bat er sie um Geld.

Frau von Meck war aufgeregt und verzweifelt, als dieser Brief in Moskau eintraf. Musiker hatten ihr von Tschaikowskys Krankheit und Abreise berichtet.

»Ich bin glücklich, daß Sie diese falsche und verlogene Situation verlassen haben, die Ihrer nicht würdig war. Sie haben versucht, für einen anderen Menschen alles zu tun, was in Ihren Kräften stand. Ein Mann wie Sie kann an einer so schrecklichen Realität zugrunde gehen, sich aber nicht mit ihr versöhnen... Pjotr Iljitsch, wie konnten Sie um Himmels willen auch nur einen Moment glauben, ich könnte Sie verachten? Ich verstehe nicht nur alles, was in Ihnen vorgeht, sondern ich fühle wie Sie und hätte genauso gehandelt wie Sie, nur hätte ich nicht so lange gewartet, den befreienden Schritt zu tun... Ich teile Ihr Leben und Ihr Leiden; was immer Sie tun oder denken, ist mir nahe und teuer. Mein Gott, wie sehr ich mir gewünscht hätte, Sie glücklich zu wissen! Sie sind mir so teuer...«

Sie bat ihn um die Erlaubnis, für ihn sorgen zu dürfen. Er solle keine finanzielle Not leiden, das sei ihr zu »schmerzlich«.

Sie schickte ihm dreitausend Rubel und versprach, ihm jeden Monat fünfzehnhundert zu geben. Sie wünsche nur, daß er ihr hin und wieder schreibe und ihre Verbindung geheimhalte.

Nachdem sie ein Dummchen gewesen war, das nichts zu verstehen schien, spielte Antonina Iwanowna jetzt die Rolle des Opfers. Sie täuschte Kummer und Gefügigkeit vor, die zwar nicht lange vorhielten, Frau Dawydow jedoch erweichten. Sascha hatte der Skandal stark mitgenommen, doch sah sie in diesem Drama zunächst nicht mehr als einen Ehestreit. Sie glaubte, mit etwas Takt und Diplomatie könne alles wiedergutgemacht und eine Versöhnung zwischen Tschaikowsky und seiner Frau herbeigeführt werden. Sie lud Antonina Iwanowna nach Kamenka ein, tröstete sie und versprach, ihren »Petitschka« zurückzubringen. Antonina beruhigte sich; sie machte einen ergebenen, unglücklichen Eindruck und wurde von den Bewohnern Kamenkas bedauert. Doch dann geriet sie plötzlich in Erregung: Wenn Tschaikowsky nicht zu ihr zurückkommen wolle, so habe sie eine Waffe gegen ihn in der Hand, und der Augenblick sei gekommen, sich ihrer zu bedienen. Wenn er ihr kein Geld schicke, würde sie seinem Vater und seiner Schwester alles erzählen, was in Moskau vorgefallen war, und sie drohte, daß sie ihn nicht schonen würde. Übrigens wartete sie seine Antwort nicht ab, um ihre Drohung wahrzumachen. Sie schrieb einen Brief an Ilja Petrowitsch, der diesen glücklicherweise nie erreichte, und schüttete Frau Dawydow ihr Herz aus.

Sie nannte Tschaikowsky einen Lügner und Betrüger, der sie geheiratet habe, um seine Laster zu tarnen; sie erklärte, sein Verhalten sei ihr zuwider, und er habe Sibirien verdient... Antonina Iwanowna begann, ihre Krallen zu zeigen.

Geld und immer wieder Geld! Frau von Meck ist seine einzige Rettung. Ohne sie könnte er dieser Frau nicht den Mund stopfen – sie würde ihn verleumden, und ganz Rußland würde es erfahren. Er fürchtet sich schon sehr, dorthin zurückzukehren!

Moskau und alle mit der Stadt verbundenen Erinnerungen erregen sein Grauen. In Petersburg ist sein Vater vollends in seine Kindheit zurückgefallen, mit ihm kann er nicht sprechen. Nach Kamenka darf er nicht kommen – Sascha hat ihm geschrieben, die ganze Familie verurteile ihn, auch Baby! Er hat kein Geld, nie würde er sich von diesem Alptraum befreien können . . . Die Scheidung? Dazu braucht er viel Geld. Zehntausend Rubel.

Frau von Meck bietet ihm diese Summe an. Er schreibt ihr, er werde sie dankbar annehmen, sofern Antonina vernünftig sei, in die Scheidung einwillige und ihn in Ruhe lasse. Vorläufig droht er damit, ihr die monatliche Pension von hundert Rubel zu entziehen, sobald sie auch nur ein Wort gegen ihn ausspreche. Jeder Brief Antoninas ruft eine neue Krise hervor, doch zwischendurch lebt er wieder auf und wendet sich erneut der Arbeit am *Eugen Onegin* zu. Der Wunsch zu trinken, vor allem spanische Weine, ist unverändert stark. Es beruhige das Herz, sagt er. Die reine Luft, die Ruhe und eine kurze Reise nach Italien beschwichtigen seine Ängste ein wenig.

Anatol kehrt zu seinen Geschäften zurück. Aljoscha, Modest und dessen Schüler, der junge taubstumme Kolja Konradi, folgen ihm nach San Remo, und im Februar kommen alle nach Clarens zurück.

Wieder sind sie die einzigen Gäste in der Pension, die nur im Sommer von Touristen besucht wird. Es ist frisch und ruhig. Kolja geht früh zu Bett, Aljoscha wacht über ihn. Tschaikowsky und Modest setzen sich ans Klavier. Sie sind gerade in *Carmen* vernarrt, die ihnen immer wieder aus den Fingern fließt; sie haben viel Freude an den französischen Modernen, die sie den Deutschen vorziehen. Sie spielen *Sylvia* von Delibes. »Oh! Es ist hundertmal schöner als mein *Schwanensee*«, beteuert Tschaikowsky aufrichtig. Sie entdecken einen neuen deutschen Musiker, Brahms, doch diese Musik läßt sie kalt, und sie wenden sich wieder Schumann und Mozart zu. Tschaikowsky kann Mozart nicht hören, ohne daß sich seine Augen mit Tränen füllen.

Wie vergänglich und veränderlich auch alles sein mag – er weiß, daß seine Liebe zu Mozart bestehenbleiben wird.

Modest stand kurz vor seinem dreißigsten Lebensjahr, und was Tschaikowsky befürchtet hatte, war eingetreten: Er war sein Doppelgänger geworden, sein treuer und manchmal ein wenig anstrengender Schatten. Tschaikowsky liebte ihn sehr, nicht weniger als Anatol, doch war diese Liebe kritischer und fordernder. Modest träumte davon, Theaterstücke zu schreiben, doch hatte er derzeitig eine Stelle als Erzieher in einer reichen Moskauer Familie inne, nachdem er in Frankreich eine Spezialschule besucht hatte. Und der neunjährige Kolja begann, zu sprechen und den anderen die Worte von den Lippen abzulesen.

Bei Gesprächen über Musik war Modest, der seinem Bruder in allem zustimmte und ihn wie einen Gott verehrte, für Tschaikowsky kein Gewinn. Aus diesem Grund entspann sich eine lange Korrespondenz über Musik zwischen Tschaikowsky und Frau von Meck, ein Dialog zwischen einem Musiker und einem Zuhörer. Obwohl sie absolutes Vertrauen in ihn hatte, gingen ihre Ansichten oft weit auseinander. Sie mochte weder Raphael noch Mozart noch Puschkin, sondern Michelangelo, Beethoven und Schopenhauer. Für sie war die Musik »eine Quelle der Berauschung wie der Wein, wie die Natur«, in ihr suchte sie Vergessen und die Wonnen einer Verschmelzung mit etwas Unbenennbarem. Was das Leben ihr vorenthalten hatte, gab ihr die Musik auf großzügige Weise – vor allem *seine* Musik. Doch Tschaikowsky bat sie, auf ihre Illusionen zu verzichten. »Die Musik«, schrieb er ihr, »ist kein Trugbild, sie ist eine Offenbarung.«

Sie fragte ihn, ob man die neue russische Musik lieben müsse und warum. Tschaikowsky antwortete ihr ausführlich, sprach von allen, mit denen das Schicksal ihn in den vergangenen zehn Jahren zusammengeführt hatte, von allen, die sich mit Lob, Kritik und Kränkungen nicht zurückgehalten hatten.

»Alle Petersburger Komponisten sind sehr begabt, aber sie sind bis ins Mark hinein von einem schrecklichen Eigendünkel befallen, und aufgrund ihrer dilettantischen Selbstsicherheit glauben sie, der übrigen musikalischen Welt weit überlegen zu sein. Rimski macht seit einiger Zeit eine Ausnahme. Wie die anderen ist er Autodidakt, aber er hat sich sehr verändert. Er ist eine sehr ernste Natur, ehrlich und gewissenhaft. Er war noch jung, als er zur ›Gruppe der Fünf‹ vorstieß, die ihm einredeten, er sei ein Genie, und ihm versicherten, es sei nicht nötig, zu lernen, da jede Ausbildung die Inspiration töte und das Werk ausdörre. Zunächst glaubte er ihnen. Seine ersten Arbeiten zeugten von einer großen Begabung, aber ihm fehlte jegliches Handwerk. In dieser ›Gruppe‹ waren alle zuerst in sich selbst und dann in die anderen verliebt, jeder ahmte die anderen nach, fand sie hervorragend. Daraus ergab sich eine gewisse Monotonie in der Arbeitsweise, eine Entpersönlichung, Manieriertheit. Rimski war der einzige, der – vor etwa fünf Jahren – auf den Gedanken kam, daß die von der ›Gruppe‹ vertretenen Ideen vielleicht jeglicher Grundlage entbehrten, daß die Verachtung für die Ausbildung und die klassische Musik und der Haß auf große Namen und Meisterwerke nichts als Unwissenheit waren. Er mußte alles lernen, und er tat es mit solchem Eifer, daß ihm der akademische Kanon bald absolut unentbehrlich wurde. Gegenwärtig macht er eine Krise durch, es ist schwer vorauszusagen, wie sie ausgehen wird. Entweder wird er ein großer Künstler, oder er wird an den Spitzfindigkeiten des Kontrapunkts zugrunde gehen.

Cui ist ein sehr begabter Dilettant. Seiner Musik mangelt es an Persönlichkeit, aber sie ist anmutig und elegant. Sie ist zu ›kokett‹, darum gefällt sie zunächst, aber man wird ihrer schnell überdrüssig. Das liegt daran, daß Cui kein Musiker ist, sondern ein Professor der Befestigungskunst. Er ist sehr beschäftigt, er unterrichtet in fast allen Militärschulen der Hauptstadt. Er hat mir gestanden, er könne nicht ohne das Klavier komponieren, er müsse sich kleine Melodien auf der Tastatur zusammenzusuchen, denen er dann Akkorde folgen lasse. Hat er einen Einfall, der ihm gefällt, klammert er sich an ihn, schmückt ihn aus, verschönert ihn und braucht dazu sehr viel Zeit. Er hat zehn Jahre lang an seiner Oper *Radcliffe* gearbeitet. Aber, ich wiederhole, er hat Talent und vor allem Geschmack und ein echtes musikalisches Verständnis.

Der fünfzigjährige Borodin ist Professor für Chemie an der Medizinischen Akademie. Auch er ist begabt, sehr begabt sogar, doch sein Talent ist mangels theoretischer Kenntnisse nicht zur Entwicklung gelangt, da das blinde Schicksal ihm diesen Lehrstuhl für Chemie gegeben hat, statt ihn einzig und allein der Musik zuzuführen. Er hat keinen so ausgeprägten Geschmack wie Cui, und seine Technik ist so mangelhaft, daß er keine Zeile ohne fremde Hilfe komponieren kann.

Mit Recht bezeichnen Sie Mussorgski als erledigt. Seine Begabung war vielleicht größer als die der anderen, aber er ist eine kleinliche Natur, auch fehlt ihm der Wunsch nach Vervollkommnung; er glaubt blind an die Theorien der ›Gruppe‹ und an sein eigenes Genie. Er hat einen groben Charakter und ist allem Niedrigen, Erdenschweren und Barbarischen zugeneigt. Er ist das Gegenteil von seinem Freund Cui, der zwar kein Genie ist, aber immer ehrlich und elegant bleibt. Mussorgski spielt den Analphabeten, er rühmt sich seiner Unwissenheit, er komponiert, wie es ihm gerade einfällt, von der Unfehlbarkeit seines Genies überzeugt. Aber er hat durchaus Geistesblitze und besitzt eine gewisse Originalität.

Die markanteste Persönlichkeit der Gruppe ist Balaki-

rew. Aber er ist verstummt, und er hat sehr wenig hervorge-
bracht. Sein unermeßliches Talent ist Opfer der Verwirrun-
gen geworden, die ihn zur Religion geführt haben – ihn, der
sich lange Zeit rühmte, Atheist zu sein. Er kommt gar nicht
mehr aus der Kirche heraus, hält sich streng an die Fastenzeit
und erfüllt seine Osterpflicht – und das ist alles. Ungeachtet
seiner Begabung hat er viel Unheil angerichtet. Ihm sind die
Theorien der ›Gruppe‹ zu verdanken, die so viele ungenutz-
te, falsch geleitete oder frühzeitig zerstörte Kräfte in sich
vereinigt.

Was Nikolaj Rubinstein angeht, so haben Sie recht, er ist
nicht der Held, zu dem er so gern gemacht wird. Er ist sehr
begabt, intelligent, nicht ausreichend gebildet, aber ener-
gisch und geschickt. Zu groß ist seine Neigung, sich
bewundern und verehren zu lassen, und er hat eine kindi-
sche Schwäche für Devotion und treibt einen übermäßigen
Kult mit seiner eigenen Person – und das wird ihm zum Ver-
hängnis werden. Seine administrativen Fähigkeiten und sein
geschickter Umgang mit einflußreichen Menschen sind
bemerkenswert. Er ist kein Kleingeist, aber der Kult, der
mit ihm getrieben wird, verdirbt ihn. Doch seien wir
gerecht: Er ist sehr treu und uneigennützig, seine Ziele sind
nie kleinlich. Er will mit allen Mitteln die Unantastbarkeit
seiner Autorität wahren. Er erträgt keinen Widerspruch: Hat
jemand gewagt, anderer Meinung zu sein als er, macht er
einen Feind aus ihm. Und er würde vor keiner Intrige oder
Ungerechtigkeit haltmachen, um diesen Feind zu vernichten. Seine Tyrannei ist empörend. Alle seine Fehler entsprin-
gen seinem Despotismus und seiner Machtgier. Wenn er
getrunken hat, ist er süß wie Honig zu mir und wirft mir
Kälte und Gleichgültigkeit vor. In normalem Zustand ist er
sehr abweisend und gibt mir gern zu verstehen, daß ich ihm
alles verdanke. Im Grunde fürchtet er wohl, daß ich mich
auflehne. Er ist intelligent, doch sobald ihm der Gedanke

kommt, man wolle ihm seinen Platz als erster Musiker Moskaus streitig machen, wird er dumm, blind und naiv.«

Frau von Meck stellt Tschaikowsky eine weitere Frage, die Komponisten so oft zum *Programm* ihrer Musik gestellt wird. Sie fragt ihn zu seiner *IV. Symphonie.*

»Sie wollen wissen, ob diese Symphonie ein *Programm* hat. Wird mir diese Frage zu einem symphonischen Werk gestellt, beantworte ich sie gewöhnlich mit Nein. Doch ist es tatsächlich schwer, etwas darauf zu erwidern. Wie die Empfindungen ausdrücken, die einen überkommen, wenn man ein Instrumentalwerk ohne ein bestimmtes Thema schreibt? Es ist ein rein lyrischer Vorgang, die musikalische Beichte der Seele, die viel zu sagen hat, und so wie sich der Dichter in seinen Versen ergießt, ergießt sich der Musiker in Tönen. Es gibt nur einen Unterschied: Die Musik verfügt über unendlich reichere Mittel und eine feinere Sprache, um diese Vielfalt seelischen Erlebens auszudrücken. Gewöhnlich geht die Saat des künftigen Werks völlig unerwartet auf. Ist der Boden günstig, das heißt, ist man auf die Arbeit vorbereitet, schlägt dieser Keim mit unvorstellbarer Kraft und Schnelligkeit Wurzeln, wächst aus der Erde heraus und treibt Schößlinge hervor; dann erscheinen Blätter und Blüten. Anders kann ich Ihnen den Schaffensprozeß eines Werkes nicht beschreiben. Die Schwierigkeit liegt in dem Aufkeimen der Saat und in den Umständen, die ihre Entwicklung begünstigen. Alles übrige geschieht von selbst. Es wäre vergeblich, Ihnen mit Worten das rauschhafte Gefühl zu beschreiben, das mich ergreift, wenn das Hauptthema hervorbricht und seine wesentlichen Formen anzunehmen beginnt. Ich vergesse alles, ich bin wahnsinnig vor Glück, alles in mir bebt und zittert, ich habe kaum Zeit, die großen Linien festzuhalten, ein Gedanke jagt den anderen. Manchmal werde ich mitten in diesem wunderbaren Geschehen durch einen äußeren Schock aus diesem schlafwandlerischen Zustand aufgeschreckt. Es läutet an der Tür, der Diener kommt herein, die Pendeluhr schlägt und erinnert mich daran, daß ich noch etwas erledigen muß. Diese Unterbrechungen sind schlimm. Die Inspiration kann einige Zeit ausbleiben, man muß sie also wieder suchen, und oft ist es vergeblich. Manchmal kommt mir die schlicht vernunftmäßige, rein technische Arbeitsmethode zur Hilfe. Aus diesem Grund kann man selbst bei den größten Meistern die Momente entdecken, wo der organische Zusammenhang fehlt, und die Nahtstellen der künstlich zusammengefügten Teile erkennen. Wenn diese künstlerische Erregung, die Inspiration genannt wird und die ich Ihnen soeben beschrieben habe, ununterbrochen andauerte, könnte man nicht leben. Die Saiten würden reißen, das Instrument würde zerspringen. Eines ist unerläßlich: Der Hauptgedanke und die Umrisse der einzelnen Teile müssen von selbst kommen, nicht nach langem Suchen, und zwar dank der ungewöhnlichen, geheimnisvollen und unerklärlichen Kraft, die man als Inspiration bezeichnet. Aber ich schweife ab und beantworte nicht ihre Frage. In *unserer* Symphonie gibt es ein *Programm,* das heißt, es gibt eine Möglichkeit, mit Worten zu erklären, was sie auszudrücken versucht; Ihnen und nur Ihnen allein kann und will ich denn Sinn des Ganzen und seiner einzelnen Teile enthüllen. Natürlich kann ich dies nur in recht allgemeiner Form tun. Die Einführung ist der Kern der ganzen Symphonie, ihr Hauptgedanke. Sie ist das Schicksal, diese fatale Macht, die den Elan des Glücks zerbricht und es an seiner Vollendung hindert; sie wacht eifersüchtig darüber, daß Friede und Seligkeit niemals vollkommen sind, sie hängt wie das Damoklesschwert über unseren Häuptern und vergiftet unaufhörlich die Seele. Diese Macht ist unbesiegbar, man kann nicht gegen sie kämpfen. Uns bleiben nur Ergebenheit und Traurigkeit.

Immer stärker, immer brennender wird das Gefühl der

Verzweiflung, und es ist besser, der Wirklichkeit den Rücken zu kehren und sich den Träumen hinzugeben.

Welche Freude! Ein süßer, zarter Traum beginnt. Eine menschliche Gestalt, licht und wohltätig, geht vorüber und bedeutet Ihnen, ihr zu folgen. Wie gut es tut, zu träumen! Wie fern ist es, das zweckgerichtete Thema des ersten Allegros! Träume haben die Seele eingehüllt. Alles Dunkle, Traurige ist vergessen. Da ist es, da ist es, das Glück!

Nein, es war nur ein Traum, und das Schicksal rüttelt uns wach. Das ganze Leben ist nichts als eine wechselnde Folge von zu kurzen Träumen vom Glück und der schrecklichen Wirklichkeit. Man hat keinen Hafen, man schwimmt in diesem Meer, bis es uns nimmt und in seine Tiefen zieht. Das ist in etwa der erste Teil.

Der zweite Teil drückt eine andere Phase der Traurigkeit aus. Es ist die leichte Schwermut, die einen manchmal am Abend erfaßt, wenn man von harter Arbeit ermüdet ist. Man hat ein Buch in die Hand genommen, es ist einem wieder entglitten. Erinnerungen strömen herbei. Man ist traurig, weil so vieles, was war, vergangen ist, und es ist angenehm, sich an seine Jugend zu erinnern. Man sehnt sich nach dem Vergangenen und hat nicht die Kraft, das Leben von neuem zu beginnen. Es hat uns erschöpft; es ist gut, sich umzuschauen und wieder zu Atem zu kommen. So viele verschiedene Erinnerungen! Es hat Augenblicke der Freude gegeben, in denen das Blut in den Adern pochte und das Leben uns beglückte. Es hat schwierige Momente gegeben, unersetzbare Verluste. Alles liegt jetzt weit zurück, es ist traurig und süß zugleich, sich zu erinnern.

Der dritte Teil veranschaulicht kein bestimmtes Gefühl. Hier sind es spielerische Arabesken, nicht faßbare Bilder, die sich durch die Phantasie bewegen, wenn man leicht berauscht ist. Man ist nicht froh, aber man ist auch nicht traurig. Man denkt an nichts, man läßt seiner Phantasie freien Lauf, und schon beginnt sie, seltsame Gestalten zu entwerfen . . . Ein Bild taucht auf: leicht angetrunkene Bauern, dann ein Straßenlied . . . In der Ferne zieht ein Regiment vorüber. Unzusammenhängende Bilder, die einem vor dem Schlaf durch den Kopf gehen! Sie haben nichts mit der Wirklichkeit zu tun, sie sind seltsam und wirr.

Der vierte Teil. Wenn man bei sich selbst keinen Grund zur Freude findet, muß man die anderen beobachten, sich unter das Volk mischen. Es versteht, fröhlich und glücklich zu sein! Hier ein Bild von einem Volksfest. Doch kaum hat man vergessen und wohnt dem Schauspiel fremder Freuden bei, holt uns das unerbittliche Schicksal wieder ein und bringt sich uns in Erinnerung.

Die anderen interessieren sich nicht für uns, sie haben sich nicht nach uns umgesehen, sie haben uns nicht einmal beachtet, sie haben nicht einmal bemerkt, wie einsam wir sind. Oh, wie sie sich vergnügen, wie glücklich sie sind, wie einfach und ursprünglich alles an ihnen ist! Man darf nicht sagen, daß in der Welt alles traurig ist, man selbst ist der Anlaß der eigenen Traurigkeit. Es gibt einfache und starke Freuden. Freuen wir uns über das Glück der anderen. Das Leben geht weiter!«

Die Zeit, in der Tschaikowsky in den Briefen an seine Brüder Frau von Meck »die Filaretowna« nannte, in der er nicht wußte, was er ihr sagen sollte, in der ihm die immer gleichen, langweiligen Worte der Dankbarkeit aus der Feder flossen, ist vorüber. Jetzt beantwortet er bereitwillig alle ihre Fragen zu Musik, Religion und Liebe. Sie gibt der Korrespondenz eine neue Wendung, und er geht darauf ein.

»Pjotr Iljitsch, haben Sie je geliebt? Mir scheint, nein. Sie lieben die Musik zu sehr, um eine Frau lieben zu können. Ich kenne eine Episode aus Ihrem Leben (Désirée Artôt), aber ich glaube, daß eine Liebe, die platonisch genannt wird (obgleich Platon die Liebe anders verstand), nur eine Hälfte der Liebe ist, die Liebe der Phantasie und nicht des Herzens; sie ist nicht das Gefühl, das dem Menschen in Fleisch und Blut übergeht und ohne das er nicht leben kann.«

»Sie fragen mich, liebe Freundin, ob ich eine andere Liebe als die platonische kenne«, antwortet Tschaikowsky. »Ja und nein. Die Frage müßte anders gestellt werden, das heißt, wenn Sie wissen wollen, ob ich das vollkommene Glück in der Liebe erlebt habe, so antworte ich: Nein, nein und nein... Ich glaube sogar, daß meine Musik eine Antwort auf diese Frage ist. Doch wenn Sie mich fragen, ob ich die Macht, die stürmische Gewalt dieses Gefühls kenne, so antworte ich Ihnen: Ja, ja und ja. Und ich sage Ihnen auch, daß ich mit meiner Musik viele Male die Qualen und Wonnen der Liebe auszudrücken versucht habe. Ich weiß nicht, ob es mir gelungen ist. Mögen andere darüber urteilen!«

Als er einen Brief von Rubinstein erhält mit der Mitteilung, daß er zum Gesandten bei der Weltausstellung in Paris ernannt worden ist, schickt er Frau von Meck ein Telegramm mit der Bitte um Rat.

Dieser Brief löst eine weitere Krise aus. Er soll Clarens verlassen? Aljoscha und Modest verlassen, ins Ungewisse fahren, Besuche abstatten, Konzerte im Trocadero dirigieren, mit Saint-Saëns dinieren, Rußland repräsentieren? All das scheint ihm unerträglich. Er ist menschenscheu geworden, Lärm und Städte machen ihm angst. Er will keine Verpflichtungen. Frau von Meck telegraphiert ihm: »Reisen Sie nicht!« Und er schreibt an Rubinstein, daß er ablehnt.

Nikolaj Grigorewitsch ist verärgert; Kaschkin, Albrecht und die anderen schreiben ihm vorwurfsvolle Briefe: Er sei undankbar, ein Egoist! Aber Tschaikowsky gibt nicht nach. Er hat keine Angst mehr vor dem Allmächtigen, er bleibt in der Schweiz. Nikolaj Rubinstein ist gezwungen, selbst nach Paris zu fahren.

Tschaikowsky hat die Instrumentierung von *Eugen One-*

gin abgeschlossen und Jürgenson die *IV. Symphonie* geschickt; er schreibt an seinem Violinkonzert. Er arbeitet unermüdlich, obwohl er sich dauernd beschwert, daß er Magenschmerzen habe und nicht mehr komponieren könne, weil er zuviel trinke. Es beginnt damit, daß er sich zwingen muß, die Feder in die Hand zu nehmen, es kostet ihn große Mühe, *es muß sein!* Dann reißt ihn die Arbeit mit sich – und darüber berichtet er Frau von Meck:

»Ich werde versuchen, Ihnen in großen Zügen zu beschreiben, wie ich arbeite. Zunächst muß ich Ihnen sagen, daß ich meine Arbeiten in zwei Kategorien unterteile:
1. jene, die ich aus eigener Initiative schreibe, aus einer starken inneren Notwendigkeit heraus;
2. jene, die ich auf einen äußeren Anstoß hin schreibe, wenn mich ein Freund oder Verleger darum bittet oder wenn es eine Auftragsarbeit ist, wie es für die Kantate zur Eröffnung der Polytechnischen Ausstellung oder den Serborussischen Marsch zutrifft, der für das Konzert des Roten Kreuzes in Auftrag gegeben wurde.

Ich sollte Ihnen sagen – und ich weiß es aus eigener Erfahrung –, daß die Qualität eines Werkes nicht von der Zugehörigkeit zu der einen oder anderen Kategorie abhängt. Es passiert oft, daß ein der zweiten Kategorie zugehörendes Werk, das auf einen äußeren Anstoß hin entstand, sehr gelungen ist, während es vorkommen kann, daß das Ergebnis eines inneren Anstoßes nichts wert ist.

Für die Werke der ersten Kategorie bedarf es keiner Willensanstrengung. Ich muß nur auf meine innere Stimme hören, und wenn das äußere Leben mit seinen traurigen Zufällen dieses andere, innere Leben nicht unterdrückt, geht die Arbeit mit unvorstellbarer Leichtigkeit voran. Ich vergesse alles, ein unbekanntes, unaussprechliches Gefühl beflügelt meine Seele, ich kann ihren Schwüngen kaum folgen, die Zeit flieht, ich bemerke es nicht...

Die der zweiten Gruppe zugehörenden Kompositionen verlangen zuweilen Anstrengungen. Oft muß man Trägheit und Unlust überwinden. Manchmal sind die Ergebnisse befriedigend, doch manchmal flieht die Inspiration, entzieht sich.

Mein Ruf nach Inspiration ist fast nie vergeblich. Ich kann eigentlich sagen, daß ich bei normaler Gemütsverfassung ununterbrochen komponiere, in jeder Minute und in jeder Situation. Manchmal ist es nur eine vorbereitende Arbeit, das heißt, ich entwickle die Einzelheiten eines Fragments, das bis dahin nur geplant war; manchmal erwächst daraus ein selbständiger musikalischer Gedanke. Wie das geschieht? Es ist ein Geheimnis.

Meine Entwürfe schreibe ich auf das erstbeste Blatt, manchmal auf Notenpapier; ich schreibe in Abkürzungen. Ich kann mir die Melodie nur in enger Verbindung mit der Harmonie vorstellen. Im allgemeinen lassen sich diese beiden Elemente zusammen mit dem dritten, dem Rhythmus, nicht voneinander trennen, das heißt, jeder melodische Gedanke birgt bereits die (ihm zugedachte) Harmonie in sich und ist mit einer rhythmischen Einteilung versehen. Ist die Harmonie sehr kompliziert, so kommt es vor, daß ich beim Skizzieren die Einzelheiten der Stimmführung notiere. Ist die Harmonie einfach, notiere ich nur die Baßstimme oder auch nur die kontrapunktischen Ziffern oder auch gar nichts; es bleibt in meinem Gedächtnis. Was die Instrumentierung angeht, so ist, wenn ich das Orchester vor Augen habe, die musikalische Idee von vornherein von der Instrumentierung gefärbt. Zuweilen ändere ich die erste Instrumentierung, doch niemals können die Worte nach der Musik geschrieben werden, denn wenn die Musik zu einem bestimmten Text komponiert worden ist, hat ebendieser Text den musikalischen Ausdruck verlangt. Ebensowenig kann man ein symphonisches Werk schreiben und nachträglich ein Programm dazu suchen, denn auch hier verlangt jede Episode des ausgesuchten Programms eine entsprechende musikalische Illustration. Dies ist eine sehr angenehme, interessante Arbeitsphase: Sie bereitet oft unbeschreibliche Wonnen, doch folgen ihr Ängste und nervöse Erregung. Diese Vorhaben entstehen in einer friedlichen und ruhigen Stimmung. Ein ausgereiftes Werk zu instrumentieren, das bis in seine kleinsten Einzelheiten durchdacht ist, bereitet großes Vergnügen.

Der Übergang vom Entwurf zum vollendeten Werk ist eine sehr gravierende Phase. Alles, was mit Leidenschaft geschrieben wurde, muß überprüft, kritisch bearbeitet, ergänzt, vor allem aber gekürzt werden, je nach den Erfordernissen des Werkes. Manchmal muß man sich Gewalt antun, unerbittlich sein und ohne Mitleid mit sich selbst und die Passagen, die mit Liebe und unter dem Impuls einer Inspiration geschrieben wurden, kürzen, wegschneiden, unterdrücken. Wenn ich auch nicht über Mangel an Phantasie klagen kann, so habe ich doch immer an meiner Unfähigkeit gelitten, die Form zu vollenden. Erst nach beharrlicher Arbeit entspricht die Form meiner Werke annähernd ihrem Inhalt. Ich habe nicht genau gesagt, wie ich vorgehe: Ich transkribiere die Entwürfe nicht unmittelbar. Es ist keine Transkription, sondern vielmehr eine gründliche, kritische Analyse der Vorhaben mit Korrekturen, Ergänzungen und häufigen Kürzungen.

Sobald der Entwurf vorliegt, finde ich keine Ruhe, bis er vollständig ausgearbeitet ist, und ist ein Werk abgeschlossen, spüre ich den unwiderstehlichen Drang, ein neues in Angriff zu nehmen. Meine Arbeit ist für mich so lebensnotwendig wie die Luft zum Atmen. In Stunden der Muße werde ich von der Angst ergriffen, daß es mir nie gelingen werde, zur Vollkommenheit zu gelangen, von Unzufriedenheit, von Haß gegen mich selbst. Der Gedanke, daß ich zu nichts

tauge, daß es nur mein großer Fleiß ist, der meine Fehler ver-
schleiert und mich im wahrsten Sinne des Wortes zum Menschen erhebt, stört und peinigt mich. Die Arbeit ist meine
einzige Rettung.«

Frau von Meck weiß sehr wohl, daß »Auftragsarbeiten oft
denen der ersten Kategorie überlegen sein können«. Nach
dem (auf Bestellung komponierten) *Serborussischen Marsch*
schreibt sie ihm:

»Ich beende diesen Brief nach Rückkehr von einem Konzert, bei dem ich Ihren *Serborussischen Marsch* gehört habe.
In Worten läßt sich nicht ausdrücken, was ich dabei empfand. Es war eine solche Seligkeit, daß ich spürte, wie mir
die Tränen in die Augen stiegen. Indem ich mich an dieser
Musik berauschte, war ich glücklich bei dem Gedanken,
daß ihr Urheber in gewisser Weise *mein ist,* mir gehört und
daß mir das niemand nehmen kann. Zum erstenmal seit
Beginn unserer Beziehungen habe ich Ihre Musik in einer
anderen Umgebung als sonst gehört; im Moskauer Adels-
saal habe ich immer den Eindruck, daß ich sehr viele Rivalen habe, daß Sie viele Freunde besitzen, die Sie mehr lieben
als mich. Doch heute, in dieser neuen Umgebung, unter
den vielen Fremden hatte ich das Gefühl, daß Sie niemand
anderem so sehr wie mir gehören können und daß ich Sie
allein durch die Kraft meiner Liebe ungeteilt besitze. In Ihrer
Musik bin ich eins mit Ihnen, und niemand kann mir Rivale
sein.

Hier besitze ich und liebe.*

Verzeihen Sie mir diesen Wahn, und erschrecken Sie nicht
vor meiner Eifersucht, sie verpflichtet Sie zu nichts. Sie ist
nur ein Gefühl, das sich in mir auflöst. Von Ihnen erwarte
ich nicht mehr als das, was ich bereits habe, bis auf eine
geringe Veränderung in der Form unserer Beziehungen: Ich

---

* Auszug aus einem Lied Tschaikowskys.

wünschte, daß wir uns duzen, wie es unter wahren Freunden üblich ist. In einem Briefwechsel dürfte es Ihnen nicht schwerfallen. Sollte es Ihnen jedoch unangebracht erscheinen, so werde ich nicht gekränkt sein, denn ich bin schon viel zu glücklich. Seien Sie gesegnet für dieses Glück. Ich möchte Ihnen jetzt sagen, daß ich Sie in meine Arme nehme, aber das finden Sie vielleicht sonderbar, und deshalb sage ich Ihnen wie immer: Auf Wiedersehen, mein lieber Freund. Ich bin die Ihre.«

Plötzlich waren ihre ganze Liebe und ihre ganze Eifersucht erwacht. Am nächsten Morgen sagte sie sich immer wieder, daß sie elf Kinder habe und Großmutter sei. »Großmutter«, sagte sie mit lauter Stimme und hielt den Kopf zwischen ihren schmalen Händen. Und doch, wenn sie an die jungen Schülerinnen des Konservatoriums dachte, befiel sie der Zweifel, es könnte eine andere geben, an die er zehn Seiten lange Briefe schrieb, und dieser Gedanke machte sie verrückt.

Er aber antwortete ihr dankbar und mit Zuneigung, und der Umschlag mit der italienischen Briefmarke wirkte auf sie, als hätte sie »Äther eingeatmet«. Er schrieb:

»Die schönsten Augenblicke meines Lebens sind die, in denen ich sehe, wie meine Musik zutiefst auf die Menschen einwirkt, die ich liebe, auf jene, deren Zuneigung mir mehr bedeutet als Ruhm und Erfolg. Muß ich Ihnen sagen, daß Sie es sind, die ich mit allen Kräften meines Herzens liebe, denn in meinem ganzen Leben habe ich keinen Menschen getroffen, der mir so nah, so verwandt war, so offen für meine Gedanken und so empfänglich für jeden Schlag meines Herzens. Ihre Freundschaft ist mir so unentbehrlich geworden wie die Luft, die ich atme, und es gibt keine Minute, in der Sie nicht mit mir sind. Wohin meine Gedanken auch gehen, immer begegnen sie der Gestalt meiner fernen Freundin, deren Liebe und Zuneigung der Eckstein meines Lebens geworden sind. Sie vermuten zu Unrecht, daß ich die Zärtlichkeit, die Sie mir in Ihren Briefen bezeugen, sonderbar finden könnte. Während ich sie entgegennehme, verwirrt mich allein der Gedanke, daß ich ihrer nicht würdig bin...«

Doch das Du wies Tschaikowsky zurück.

X

In Kamenka hatte sich nichts verändert – niemand hatte, wie er befürchtete, aufgehört, ihn zu lieben. Doch er konnte nicht lange bleiben: Die Scheidung erforderte seine Anwesenheit in Moskau. Er hatte Frau von Meck versprochen, sich ein paar Tage auf ihrem Gut Brailow aufzuhalten, wo sich im Augenblick niemand befand, und sie hatte ihren Haushofmeister telegraphisch von Tschaikowskys Ankunft informiert.

Dieses Gut hatte drei Millionen Rubel gekostet und brachte jährlich einen Ertrag von dreihunderttausend Rubel. Das erst vor kurzem erbaute riesige Haus mit seinen Nebengebäuden, Gewächshäusern, Gärten, mit seinem Park und seinen Seen hätte eine königliche Residenz abgegeben. Einige Bauernhöfe lagen verstreut zwischen Wäldern und Wiesen. Tschaikowsky wurde von den Hausangestellten, dem Haushofmeister, dem Koch und den Kammerdienern empfangen. In seinem Zimmer fand er einen Erard-Flügel und zahllose Noten und Bücher vor. Zu den von ihm bestimmten Stunden wurden ihm auserlesene Speisen vorgesetzt. Am Nachmittag brachte ihn eine von zwei prächtigen Pferden gezogene Kutsche in den Wald oder an das Ufer des Sees, wo ihm der Tee serviert wurde. Der Kutsche folgte ein Fuhrwagen, der den Samowar, die Teppiche, einen Tisch, einen Sessel und das Geschirr transportierte. So lebte er zwei Wochen, ehe er sich nach Moskau begab. Alles stand hier zu seiner Verfügung: Dienstboten, Pferde, Boote, Hunde, Jagdgewehre und Musikinstrumente. Es war ein paradiesisches Leben, das etwas Märchenhaftes hatte. Er schrieb mehrere Klavierstücke, die er Brailow widmete. Er wanderte im Haus umher, bewunderte die in Leder gebundenen

Alben, die Stiche und Farblithographien, die von Auslandsreisen mitgebracht worden waren. Er führte lange Gespräche mit einem Papagei und machte lange, einsame Spaziergänge. In seinen Briefen an Frau von Meck erzählte er von seinen Lieblingsplätzen... Der Flieder blühte und verströmte seinen Duft im Garten, am Abend sangen die Nachtigallen. Er suchte Alleen auf, in denen das Grün ganz besonders dicht war und Frische spendete, er verbrachte endlose Stunden im Gras und lauschte dem Summen der Insekten und dem ununterbrochenen Gesang der Vögel. Es war eine letzte Atempause vor Moskau. Er träumte von Veilchen und großen roten Steinpilzen – von einfachen und kindlichen Dingen.

Am Tag vor der Ankunft Frau von Mecks verließ er Brailow.

In Moskau bestürmten ihn die verdrießlichen Probleme, die widerwärtigen Sorgen der Scheidung. Antonina wollte einfach nicht begreifen, was man von ihr verlangte. Die Komödie sollte darin bestehen, daß Antonina Iwanowna einen Scheidungsantrag stellte und Beweise für seine Untreue vorlegte – von zwei falschen Zeugen gelieferte Beweise. Doch in letzter Minute sah sie ihren Anwalt mit ihrem hellen, gedankenleeren Blick an: Nein, sie glaube nicht an Tschaikowskys Untreue. Das könne nicht wahr sein, und wenn es so wäre, würde sie ihm verzeihen, nie würde sie es wagen, ihren Petitschka vor Gericht zu bringen.

Man hatte ihr zehntausend Rubel versprochen, aber sie wollte sie erst in der Hand haben, und dann... verzeihen und ihm erlauben, zu ihr zurückzukehren. Der Richter blickte Tschaikowsky mitleidsvoll an, der Anwalt war außer sich.

Er hielt sich nur zwei Tage in Moskau auf, doch welche Hetze! Er mußte mit Freunden zu Mittag essen, die ihm auf die Schulter und den Bauch klopften. Es war in letzter Zeit viel von ihm die Rede gewesen, es ging das Gerücht um, er hätte schlicht den Verstand verloren; alle Welt hatte darüber gelacht. Es war ihm unangenehm, ins Verhör genommen zu werden.

Erst im Herbst, als der Unterricht am Konservatorium wieder begann, kehrte er endgültig nach Moskau zurück.

In einem Brief aus Paris, wo Frau von Meck sich gegenwärtig aufhielt, hatte der Haushofmeister des Stadthauses am Roschdestwenskij-Prospekt folgende Anweisungen erhalten: Falls Herr Tschaikowsky, der berühmte Komponist, kommen sollte, so solle er hereingebeten und durch das Haus – mit seinen zweiundfünfzig Zimmern – geführt werden; man solle ihm die Flügel, die Porzellansammlung, die Bibliothek, die Gemälde, die Orgel und das Badehaus zeigen. Falls er den Wunsch äußere, solle man ihn allein lassen, so lange er wolle. Falls er bleiben und einige Zeit in den für ihn im linken Flügel vorbereiteten drei Zimmern – mit dem Steinway – wohnen wolle, so solle man ihn nicht stören, ihm jeden Wunsch erfüllen und ihm seine Mahlzeiten servieren, wann und wo er es für richtig halte. Und während der Zeit, die er sich im Haus aufhalte, sei es eine Stunde oder ein Monat, dürfe niemand eingelassen werden und niemand bei ihm eintreten, ohne daß er es wünsche. Der Haushofmeister solle ihn bei Tisch bedienen, seine Zimmer in Ordnung halten und ihn ins Badehaus begleiten . . .

An jenem Morgen hatte ein kurzer Regenschauer die kupferfarbenen Blätter benetzt, die Moskaus Straßen bedeckten. Gegen Mittag erschien ein breiter, verhangener Regenbogen. Tschaikowsky stieg an der Straßenecke aus der Kutsche und schlug den Samtkragen seines Überziehers hoch.

In den drei Wochen, seit er sich in Moskau aufhielt, kannte er nur diesen einen Weg: von der Samenka, wo er jetzt wohnte und wohin Aljoscha seine Sachen gebracht hatte, zum Konservatorium; er fürchtete sich, in die Stadt zu gehen. Seine Nervosität hatte bereits im Zug begonnen, als er am frühen Morgen einen Halt ausnutzte und ausstieg, um einen Kaffee zu trinken, und in der *Neuen Zeit* das *Moskauer Feuilleton* gelesen hatte. Er wußte nicht mehr, wie er in den Wagen zurückgefunden hatte. Aljoscha verabreichte ihm seine Tropfen, deckte ihn zu und bat ihn, sich zu beruhigen. Aber Herzklopfen, Schweißausbrüche und Übelkeit stellten sich ein. Er weinte lange und stöhnte vor sich hin: »Oh, mein Gott! Ich armer Mensch! Oh, mein Gott! Ich unglücklicher Mensch!« Während der Zug durch die Nacht brauste und man sich festhalten mußte, um nicht zu Boden zu stürzen, hatte er eine seiner so gefürchteten »kleinen Krisen« . . . »Die Vorgänge im Konservatorium, der Despotismus des Herrn Rubinstein (ein komischer Name! Ist er vielleicht Ausländer? Konnte man für diesen Posten denn keinen Russen finden?) . . . Die Intrigen . . . Die kleinen Günstlinge des Herrn Direktors . . . Diese ganze Bande . . . Die Amouren mit den jungen Damen und womöglich Schlimmeres!«

Er schluchzte und drückte Aljoschas Hände, er bat ihn, ihm ein Glas Alkohol zu geben, nur ein einziges Gläschen. Aljoscha, der mit seinen Krisen und Launen vertraut war, murrte, doch schließlich goß er ihm etwas Cognac ein. Und als Tschaikowsky sich ein wenig beruhigt hatte, zog Aljoscha einen kleinen Kamm aus der Tasche und kämmte ihm das weiße Haar, bis er eingeschlafen war.

Moskau erschien ihm fremd und verlassen. Im Konservatorium herrschte sommerliche Unordnung. Nikolaj Grigorewitsch war zur Weltausstellung nach Paris gereist. Ein paar Freunde nahmen ihn ins Restaurant mit. Und das war alles. Nichts als Angstzustände, der Wunsch zu schlafen und andauernde Schlaflosigkeit.

Doch als er an diesem Freitag – es war der 29. September 1878 – den verhangenen Regenbogen beobachtete, faßte er plötzlich den Entschluß, sich das Haus seiner »besten Freundin« anzusehen. Wie das Haus in Brailow stand ihm auch dieses Haus zur Verfügung. »Gefällt es Ihnen? Bewohnen Sie es, mein teurer, unvergleichlicher Freund!« sagte sein Schutzengel, den er noch nie gesehen hatte und wahrscheinlich niemals sehen würde.

Als der Haushofmeister die hohe Eingangstür öffnete, erkannte er sogleich den »berühmten Komponisten«.

»Madame hat mir aus Paris geschrieben, um mir Ihren Besuch anzukündigen«, sagte er, während er Tschaikowsky aus dem Mantel half. Er nahm ihm den Hut ab und würdigte mit einem flüchtigen Blick den schönen weißhaarigen Kopf des Besuchers, seinen bis zum Hals zugeknöpften Gehrock.

Zu seiner Rechten und Linken öffneten sich die Türen auf eine große Marmortreppe, das Parkett glänzte wie ein Spiegel.

»Bitte treten Sie ein. «

Der Haushofmeister war verlegen, denn im Haus arbeiteten Tapezierer. In den ersten drei Räumen waren alle Möbel mit Schonbezügen bedeckt. Auf einem geisterhaften Tisch stand ein geisterhafter Kandelaber, der sich in einem geisterhaften Spiegel spiegelte. Die Teppiche waren aufgerollt. Arbeiter standen auf hohen Leitern und nahmen einen geisterhaften Kronleuchter von der Decke. Doch die anderen Räume hatten ihr gewohntes Aussehen bewahrt. Um zu ihnen zu gelangen, mußte man eine Flucht von Gemächern durchschreiten – Tschaikowsky konnte sie kaum zählen –, darunter die Bibliothek und das Boudoir – drei Stufen hinauf, drei Stufen hinunter. Es waren Frau von Mecks frühere Privatgemächer, die jetzt auf Tschaikowsky warteten. Frau von Meck war überall gegenwärtig. Im Kamin brannte ein Feuer (sie war krankhaft kälteempfindlich), in einer Wedgwoodvase blühten volle weiße Chrysanthemen. Ein Band Schopenhauer, zwischen dessen Seiten sich *ihre* Lorgnette verirrt hatte, lag auf dem runden Tisch am Fenster.

Er drehte sich um. Er war allein in der Stille des riesigen alten Hauses. Das Schlafzimmer, der Salon und das Ankleidezimmer, für ihn vorbereitet und von ihrem Geist erfüllt – waren sie vielleicht eine Festung, wo er sich vor der Welt verbergen, sich hinter dem Flügel, den Büchern, den Noten und hinter ihrem Schatten verbarrikadieren konnte, der unsichtbar in seiner Nähe weilte und seine Fittiche über ihm ausbreitete? Er wußte nicht, wo anfangen: Er hatte versprochen, nichts ungenutzt zu lassen, alle Flügel auszuprobieren, in Schumann und Chopin zu blättern, ihre Alben zu betrachten, den Brief Tatjanas an Onegin zu spielen, von dem sie sagte, daß man beim Zuhören »die eigene Menschlichkeit spüre«.

Lange Zeit betrachtete er den schlafenden Knaben aus Marmor auf dem Kamin, die Gemälde an den Wänden. Einige waren aus Italien mitgebracht worden; der Kopf eines alten Mannes gefiel ihm sehr, eine Schneelandschaft ließ ihn an das Thema seiner *I. Symphonie* denken. Er bewunderte Aquarelle, die in einer Mappe versammelt waren, und stellte plötzlich fest, daß er seit über einer Stunde da war, eine Menge Zigaretten geraucht hatte und daß der Tag sich neigte.

Kaum hatte er es gedacht, näherte sich von weitem ein Licht: Es war der Haushofmeister, der zwei bronzene Kandelaber brachte. Er stellte sie auf den Flügel.

»Sie ist jetzt in San Remo«, sagte Tschaikowsky leise.

»Ja, mein Herr. Ich habe vor kurzem einen Brief erhalten.«

»Ich liebe Kerzen, sie sind so viel heiterer und angenehmer als Öllampen.«

»Ja, mein Herr«, erwiderte der Haushofmeister und verbeugte sich. Es war ihm anzumerken, daß er in Zukunft beweisen würde, daß er die Anspielung verstanden hatte. Dann sagte er mit einem feinen Lächeln:

»Die gnädige Frau schreibt, daß es im nächsten Winter weder Lampen noch Kerzen mehr geben werde. Sie hat die Absicht, das Haus mit elektrischem Licht auszustatten wie in Paris.«

Und mit einer Verbeugung zog er sich zurück, nachdem er lautlos ein großes Holzscheit in den Kamin gelegt hatte.

Paris ... Mein Gott! Die Nachrichten aus Paris sind wunderbar! Nikolaj Rubinstein erstrahlt in ruhmreichem Glanz: vier Konzerte russischer Musik im Trocadero, ein volles Haus, ein großartiger Erfolg! Zum erstenmal erscheint Tschaikowskys Name auf einem Pariser Plakat. Und es war noch nicht lange her, daß Rubinstein sich weigerte, sein *Klavierkonzert* zu spielen, sich über seine Probleme lustig gemacht und ihn in Gegenwart Huberts wie einen Schuljungen abgekanzelt hatte. César Cui lobte ausschließlich Mussorgski und verriß *Francesca da Rimini* und sein *Drittes Streichquartett* ... Und jetzt? Ja, der Erfolg stellte sich ein, langsam, aber unbestreitbar. Könnte er sich doch nur vom Konservatorium trennen, um sich ausschließlich dem Komponieren zu widmen! Fern von allem, in einem Winkel am Ende der Welt. Vielleicht war es möglich, denn Frau von Meck zählte das Geld nicht mehr, das sie ihm schickte.

Er hatte gewisse Skrupel, wenn er an sie dachte. Mit unendlicher Zärtlichkeit hatte sie ihm nach den vier Konzerten geschrieben. Sie hatte eine Loge reserviert, und Tschaikowskys Musik, die in Paris zum erstenmal gehört wurde, hatte sie zutiefst bewegt, so daß ihr »ein schrecklicher Skandal« entging, der im Orchester stattfand: Die Trompete setzte um einen halben Ton zu tief ein! Doch trotz dieses Mißklangs bebte sie vor Begeisterung über seine Musik, und sie war stolz auf ihn.

Tschaikowsky rückte die Kandelaber zur Seite, öffnete den Flügel und spielte lange Zeit. Er spielte alles, was ihm am Herzen lag: *Onegin*, die *IV. Symphonie*, wieder *Onegin* und dann seine neue *Suite*. Die Zeit verstrich. Im großen Salon setzte er sich an den Bechstein und spielte Mendelssohn. Überall standen Kandelaber. Als letztes hob er den Deckel des Erard-Flügels und spielte ein Stück von Weber.

Der Haushofmeister wagte nicht, ihn zu fragen, ob er wünsche, zu Abend zu essen, aber im blauen Speisezimmer, das die gnädige Frau bevorzugte, war der Tisch gedeckt. Und auf der Anrichte standen die Speisen bereit: ein Trüffelsalat, ein kaltes Rebhuhn, erlesene Weine. Tschaikowsky läutete, wenn auch nicht, um zu essen. Er wollte das ganze Haus sehen. Er ließ sich durch die oberen Etagen und die Seitenflügel führen. Er besichtigte die Ställe, das Badehaus, den mit alten Weinen gefüllten Keller, die Wirtschaftsgebäude, den Flügel, in dem die Erzieher, Hauslehrer und Musiker wohnten. Sie hatte ihn gebeten, ihr »das Haus wertvoll zu machen« und alles in Augenschein zu nehmen. Als er sich wieder in der riesigen Eingangshalle befand in Begleitung des Haushofmeisters, der ihm mit einer Lampe vorausging, fiel sein Blick auf den Ständer, an dem sein Mantel hing:

»Nach Hause. Zu Hause sein . . . mit Aljoscha . . .« Doch ehe er seinen Hut aus der Hand des Dieners entgegennahm, fiel ihm plötzlich etwas ein. Rasch ging er durch die großen Räume und dunklen Salons bis zu den drei Zimmern, die ihm vorbehalten waren.

Wie charmant, still und gemütlich sie sind, einfach und doch luxuriös! Sie bietet ihm im Herzen Moskaus einen wunderbaren, verborgenen Winkel an; niemand würde wissen, daß er bei ihr, daß er ihr Gefangener ist. Nur sie durfte es wissen, damit sie in Paris, in San Remo, in Florenz seine Nähe spürte, nicht neben sich – dazu ist sie zu gutmütig und zu klug –, sondern inmitten der Dinge, die ihr gehörten. Doch er kann hier nicht leben, er kann nicht Gefangener einer Frau sein; es erschreckt und verwirrt ihn. Wie würde es enden? Und doch fällt es ihm schwer, diese Stätte zu verlassen, in die Samenka zurückzukehren, sein verkehrtes, erschöpfendes Leben mit den Pflichten, den Sorgen, mit Aljoscha wiederaufzunehmen... Doch es muß sein.

Er wirft einen letzten Blick in das Schlafzimmer, in den Ankleideraum. Auf dem Waschtisch neue Bürsten, Kämme, Seifen. Auf dem Nachttisch seine Lieblingszigaretten, ein Blatt Notenpapier, ein sorgfältig gespitzter Bleistift.

Vor Rührung schnürt sich ihm die Kehle zusammen. Diese Zärtlichkeit, diese Liebe sind nicht für ihn bestimmt. Er ist nicht der, für den sie ihn hält.

Er entfernte sich, nachdem er zum Abschied dem Haushofmeister die Hand gereicht hatte, der sehr gut Französisch sprach und viel gereist war. Dieser schloß die schwere Tür und löschte die Kerzen. Er dachte an den Besucher, an den Brief, den er Frau von Meck am nächsten Tag schreiben würde, an seine bevorstehende Abreise nach Florenz, wo er – unter dem Schwur, das Geheimnis zu wahren – den Verlauf des heutigen Abends mündlich schildern würde.

Nikolaj Rubinstein kam nervös und erschöpft aus Paris zurück. Die Petersburger Musiker einerseits und die konservative Presse andererseits hatten ihn angegriffen. Die einen warfen ihm Routine und schlechten Geschmack vor und vor allem, daß er im Trocadero die Werke Bortnjanskis und Anton Rubinsteins aufgeführt hatte und nicht die Werke Borodins und Mussorgskis, die anderen schlechte Verwaltung und sonderbare Sitten im Konservatorium. In Moskau hieß es, daß er begabten jungen Pianisten aus Furcht vor Rivalen nicht die Möglichkeit gebe, ihr Talent zu entfalten, daß er den Kult um seine eigene Person ermuntere, insbesondere der jungen Mädchen, und daß er gegen ungelehrige Schüler manchmal die Hand erhebe.

Tschaikowsky war ihm dankbar, weil er seinen *Sturm* dirigiert und sein *Konzert* und seine *Serenade* gespielt hatte; er freute sich über den Erfolg, den seine Werke davongetragen hatten. In Gesprächen mit Rubinstein machte er erste Andeutungen, daß er das Konservatorium verlassen wolle.

Nikolaj Grigorewitsch wußte, daß Frau von Meck Tschaikowsky protegierte. Mit naiver Dreistigkeit hatte er sogar versucht, ihre Beziehungen zu unterbinden. Durch plumpe Anspielungen hatte er Frau von Meck veranlassen wollen, Tschaikowsky weniger Geld zu geben – sie verwöhne ihn nur, und er werde träge und arbeite nicht genug.

Als Tschaikowsky ihm ankündigte, er werde Moskau endgültig den Rücken kehren, wurde Rubinstein traurig, sah ihn betroffen an und ergriff seine Hand. Erst jetzt verstand er, daß Tschaikowsky ihn und seine Ratschläge nicht mehr brauchte, daß er nicht länger sein Untergebener war und nicht mehr unter seiner Aufsicht stand, daß er des Käfigs überdrüssig war, in den eine eiserne Hand ihn gesperrt hatte. Tschaikowsky erklärte ihm, die Arbeit am Konservatorium zwinge ihn, seine eigene Arbeit zu unterbrechen, und Moskau habe ihn menschenscheu gemacht. (Frau von Meck rief ihn nach Florenz.) Rubinstein widersprach nicht, schimpfte nicht. Er wußte, daß Tschaikowsky recht hatte. Sie nahmen ungewöhnlich herzlich voneinander Abschied. Sergej Tanejew, der noch ernsthafter geworden war, sollte Tschaikowskys Nachfolger am Konservatorium werden.

Wie es der Brauch wollte, wurde Tschaikowskys Weggang in einem Restaurant gefeiert mit Reden, Trinksprüchen und einer Flut von Worten. Die Aufführung von *Eugen Onegin* im Konservatorium war für den Monat März vorgesehen. Alle waren erstaunt über die Vielzahl der Werke, die Tschaikowsky im Jahr seines »Wahnsinns« komponiert hatte. *Eugen Onegin*, die *IV. Symphonie*, die *Sonate in g-Dur*, das *Violinkonzert*, die *Liturgie*, *Souvenir d'un lieu cher*, das *Kinderalbum*, *Lieder*, den *Trauermarsch* . . . An jenem Abend spielte er im Séparée auf dem alten, von Zigeunern abgedroschenen Klavier den ersten Entwurf seiner *Suite* vor.

Auf dem Bahnhof nahm ihn Tanejew liebevoll in den Arm. »Sie wissen noch nicht, Sergej«, sagte Tschaikowsky mit einem Blick in das runde Gesicht und auf den gestickten Kragen des neuen Professors, »Sie wissen noch nicht, was Sie erwartet. Tagaus, tagein sechzig Hausaufgaben korrigieren, Harmonielehre und Instrumentierung...«

Über Petersburg reiste er ins Ausland. Frau von Meck erwartete ihn in Florenz. Alles war bereit, ihn zu empfangen.

Der Zug rollte durch die toskanische Nacht, eine stille, duftende, mondhelle Nacht. Plötzlich bremste er unter wildem Geheul und fuhr in die Bahnhofshalle von Florenz ein. Im Licht der dampfenden Laternen schaute Tschaikowsky ängstlich um sich und versuchte herauszufinden, wer zu seiner Begrüßung gekommen war. Aljoscha rief einen Gepäckträger herbei und begann, Koffer, Bündel, Reisedecken, Schirme, Zylinderschachteln und das Toilettenköfferchen – das ganze Gepäck eines russischen Reisenden – auszuladen.

»Pjotr Iljitsch, Frau von Meck hat mich beauftragt, Sie zu empfangen.«

Es war der Geiger Pachulsky, einer der Musiker ihres Trios.

»Und ich erwartete den Haushofmeister, den ich in Moskau kennenlernte!«

»Er ist da, aber er holt Lydia Karlowna* und ihre Familie ab. Sie kommt mit demselben Zug.«

Sie verließen den Bahnhof.

»Wir sollten eine oder sogar zwei Droschken nehmen.«

»Frau von Meck hat eine Equipage geschickt.«

---

* Die vierte Tochter Frau von Mecks, Mme. Levis of Ménar.

181

Zu dieser späten Stunde war die Stadt menschenleer und still, doch auf den Plätzen, auf dem Ponte Vecchio, in der Nähe des Palazzo Pitti waren noch die Spuren kürzlich begangener Feste zu sehen: Papiergirlanden, Lampions, Reste von Illuminationen und Feuerwerken.

»Wir haben viel Spaß gehabt. Prinz Umberto, Prinzessin Margarita, der gesamte Hof und eine Menge Ausländer waren zu Besuch.«

Tschaikowsky war beunruhigt.

»Jetzt ist es wieder ruhig geworden, ausgenommen auf dem Corso in Cascina, wo zur Zeit der Promenade viele Menschen und ein unvorstellbarer Luxus zu sehen sind. Ein Amerikaner fährt mit einem Gespann von zwölf Pferden spazieren. Die Theater sind überfüllt.«

»Was wird in der Oper gegeben?«

»*Salvator Rosa*.«

Sie verließen die Stadt durch die Porta Romana und nahmen die Straße nach San Miniato, wo für Tschaikowsky ein Haus gemietet worden war.

In einem ihrer Briefe hatte sie ihn gefragt, ob er vielleicht Lust habe, einen Monat in Florenz zu verleben, »ihr dieses Opfer zu bringen«, und er hatte zugesagt. Selbstverständlich würde sie ein Haus mit einem Flügel für ihn mieten, und er bräuchte niemanden zu sehen, wenn er nicht wolle. Die Villa Bonciani in der Via dei Colli wartete auf ihn. Sie wohnte mit ihrer Familie einen halben Kilometer entfernt in einem vor etwa dreißig Jahren im englischen Stil erbauten Palazzo, der dem Bankier Oppenheim gehörte. Anfangs war sie mit dem Haus nicht besonders zufrieden gewesen, die Schlafzimmer befanden sich in den oberen Etagen, und sie mußte mehrmals am Tag die Treppen steigen, was ihr Mühe bereitete. Aber alles andere war perfekt. Obwohl es bereits Oktober war, war der Garten voller Blumen, der Flügel im großen Salon war sehr gut, im Souterrain war ein

Billardzimmer, wo die jungen Leute abends mit ihrem Erzieher spielten, der ein Meister darin war. Die meisten der Bediensteten waren Italiener, die anderen kamen aus Moskau. Der Haushofmeister war soeben eingetroffen.

Tschaikowsky hatte die Wahl zwischen einer Wohnung in der Stadt und einem Haus in der Nähe des Besitzes, auf dem Frau von Meck wohnte. Er hatte das Haus vorgezogen. Als die beiden grauen Pferde vor dem Gitter hielten und der graugekleidete Diener vom Bock sprang und ihm beim Aussteigen behilflich war, dachte er, daß es nirgends auf der Welt einen angenehmeren Ort geben und er sich niemals etwas anderes wünschen würde.

Im Erdgeschoß befand sich ein in dieser Jahreszeit geschlossenes Restaurant mit Fensterläden. Im hellen Licht des Mondes glänzten die Pinien und Palmen wie flüssiges Silber. Das Haus bestand aus zwei Etagen und hatte eine Terrasse.

»Morgen werden Sie von dort oben das Kloster, den Friedhof und den Apennin sehen«, sagte Pachulsky.

Der Koch und der Diener waren im voraus engagiert, mit Signor Bonciani war alles geregelt worden. Er hatte Weisung, den Mieter nicht zu stören und sich mit Rechnungen und in allen anderen Fragen an den Palazzo Oppenheim zu wenden.

Ein schwarzhaariger Diener mit schönen weißen Zähnen kam mit tiefen Verbeugungen auf ihn zu, seine Schürze fegte über den Boden. Tschaikowsky betrat das Haus. Eine süße Wärme und der charakteristische Duft von Olivenzweigen, die im Kamin brannten, breiteten sich im ganzen Haus aus. Ein Salon, ein Eßzimmer, zwei Schlafzimmer – für Tschaikowsky und Aljoscha –, die Ankleidezimmer. Nichts Schwerfälliges, Überflüssiges oder Geschmackloses: die bequeme und behagliche Schlichtheit einer hellen, freundlichen Wohnstätte. Auf dem herrlichen Flügel im Salon lagen frisch eingetroffene russische Zeitschriften, die Frau von Meck tags zuvor hatte bringen lassen.

»Und hier, Pjotr Iljitsch, finden Sie Bücher, wenn Sie lesen möchten. Nadeshda Filaretowna hat sie für Sie ausgesucht: *Beaconsfield, Bismarck* in der Pariser Ausgabe, die letzte Musikkritik von Laroche in der *Stimme,* die Korrespondenz von Katherina der Großen mit Grimm.«

»Sagen Sie Frau von Meck meinen Dank. Wie geht es ihr?«

»Sie hat gestern Ihren Walzer für Violine erhalten. Wir haben ihn den ganzen Abend lang gespielt. Jetzt, da Lydia Karlowna eingetroffen ist, werden Fräulein Julia und sie Ihr Duo aus dem *Onegin* einstudieren. Nadeshda Filaretowna ist glücklich, ihren Enkel zu sehen.«

»Wann ist der Klavierauszug eingetroffen?«

»Gestern abend zusammen mit dem Walzer.«

»Und wie steht es mit ihrer Gesundheit?«

»Sie leidet an Kopfschmerzen und klagt über Schüttelfrost. Aber an manchen Tagen geht sie aus und spielt sogar Krocket. Heute haben wir nach dem Jungen gesucht, von dem Sie uns im letzten Jahr sagten, daß er so schön singe. Aber wir haben nur Strolche und die Choristen vom Theater Pagliani gefunden.«

Aljoscha begann, die Sachen einzuräumen. In einem russisch-italienischen Kauderwelsch, das er sich bei Reisen durch Italien zugelegt hatte, versuchte er, sich mit dem Diener zu verständigen.

Tschaikowsky, sehr erschöpft und zerstreut, begann, seinen Gehrock aufzuknöpfen. Pachulsky suchte seinen Hut.

»Ihr Diener wird russischen Tee und russische Zigaretten vorfinden. Frau von Meck befürchtete, was man hier finde, werde nicht nach Ihrem Geschmack sein.«

»Vielen Dank. Sie ist wirklich zu gütig.«

Er begleitete Pachulsky hinaus, der in den Wagen stieg und

sich verneigte. Die Pferde setzten sich in Bewegung, ihre Schritte hallten auf der Chaussee. Dann herrschte Stille. In der Dunkelheit der Nacht kam es ihm so vor, als flöge die Erde mit einem anhaltenden tiefen Ton durch die schwarze Weite.

Am nächsten Morgen sah er den Apennin, das Kloster, den Friedhof, den blauen Himmel, die schwarzen Zypressen, und er hörte das ferne Plätschern des Arno. Frau von Meck schrieb ihm:

»Guten Tag, mein teurer, mein unvergleichlicher Freund! Sie in meiner Nähe zu wissen ist eine Glückseligkeit, die sich in Worten nicht ausdrücken läßt.«

Er konnte ihr nicht gleich antworten. Die Reise hatte ihn erschöpft, und er litt unter Magenschmerzen. Aljoscha geriet wegen einer Lappalie in Zorn, und sie konnten sich lange nicht einigen, ob sie mit dem Autobus zur Post fahren, in San Miniato die Esplanade bewundern sollten oder ob Tschaikowsky das Libretto der *Jungfrau von Orleans* noch einmal lesen sollte. Verdis Oper war so schlecht, daß Tschaikowsky nicht zögerte, selbst eine Oper nach Schillers Tragödie zu komponieren.

Schließlich entschieden sie sich für den Spaziergang in die Stadt. In der Post warteten Briefe von Modest und Anatol auf ihn. Unterwegs kauften sie Zahnpulver und einen Gehstock. Auf dem Rückweg begann ein feiner Nieselregen.

Mit diesem Tag begann ein streng geregeltes Leben.

Tschaikowsky steht jeden Morgen gegen halb acht auf, trinkt seinen Kaffee, wirft einen raschen Blick in die Zeitungen und macht sich an die Arbeit; er komponiert *Die Jungfrau von Orleans*. Er weiß, daß Frau von Meck gewöhnlich vor dem Mittagessen gegen elf Uhr mit ihren Töchtern und Pachulsky einen Spaziergang macht und an seinem Haus vorbeigeht. Manchmal kann er sich nicht beherrschen und nähert sich dem Fenster – er weiß, daß sie kurzsichtig ist –, und hinter dem Vorhang, mit schweißgebadetem Gesicht und zerzaustem Bart, beobachtet er, wie sie vorbeigeht. Murasco, ihr wunderschöner Hund, rennt mit langen fliegenden Ohren voran. Voraus gehen Sonja und Milotschka, ihre jüngsten Töchter, lebhaft und bezaubernd;* sie halten sich artig an den Händen, aber es ist ihnen anzusehen, wie gern sie davonlaufen würden. Dann erscheint sie, groß und mager, mit herrlichen dunklen Augen, aber häßlich – alle sagen es, und auch er ist dieser Meinung. Ihre beiden Töchter Lydia und Julia gehen an ihrer Seite. Wenn es ein warmer Tag ist, trägt die mit Bändern geschmückte Amme den Säugling auf dem Arm. Düstere Gedanken quälen ihn, und oft bleibt er unbeweglich stehen, bis sie zurückkommen. Sie wirft einen flüchtigen kurzsichtigen Blick zu seinen Fenstern hinauf, und wieder springt der Hund in die Höhe, und Kinderstimmen rufen: »Murasco! Murasco!«

Nach dem Mittagessen geht er spazieren, und oft schlägt er den Weg zum Palazzo Oppenheim ein, um den Stimmen der Kinder zu lauschen, die hinter den hohen Mauern Ball spielen. Eines Tages fliegt der Ball über das Gitter und streift seinen Hut; er ergreift ihn und wirft ihn in den Garten zurück: Ein heftiges Gefühl bemächtigt sich seiner.

Um drei Uhr begibt er sich – bis zum Abendessen – wieder an die Arbeit; er instrumentiert seine *Suite*. Dann werden die Fensterläden mit den kleinen herzförmigen Gucklöchern geschlossen; er liest, er denkt nach, er erinnert sich, er genießt die Einsamkeit und die Stille.

In klaren Nächten macht Frau von Meck mit ihren ältesten Töchtern, ihrem Schwiegersohn und zuweilen einem der Erzieher einen Spaziergang. Sie sieht das kleine erleuchtete Herz nicht, sie glaubt, er sei ausgegangen und sorgt sich: Es ist kühl heute abend, hat er sein Halstuch auch umgelegt? Strengt er sich nicht zu sehr an? Wohin ist er

---

* Prinzessin Golitsin und Prinzessin Schirinsky.

186

gegangen? Er ist zu Hause, allein mit seinen schweren Gedanken, er spricht, er hört sich zu, wie er sagt: »Ja, ich bin frei, ich bin glücklich, doch warum bin ich zum Weinen traurig?« (In dieser Stimmung befindet er sich jetzt meistens.) Mit ihren männlichen Schritten entfernt sie sich, sie wagt nicht, ihre Lorgnette auf seine Fenster zu richten, und aus ihrem Herzen steigen leidenschaftliche, sonderbare, mütterliche Gebete für ihn auf.

Aljoscha ist der Bote, und oft begegnet er im Palazzo Oppenheim dem Haushofmeister, der einen Brief für die Villa Bonciani hat. Sie fragt ihn, ob er mit dem Koch zufrieden sei, sie will ihm moderne Lampenschirme geben, sie erzählt ihm von einem gewissen Sarasate, einem außergewöhnlichen Geiger, der sehr beliebt sei und den er unbedingt hören müsse. Er berichtet ihr von seiner Gesundheit, daß er glücklich sei, sich in Florenz aufzuhalten; er schildert ihr das Leben in Petersburg, von dem Modest ihm in seinen Briefen erzählt: »Die *IV. Symphonie* ist ein ungeheurer Erfolg«; »Mussorgski ist ein Scharlatan, ein Narr.«

Kurz vor Weihnachten würden sie alle abreisen: sie nach Wien, er nach Paris. Die Tage wurden immer kürzer und gingen schnell vorüber. Manchmal fiel am Morgen Schnee, der rasch wieder schmolz, man konnte abends nicht mehr auf der Terrasse sitzen und die Stille und die sanfte Luft genießen. In ihren Briefen begannen sie, zärtlich und ein wenig traurig voneinander Abschied zu nehmen, beide in der vagen Hoffnung, noch einmal so einen wunderbaren Monat zu erleben. Signor Boncianis Rechnungen trafen ein – sie waren von ihr bis zum 1. Januar bezahlt worden. Am Tag vor ihrer Abreise schickte sie ihm eine Eintrittskarte für das Tourneetheater Belotti Bon.

Er wußte nicht, ob sie anwesend sein würde, doch in der Pause sah er sie von seinem Sessel in der ersten Reihe mit ihrer Familie in einer Loge sitzen. Nein, schön war sie nicht, und vielleicht war es besser, daß sie abreiste. Ihre Gegenwart bedrückte ihn ein wenig. Der Gedanke, daß sie ihm begegnen wollte, hatte ihm den Aufenthalt ein wenig vergällt . . . Während er sie so betrachtete, überkam ihn ein sonderbares Gefühl, eine Mischung aus Staunen, Neugier und Zärtlichkeit. Nicht ein einziges Mal wandte sie ihm ihr charakteristisches Profil zu. Ihr Gesicht war undurchdringlich. »Ich bin glücklich mit dem, was ich habe; ich begehre nicht mehr.« Vielleicht war es tatsächlich so!

Doch gerade diese Standhaftigkeit, diese Güte beunruhigten ihn. Wieder zu Hause, verstand er nicht, was eigentlich vor sich ging: Er biß sich die Finger blutig, stürzte heimlich mehrere Gläser Cognac hinunter. Er rang nach Luft, aber er weckte Aljoscha nicht. Er drückte das Gesicht in das Kopfkissen und weinte die ganze Nacht.

XI

Die *IV. Symphonie* wurde in Petersburg mit noch größerem Erfolg aufgeführt als in Moskau. Die Musiker und das Publikum wußten sie zu würdigen, doch die Kritiken waren streng. Cui, ungerecht und boshaft, spottete wieder einmal über ihn, und Laroche schrieb, er hätte immer gewußt, daß »Herr Tschaikowsky größeren Lärm im Orchester machen kann als jeder andere Komponist«. In Berlin wurden *Francesca da Rimini* und die *II. Symphonie* gespielt. Deutschland und ganz Europa interessierten sich für ihn, nicht nur mehr ein Dutzend Musiker wie in Bayreuth bei der ersten Aufführung der Nibelungen oder wie ein Paris, wo es zu einer offiziellen Begegnung mit Saint-Saëns gekommen war. In Deutschland festigte sich sein Ruhm; das hatte er Hans von Bülow zu verdanken, der sich während eines Aufenthalts in Moskau, wo er mehrere Konzerte dirigierte, für Tschaikowskys Musik begeistert hatte. Seither hatte er in Amerika und in London den Sturm dirigiert und die deutsche Presse veranlaßt, sich mit Tschaikowsky auseinanderzusetzen.

Er widmete Bülow sein Klavierkonzert, das er ursprünglich Rubinstein gewidmet hatte, das von diesem jedoch als »unspielbar« bezeichnet worden war. Sein Violinkonzert ereilte das gleiche Schicksal: Der Geiger Auer fand es zu schwierig, und Tschaikowsky machte seine erste Widmung rückgängig und schenkte es Brodsky.

In Paris dirigierte Colonne den *Sturm* im Théâtre du Châtelet. Tschaikowsky saß inkognito in der letzten Reihe und hörte zu. Es war quälend für ihn, er war so nervös, daß er nach dem Konzert stundenlang durch die Straßen irrte, bevor er mit heftigen Kopfschmerzen ins Hotel Meurice zurückkehrte. Zunächst war er glücklich gewesen, seinen Namen an den Pariser Mauern zu sehen, doch einen Tag vor dem Konzert überfiel ihn Unbehagen. Nach der *Reformationssymphonie* von Mendelssohn wurde er beinahe ohnmächtig, sein Herz schien stillzustehen, und er fürchtete, die Aufmerksamkeit der Umsitzenden auf sich zu ziehen.

Er hatte den *Sturm* immer für ein »glänzendes Stück« gehalten. Doch jetzt stellte er fest, wie unreif es war, wie schlecht es klang, daß es wie »nach Programm« komponiert war und von Anfang bis Ende nicht stimmte. Er konnte seine frühere Musik nicht hören, ohne daß er wütend auf sich wurde. Für den *Opritschnik* hatte er sich von der ersten Aufführung an geschämt. Als er *Wakula* das letzte Mal gehört hatte, war er sehr enttäuscht gewesen. Würde ihm das, was er geschaffen hatte, nie Anlaß zu Freude sein?

Alles ging gut. Das Publikum applaudierte und pfiff – genau die richtige Mischung. Von weitem sah er Frau von Meck in einer Loge. Sie hatte Colonne im Auge, sie fragte sich, wie sie vorgehen müsse – und wieviel sie ihm bieten solle –, damit er die *IV. Symphonie* aufführte.

Diesmal war Tschaikowsky von Paris tief beeindruckt. Das elektrische Licht machte die Stadt noch schöner, die lärmender und eleganter war als je zuvor. Am späten Abend und in der Nacht ging er durch die festlichen Straßen, die noch etwas von der Atmosphäre der Weltausstellung bewahrten. Tschaikowsky wirkte sehr vornehm mit seinem grauen Zylinder, den lila Handschuhen, der seidenen Krawatte, in der eine Korallennadel steckte. Die Theater waren überfüllt; seit dem Herbst war das Gesellschaftsleben in vollem Gang. Er wohnte zahlreichen Konzerten bei, hörte sich *Fausts Verdammnis* an, ging ins Palais-Royal. Doch wie immer war er sehr froh, als er abreiste. Er arbeitete mit einer bis dahin unbekannten Ekstase an der *Jungfrau von Orleans.*

Würde er sich eines Tages auch ihrer schämen müssen? Würde er, die Hände in die Lehnen seines Sessels gekrallt, sein gerötetes, aufgelöstes Gesicht in der Dunkelheit eines Konzertsaals verstecken müssen?

Er hatte inzwischen eine andere Arbeitsweise und komponierte *Die Jungfrau* nicht mehr so, wie er *Eugen Onegin* komponiert hatte. Er erwartete viel von seiner neuen Oper, vor allem in szenischer Hinsicht. Er hatte Schiller, Vallons Buch, Barbiers Drama und das Libretto von Merimée studiert, doch das russische Libretto hatte er selbst geschrieben mit der ihm eigenen Sorglosigkeit und der Überzeugung, es so gut wie jeder andere machen zu können. »Die Schwierigkeiten«, schrieb er an Modest, »bestehen nicht in einem Mangel an Inspiration, sondern im Gegenteil in ihrer Überfülle. Ich bin buchstäblich in einem Zustand der Raserei, drei Tage lang habe ich geglaubt, wahnsinnig zu werden, hin und her gerissen zwischen dem ungeheuer reichen Material, meinen schwachen Kräften und der begrenzten Zeit. Ich hätte alles in einer Stunde bewältigen wollen, wie es in Träumen geschieht. Meine Nägel sind zerkaut, mein Magen ist in Unordnung; um schlafen zu können, brauche ich die doppelte Menge Wein, und gestern abend, als ich in dem Buch über Jeanne d'Arc die Szene las, wie sie abschwören soll und hingerichtet wird – sie schrie, als sie zum Scheiterhaufen geführt wurde, und flehte darum, daß man ihr den Kopf abschlug –, habe ich schrecklich geweint.«

Diese Arbeit kostete ihn viel Kraft, und es kam vor, daß er bei seinen Spaziergängen vor Müdigkeit zusammenbrach und in einer Droschke nach Hause gebracht werden mußte. Manchmal ergriff ihn Begeisterung, eine wilde, grundlose Freude. Dann setzte er sich an den Flügel, spielte seine Entwürfe und vergoß Ströme von Tränen, danach ging er auf die Terrasse hinaus – er war wieder in Clarens –, atmete die frische Nachtluft ein und beruhigte sich. Ein Jahr zuvor hatte er sich in Brailow eine ganze Nacht lang seinen *Onegin* vorgespielt... Übrigens hatte Nikolaj Rubinstein ihm geschrieben, daß im Konservatorium alle ganz begeistert seien von dieser Oper.

Tschaikowsky hörte sie zum erstenmal bei der Generalprobe. Er begab sich direkt vom Bahnhof zum Theater, und in einem dunklen Winkel des nahezu leeren Zuschauerraums hörte er die jungen Stimmen der Schüler und beobachtete ihre Bewegungen, die noch nicht von Routine entstellt waren. Die blutjunge Klimentowa hatte eine sehr schöne Stimme und spielte sehr natürlich. Auch die anderen Darsteller gefielen ihm. Man sah, daß alle mit Liebe dabei waren, in diesem Punkt waren sich alle einig. Nach dem ersten Akt wirkte Tanejew, der das Orchester dirigierte, sehr gerührt; Kaschkin setzte sich neben Tschaikowsky und drückte ihm stumm die Hand.

Die erste feierliche Aufführung fand am 17. März 1879 statt; Anton Rubinstein war zugegen. Die Couplets des Triquet bekamen starken Beifall, doch das Werk trug keinen großen Erfolg davon. Man setzte Tschaikowsky einen Lorbeerkranz auf und hielt Reden, auf die er antworten mußte.

Schilowskys Dreistigkeit und sein eigener Leichtsinn kamen Tschaikowsky teuer zu stehen: Der glückliche Ausgang (Tatjana sinkt Onegin in die Arme) hatte zahlreiche Zuschauer empört, und er machte sich eilig daran, diese Szene zu ändern. Die Kritik sprach von der »Musikalität und Intimität« der Oper. Anton Rubinstein zuckte die Achseln. Wieder in Petersburg, erklärte er, »das zu banale Libretto habe die Oper verpatzt«.

Aber Tschaikowsky bedeutete das Urteil der Welt nicht mehr soviel wie früher; die Tatsache, daß Laroche die drei aufeinanderfolgenden Andante heftig kritisierte und Anton Rubinstein sie nicht gemocht hatte, rührte ihn wenig. Über ein Jahr lang hatte er fern der Menschen gelebt, und er empfand keine Zuneigung mehr zu seinen einstigen Freunden. Alles Lebendige in ihm konzentrierte sich auf die Instrumentierung der *Jungfrau* und die Vollendung seiner *Suite*. Neid und Torheit, in welcher Form auch immer sie sich äußern mochten, trafen ihn kaum mehr.

Was ihn jedoch unverändert traf, was ihn aus dem Gleichgewicht warf und furchtbare Krisen auslöste, war die Person Antonina Iwanownas. Im Frühjahr 1879 hatte sie ihn in Petersburg mehrmals abgefangen und durch irgendeinen Zufall ein Zimmer in dem Haus gemietet, in dem er wohnte. Nachdem sie nacheinander die Märtyrerin und Intrigantin gespielt hatte, versuchte sie sich jetzt in der Rolle der treuen, ergebenen Ehefrau, die verzeihen und vergessen wollte.

»Mein lieber Petitschka«, schrieb sie in einem Brief, den sie unter seiner Tür durchschob, »was ist mit Dir? Warum bin ich ohne ein Lebenszeichen von Dir? Bist Du vielleicht krank? Mein Lieber, komm und besuche mich. Ich wäre gewiß traurig, wenn Du nur kämst, um Dich meiner zu entledigen, um mir einen Höflichkeitsbesuch zu machen. Ich weiß, daß Du mich nicht liebst, und das quält und peinigt mich und läßt mich nicht zur Ruhe kommen. Ich möchte, daß Du weißt, daß Du mir alles auf der Welt bedeutest. Keine Macht der Erde kann mich zwingen, Dich nicht mehr zu lieben. Also sei gut zu mir. Ich gehöre Dir mit Leib und Seele, mach mit mir, was Du willst... Laß uns wie wirkliche Eheleute miteinander sprechen. Bisher weiß Gott allein, welche Beziehungen zwischen uns bestanden haben... Aus der Ferne küsse ich Dich tausendmal; ich weiß, daß Du es nicht gern hast, wenn ich es wirklich tue. Das Hotel Znamensky war zu teuer für uns, daher sind wir in Dein Haus gezogen, aber das ist ein reiner Zufall. Fürchte Dich nicht, ich verfolge Dich nicht...«

Und wieder erschien sie, bettelte, handelte wegen hundert Rubel, tat, als hätte sie die Prozedur der Scheidung begriffen, als willigte sie ein. Mehrfach spielte sie auf ein Abenteuer ihres Petitschka mit einer reichen Dame an; sie gab zu verstehen, daß diese Dame ihr eine Entschädigung angeboten hätte, daß diese Dame die Millionärin Frau von Meck sei . . .

War er nervös, drohte er ihr und jagte sie davon. War er ruhig, ließ er ihr durch Aljoscha zehn Rubel geben und verwehrte ihr den Eintritt. Nach und nach wurde ihm all dies gleichgültig, denn er hatte vor, in Kürze den beiden Hauptstädten, wo ihn nichts hielt, den Rücken zu kehren. Nach und nach hatte Frau von Meck ihn mit dem Gedanken vertraut gemacht, einige Zeit auf einem kleinen Hof in der Nähe von Brailow zu verbringen, der ihr gehörte: Sie selbst würde sich mit ihrer Familie auf ihrem Gut aufhalten.

Nie hatte er so viele Schwalben gesehen! An grauen Tagen flogen sie tief über dem Fluß, und man hörte ihre Schreie. Sie schossen durch den Garten, verbargen sich in den Bäumen, schweiften in großen Zickzackbewegungen durch die Alleen und ließen sich dann gemeinsam in den Weizenfeldern nieder. An klaren, heißen Tagen hingegen stiegen sie hoch in den Himmel, und die Stille war so groß, daß man eine Eidechse durch das Gras huschen hörte. Kein Lärm, keine Musik. Da war es leicht, in sich hineinzuhören und zu komponieren.

Bevor er hierhergekommen war, hatte er nicht gewußt, daß man im Garten, in der freien Natur komponieren konnte. Unter dem Balkon wurden ein kleiner Tisch und ein Stuhl für ihn aufgestellt. Der Boden war uneben, und der Tisch und der Stuhl wackelten, der Schatten der Blätter bebte, und in diesem Beben war etwas Tröstliches, auf das er sein ganzes Leben gewartet hatte.

Moskau war zu laut, zu hektisch; seit seiner Heirat scheute er vor dieser Stadt zurück. Wie oft sagte er sich: »Ich bin manisch, niemand verfolgt mich, und doch habe ich immerzu Angst.« Petersburg mochte er nicht mehr. Seine Brüder lebten dort, doch Modest wurde ihm immer ähnlicher, sie kannten einander viel zu gut. Anatol führte sein eigenes Leben, er hatte seine Karriere, seine Frauen, die Gesellschaft... Ins Ausland reisen? Vor einem Jahr war er in Florenz vollständig glücklich gewesen, aber Italien war zu abwechslungsreich, man war immer von irgend etwas angezogen, einmal von Rom, einmal von Venedig, alles war so prunkvoll, leuchtend und bunt... Und da ist Clarens! Das kleine Schweizer Dorf, die immer menschenleere Pension. Er fühlt sich hier zu Hause, aber es ist so fern von Rußland... Vielleicht Kamenka? Saschas Familie und Bob, der vergötterte kleine Junge. Aber Kamenka hat sich sehr verändert, Sascha kränkelt und wird älter, ihre Töchter sind schon fast erwachsen... Da ist auch Brailow, das Gut Frau von Mecks – zu groß, zu neu, zu prächtig, zu reich –, er hat sich mehrmals dort aufgehalten, die zahlreiche Dienerschaft hatte ihn eingeschüchtert... Nein, etwas Besseres als Simaki, den verlassenen, drei Kilometer von Brailow entfernten Hof, gibt es nicht. Dort möchte er leben, von allen so lange vergessen, bis er selbst sich der Welt wieder in Erinnerung bringen will.

Es ist ein altes, flaches Haus, sehr sauber, gemütlich und angenehm. Der Garten ist voller Blumen. Wenn die Sonne scheint, sieht man nur die Blumen und die Bienen, die wie trunken über den Beeten taumeln. Rechts vom Garten, bei dem alten Brunnen, führt ein Weg in den Wald, und dort weilt er oft bis spät in die Nacht. In der Ferne ein Dorf, eine weißgrüne Kirche, am Horizont Wälder. Und ein anderer, tiefer gelegener Weg, der am Fluß entlangführt und sich in den Wiesen verliert.

Nach einem langen Spaziergang kehrt er nach Hause zurück, setzt sich in den Sessel auf der Terrasse und blickt hinaus auf die fernen Wiesen und Wälder, den vom Sonnenuntergang rot leuchtenden Fluß. Die Schwermut, süß, bitter, grundlos, die ihn nur in den glücklichsten Stunden seines Lebens überfällt, beginnt, ihn langsam zu umfangen, zu ersticken, mit ihm zu spielen.

Der weite Horizont, die hundertjährigen Bäume, das bezaubernde alte Haus, das sie ihm in ihrer Großzügigkeit zur Verfügung stellt, die Abende, die Nächte mit ihrer Stille und ihren Geräuschen, die Mondsichel am sternenübersäten Himmel – all das rührt an seinem Herzen. Das Alter macht sich noch nicht bemerkbar, doch er weiß, daß seine Jugend verflossen ist, daß der größte Teil seines Lebens vorüber ist und vieles nie mehr zurückkehrt. Er denkt – wie an ein Glück – an die Möglichkeit, eine seiner Nichten, Natascha oder Anna, mit einem der Söhne Frau von Mecks zu verheiraten; er will ihr deswegen schreiben. Er denkt an sie, an ihre Briefe, die ihn auch hier fast täglich erreichen, er denkt an das, was er ihr antworten wird... Manchmal ist er es leid, immer von sich zu erzählen, von seiner Musik, besonders in der letzten Zeit, wo er nicht sehr zufrieden mit sich ist: Sein *Miniaturmarsch* ist nichts als »Miniaturkitsch«. Beethovens Sonaten, die sie ihm auf seine Bitte hin geschickt hat, haben ihn völlig deprimiert. Hatte es danach noch Sinn, zu komponieren? Er denkt an Mozart, und Tränen schießen ihm aus den Augen. Wie *Wakula, Undine, Der Opritschnik* und *Der Woiwode* wird *Die Jungfrau von Orleans* wahrscheinlich ein weiterer Mißerfolg werden! Lassen wir Beethoven und Mozart beiseite... Er wird nie auch nur an einen Bizet oder Massenet heranreichen können...

Er wirft seine Zigarette fort und den Bleistift, mit dem er etwas auf eine Zeitung gekritzelt hatte, und er fängt an, die Küchenhandtücher aufzurollen.

Er war Anfang August in Simaki eingetroffen, nachdem er den dritten Akt der *Jungfrau von Orleans* fertiggestellt hatte. Er liebte seine Oper, wie er stets sein zuletzt geschaffenes Werk liebte; er hatte Zweifel an ihr, doch sie barg ebenso alle seine Hoffnungen, und der Umstand, daß Harmonie und Melodie ihm immer unlöslich miteinander verbunden einfielen, zeugte von Wahrhaftigkeit und einer unbestreitbaren musikalischen Kraft. Er hatte mit der Instrumentierung der *Jungfrau* begonnen, er komponierte viel und ausdauernd, sein Tag war eingeteilt in Arbeit, Mahlzeiten, Spaziergänge. In einer Entfernung von drei Kilometern lebte Frau von Meck mit ihren Kindern und Gästen in einer luxuriösen Umgebung, wo Vergnügungen und Feste einander ablösten. Er versuchte, nicht daran zu denken.

Vier Pferde und ein Kutscher standen ihm zur Verfügung. Nachmittags badete er im Fluß, und manchmal machte er mit Aljoscha eine Bootsfahrt. Doch meistens ließ er anspannen und fuhr allein in den Wald; eine Stunde später kamen Aljoscha und der alte Diener mit dem Samowar nach und bereiteten ihm den Tee. Er war ungestört, er konnte niemandem begegnen, denn in Brailow wurde das Abendessen um vier Uhr eingenommen. Pachulsky, der hin und wieder Zeitschriften und Noten brachte, schlug vor, Frau von Mecks jüngste Tochter Milotschka, die Tschaikowsky in Florenz so bewundert hatte, zu ihm zu bringen.

»Um Himmels willen! Lassen Sie nur alles, wie es ist«, rief er, bleich im Gesicht.

Es wurde nie mehr darüber gesprochen, und er hatte Grund zu der Annahme, daß man auch in Brailow eine Begegnung fürchtete.

Und doch fand diese Begegnung statt – wie wenig dazu gehörte! Eines Tages kamen die drei Kutschen von Brailow verspätet zum Mittagessen zurück. Er fuhr wie so oft mit seinem alten, friedlichen Braunen in den Wald. An einer Straßenkurve kam ihm eine große, elegante Equipage entgegen. Er riß an den Zügeln. Sie war in Begleitung von

Milotschka, sie trug eine enge Jacke und um den Hals einen
karierten Schal; sie hielt die kleinen Hände ihrer Tochter
umschlossen. Er sah die Beine des Mädchens in den Spit-
zenhöschen. Er wagte nicht, die Augen abzuwenden, und
zum erstenmal trafen sich ihre Blicke. Es dauerte nur eine
Sekunde ... Verlegen zog er den Hut. Ihr Gesichtsausdruck
wechselte, sie war fassungslos wie ein ertapptes Kind und
hatte kaum Zeit, seinen Gruß zu erwidern. Die Pferde entfernten sich. Zwei weitere Wagen, aus denen junge Frauen-
stimmen und schallendes Gelächter drangen, folgten. Und
alles war wieder still. Er ließ das Pferd anhalten, stieg vom
Wagen und holte tief Luft; langsam schritt er in den Bir-
kenwald hinein und suchte im Moos nach Pilzen. Dann ging
er zur Lichtung zurück, wo Aljoscha und der Diener den Tee
zubereiteten und einen Weißkäse schnitten. Von Brailow
war bereits ein berittener Bote mit einem Brief eingetroffen. Frau von Meck legte Wert darauf, daß er seine Briefe
zur Teezeit erhielt – der Bote mußte im Wald nach ihm suchen.

An diesem Abend überfiel ihn starke Erregung, die sich
erneut auf sein Herz, seinen Magen, seinen Appetit, seinen
Schlaf und seine Beziehungen zu Aljoscha auswirkte. Er
war weinerlich und klagte ununterbrochen. An Modest
schrieb er: »Ich hatte wieder eine Krise und habe die ganze
Nacht geweint.« Tagsüber war er ruhig, er wirkte beinahe
gleichgültig, doch am Abend und in der Nacht war ihm
nach Heulen zumute.

Warum? Er wußte es selbst nicht. Wenn er versuchte, sich
zu analysieren, begriff er nichts. Alles hatte sich so entwik-
kelt, wie er es sich wünschte. Man hielt die großen und kleinen Sorgen von ihm fern, er war sein eigener Herr. Er konnte tun und lassen, was er wollte, er lebte, wo es ihm beliebte.
Er hatte alles, was er sich nur wünschen konnte, und doch
überfiel ihn in den Abendstunden manchmal eine so uner-

trägliche Angst, daß er Türen und Fenster verschloß und, allein in seinem Zimmer, am liebsten laut geschrien hätte.

Am 27. August wurde in Brailow ein großer Ball mit Illuminationen und Feuerwerken gegeben.

Seit drei Jahren schrieben sich Tschaikowsky und Frau von Meck; es stand jetzt fest, daß sie nie etwas anderes als diese Freundschaft von ihm verlangen würde, daß ihr die Briefe genügten, und diese Gewißheit beruhigte ihn. Doch war sie kein Schattenwesen, sondern ein lebendiger Mensch, mit dem er ein langes, verwirrendes Gespräch führte, und das ängstigte ihn mehr denn je. Er wußte nicht recht, was er wollte: Manchmal träumte er davon, unter ihre Fittiche genommen zu werden, manchmal lehnte er sich gegen ihren Willen auf. Sie verstand ihn wie keiner seiner Freunde unter den Musikern und Dichtern. Sie kannte ihn *fast* so gut wie Modest, wenn ihr auch etwas Grundsätzliches verborgen blieb und sie ihm deshalb diese erhabene, tiefe Liebe entgegenbringen konnte. »Das ist mein Schicksal«, dachte er in seinen klarsten Momenten, »da liegt der Kern meiner Kunst, meines Geheimnisses, meiner Individualität.« Und wieder versank er in krankhafter Apathie, er ahnte, daß weder die anderen noch er selbst noch die Gefühle ihm helfen konnten. Nicht einmal seine Musik. Allein der Tod konnte die Probleme seines Lebens lösen.

Am 27. August verließ er am späten Abend das Haus und machte sich auf den Weg nach Brailow.

Der Park war glanzvoll beleuchtet, das Feuerwerk prasselte und erhellte die Fassade des Hauses. Alle hielten sich draußen auf, es waren etwa dreißig Personen: Kinder, Gouvernanten, Erzieher, die Dienerschaft. Tschaikowsky stand hinter einem Busch am Ufer des Sees und konnte seine Augen von diesem Schauspiel nicht abwenden, obwohl er befürchtete, die beiden großen Hunde auf sich aufmerksam zu machen, die durch den Park jagten. Gesänge und Gespräche in russischer und französischer Sprache – vor allem Sonjas Stimme – drangen zu ihm herüber. Die Knallfrösche zerplatzten zu sprühenden Funken, die Kinder kreischten vor Vergnügen, aber sie durften ihnen nicht zu nahe kommen. Bengalische Feuer ließen den Garten rot erglühen, und plötzlich trat jemand aus diesem Licht hervor und ging dicht an ihm vorbei. Es war Frau von Meck; ihr schweres seidenes Kleid glitt rauschend durch die Allee.

Tschaikowsky schrak zusammen, aber er entfernte sich nicht. Der Lärm der Klappern und das Bellen der Hunde ließen ihn erschauern. Er stand in der Dunkelheit und beobachtete, wie sich der Feuerregen der Raketen, die in den Himmel aufstiegen, im Wasser des Sees spiegelte, wie die Silhouetten der Menschen sich hinter den Bäumen bewegten. Er war in Sorge, ein Diener könne ihn für einen Dieb halten. Die Luft wurde feucht, und hin und wieder fröstelte ihn.

Plötzlich hallte aus einem offenen Fenster der Walzer aus *Onegin* zu ihm herüber – im großen Saal tanzte die Jugend.

»Pjotr Iljitsch!« Aljoscha faßte ihn am Arm. »Was tun Sie hier? Morgen werden Sie krank sein. Wie können Sie nur so etwas tun?«

Er antwortete nicht.

»Ich suche Sie seit drei Stunden. Ich dachte schon, Sie wären in den See gefallen.«

Willig ließ Tschaikowsky sich fortführen ...

Aber war es nicht vielleicht doch eine Falle? Manchmal hatte er den Eindruck, als warte sie auf ihn, als suche sie insgeheim seine Nähe. Sie wohnte immer dort, wo er wohnte, und immer zur gleichen Zeit: Sie war ihm nach Paris gefolgt, wo die Entfernung zwischen ihren Wohnungen noch geringer war als in Florenz. Manchmal wurde der Abstand zwischen ihren Briefen größer, sie beklagte sich über ihre schlechte Gesundheit, sie legte ihm nahe, »sich nicht zu sehr zu ermüden«, ihr nur einmal in der Woche zu schreiben – als wollte sie ihn anregen, ihre Korrespondenz durch persönliche Begegnungen zu ersetzen. Der Ton ihrer Briefe war weniger zurückhaltend geworden; wenn sie sich zu Beginn ihres Briefwechsel hin und wieder zu heftigen Gefühlsausbrüchen hinreißen ließ, dann hatte sie sich umgehend dafür entschuldigt und ihr leidenschaftliches Temperament dafür verantwortlich gemacht. Jetzt schüttete sie ihm ihr Herz aus, während er im Gegenteil immer schroffer und distanzierter wurde.

Und dann dachte er, daß er vielleicht nicht seine Freiheit, sondern ihre materielle Unterstützung verlieren würde, was womöglich ein noch schlimmerer Schlag wäre. Modest, der Frau von Meck kürzlich auf der Straße gesehen hatte, schrieb ihm, sie sei »eine kleine Alte« geworden. Er befürchtete auch, daß sie eines Tages »die ganze Wahrheit« erfahren und ihm ihre Zuneigung entziehen, daß sie ihn davonjagen würde. Doch die Zweifel, die sie im Hinblick auf sein Privatleben hegte, waren von der Wahrheit weit entfernt: Sie, die intelligenteste aller Frauen, glaubte, er habe nur deshalb noch nie geliebt, weil ihm die Frau, die seiner Liebe würdig war, noch nicht begegnet sei, und sie hoffte, daß, solange sie diese verliebte Freundschaft unterhielt, er – so wie er war – keiner anderen Frau bedürfe.

»Die ganze vergangene Nacht träumte ich von Ihnen«, schrieb sie ihm jetzt. »Sie waren so gut. Mein Herz flog Ihnen entgegen . . .«

»Welches Glück, zu fühlen, daß Sie *bei mir* sind, que je vous possède. Wenn Sie nur wüßten, wie sehr ich Sie liebe. Es ist mehr als Liebe, es ist Anbetung, Vergötterung . . .«

Ihr von geschäftlichen und häuslichen Sorgen erfülltes Leben war von dieser heimlichen, unerfüllten Liebe durchdrungen, die nur in Briefen ihren Ausdruck fand und deren einzige Wirklichkeit darin bestand, daß sie in seiner Nähe lebte. Sie zählte die Tage bis zu dem Augenblick, in dem er zur gleichen Zeit wie sie in Neapel sein würde, in Paris, wo sie eine Wohnung für ihn gemietet hatte, in Moskau, wo er hin und wieder an ihrem Haus vorbeigehen würde. Sie alterte, sie beging Torheiten, und manchmal verstand sie selbst kaum, was in ihr vorging. An anderen Tagen wurden mütterliche Gefühle in ihr wach, und auch darunter litt sie.

»Ich möchte alles wissen, was Sie betrifft. Ich bedaure, Sie nicht schon in Ihrer Kindheit gekannt zu haben, ich wünschte, Sie wären in meiner Nähe herangewachsen.«

In ihrer Familie ahnte man dunkel von ihren Beziehungen zu Tschaikowsky, man hielt sie für eine unverbesserliche Mäzenin. Im übrigen traf das durchaus zu: Sie kam vielen Menschen zu Hilfe. In ihrem Haus lebten arme Musiker, Pianisten, Geiger, die ihr Studium am Konservatorium abgeschlossen hatten. Ihre Familie hatte große Hochachtung vor Tschaikowsky. Ihre jüngste Tochter Milotschka bedeckte sein Porträt mit Küssen; es stand immer auf dem Arbeitstisch ihrer Mutter und war im Sommer wie im Winter mit Maiglöckchen, Tschaikowskys Lieblingsblumen, geschmückt.

Auf dem Höhepunkt der Leidenschaft vermischte Frau von Meck ihre Liebe zu Tschaikowsky mit ihrer Verehrung für seine Musik:

»Mein lieber, mein angebeteter Freund! Ich schreibe Ihnen in einem solchen Rausch, in einer solchen Ekstase, daß meine Seele davon überfließt und meine Gesundheit darunter leidet, und doch möchte ich um nichts in der Welt diesen Zustand missen. Sie werden verstehen, warum. Vor zwei Tagen habe ich den vierhändigen Auszug *unserer* Symphonie erhalten, und das hat mich in diesen Zustand versetzt, der mir ›süß und schmerzlich zugleich ist‹. Ich spiele und kann mich nicht satt spielen, ich möchte sie immer wieder hören. Diese göttlichen Klänge ergreifen mein ganzes

Wesen, erregen meine Nerven, setzen mein Gehirn in Aufruhr. Die letzten beiden Nächte habe ich schlaflos in fieberhaftem Wahn verbracht. Ab fünf Uhr morgens tue ich kein Auge mehr zu, und kaum bin ich aufgestanden, habe ich nur den einen Gedanken: mich ans Klavier zu setzen und zu spielen, spielen, immer weiter zu spielen. Mein Gott, wie haben Sie die Not der Verzweiflung ausdrücken können und zugleich den Schimmer der Hoffnung, den Kummer, das Leid und alles, was ich selbst in meinem Leben empfunden habe; diese Musik ist mir teuer nicht nur, weil sie ein musikalisches Meisterwerk ist, sondern sie ist mir als Ausdruck meines Lebens, meiner Gefühle nahe und teuer. Pjotr Iljitsch, ich bin es wert, daß diese Symphonie die meine ist! Niemand kann sie so würdigen wie ich. Die Musiker werden sie mit ihrem Verstand beurteilen, ich aber höre, verstehe, fühle sie mit meinem ganzen Wesen. Wenn ich sterben müßte, nachdem ich sie gehört habe, würde ich sterben und sie dennoch weiterhören. Sie ahnen nicht, was ich in diesem Augenblick empfinde: Ich schreibe Ihnen und höre gleichzeitig die Klänge *unserer* göttlichen Symphonie!

... Können Sie die Eifersucht verstehen, die ich empfinde, obwohl wir uns niemals begegnet sind? Wissen Sie, daß ich eifersüchtig auf Sie bin, so wie eine Frau auf den Mann, den sie liebt, eifersüchtig sein kann? Wissen Sie, daß ich, als Sie heirateten, schrecklich gelitten habe? Es schien mir, als ob ein Stück von meinem Herzen weggerissen würde. Der Gedanke an Ihre nahen Beziehungen zu dieser Frau war mir schmerzlich und bitter. Er war mir unerträglich, und ich werde Ihnen sagen, wie abscheulich ich bin: Ich war froh, als ich erfuhr, daß Sie unglücklich mit ihr waren. Ich habe mir deswegen Vorwürfe gemacht, ich glaube, meine Gedanken gut vor Ihnen verborgen zu haben, aber ich konnte sie nicht vernichten: Der Mensch sucht sich seine Gefühle nicht aus. Ich habe diese Frau gehaßt, weil sie Sie nicht glücklich machte, doch hätte ich sie hundertmal mehr gehaßt, wenn Sie mit ihr glücklich gewesen wären. Mir schien, als hätte sie mir etwas genommen, das nur mir gehören könnte, auf das nur ich ein Anrecht hätte, denn *ich liebe Sie,* wie niemand Sie je lieben wird, ich schätze Sie höher als alles in der Welt. Wenn es Ihnen unangenehm ist, dies zu erfahren, so verzeihen Sie das unfreiwillige Bekenntnis. Ich habe mich hinreißen lassen: schuld daran ist die Symphonie. Doch müssen Sie wissen, daß ich kein vollkommener Mensch bin, wie Sie zu glauben scheinen. Das sollte unsere Beziehungen jedoch nicht im mindesten beeinflussen! Ich wünsche *keine* Veränderung, ich möchte sogar die Gewißheit haben, daß sich bis zu meinem Lebensende nichts ändern wird, daß *niemand...* aber ich habe kein Recht, Ihnen so etwas zu sagen. Verzeihen Sie, und vergessen Sie alles, was ich gesagt habe... Verzeihen Sie, und verstehen Sie, daß ich *jetzt* glücklich bin, wunschlos glücklich. «

Sie hoffte auf sein Kommen und fürchtete es zugleich, und so verwandte sie alle Kraft ihrer Liebe darauf, ihn in einiger Entfernung als ihren Gefangenen zu halten. Manchmal setzte sie sich in ihren Briefen mit der Liebe auseinander. Sie war der festen Überzeugung, daß die Ehe immer ein Unglück sei und »die intimen Beziehungen« das Ende der Liebe bedeuteten. Sie schrieb, daß andere das, was sie als Freundschaft bezeichne, vielleicht »Liebe« nannten, doch wolle sie ihre Gefühle nicht mit diesem Wort ausdrücken, denn darunter verstehe man im allgemeinen jenes dumme und von vornherein verdammte Gefühl, das man bei Jungverliebten antreffe, ein Gefühl, das sich von Rendezvous und Umarmungen nähre, also von allem, woran die Liebe zugrunde gehe. Weder im Leben noch auf der Bühne hätten Verliebte sie je zu rühren vermocht. Von allen Gefühlen erkenne sie nur das an, das sie Tschaikowsky entgegenbringe, und in diesem Gefühl, das sie beinahe den Verstand verlieren lasse, das von seiner Musik genährt werde, wolle sie auf ewig verharren, in einer unaussprechlichen, nahezu unerträglichen Glückseligkeit.

»Heute werde ich Ihre Werke spielen. Ich werde entzückt sein und ins Schwärmen geraten.«

Er war ihr für alles dankbar, und nach und nach gewöhnte er sich daran, nicht mehr um seine Unabhängigkeit zu zittern. Er wußte, daß sie ausschließlich aufgrund seiner Beziehung zu Frau von Meck möglich war, dank ihrer materiellen Unterstützung, die es ihm erlaubte, unabhängig zu sein. Das Konservatorium nahm ihn nicht mehr in Beschlag, die Abrechnungen mit Jürgenson erfolgten regelmäßig, für die Aufführungen seiner Werke erhielt er, was ihm zustand. Er lebte jetzt auf großem Fuße: Er komponierte, reiste, machte Schulden, kam nach Rußland, wenn es nötig war, versagte sich kein Vergnügen – raffinierte, immer kostspielige Vergnügen; er verwöhnte seine nicht sehr zahlreichen Angehörigen, die er auf seine unruhige, rührselige Weise liebte.

Der Kreis der Menschen, die ihm nahestanden, war der alte geblieben: seine Brüder, Aljoscha, die Familie Dawydow. Traurig und besorgt stellte er schmerzliche Veränderungen bei ihnen fest. Anatol war im Begriff zu heiraten. Modest, der seit mehreren Jahren bei den Konradis lebte, sah er fast nie; von Zeit zu Zeit tauchte er wie ein Schatten aus dem Nichts auf und verschwand wieder. Sascha, durch eine Lebererkrankung entkräftet, machte übermäßigen Gebrauch von Morphium und wurde süchtig – im Haus breitete sich eine bedrückende Atmosphäre aus. In Kamenka hatte sich vieles verändert, Dawydow hatte große Sorgen. Die jungen Mädchen träumten vom Heiraten, von Petersburg. Das Leben an der Seite ihrer Mutter hatte sie nervös, hysterisch und launisch gemacht; ihre Freier gefielen ihnen nicht; sie waren ständig krank, das Leben auf dem Land erdrückte sie, und Drogen übten eine starke Anziehung auf

sie aus. In diesem unerfreulichen Durcheinander wuchs Bob
heran; er war noch ein Kind, und es war schwierig, einen
tieferen Einfluß auf ihn auszuüben. Man konnte ihn nur von
weitem bewundern.

Bob machte wunderbare Fortschritte in der Musik; wer
weiß, vielleicht würde eines Tages ein großer Musiker aus
ihm? Er zeichnete sehr gut, er schrieb bemerkenswerte Verse. Die Spiele gleichaltriger Kinder und Raufereien waren
ihm ein Greuel. Er liebte Blumen, er besaß ein schönes Her-
barium und wollte Botaniker werden. Er wußte nicht, wem
er den Vorzug geben sollte, den Vögeln oder den Schmetter-
lingen: Für ihn war das Leben ein unaufhörliches Wunder.

Doch Tschaikowsky traf ein schrecklicher Schlag: Aljoscha sollte zum Militärdienst eingezogen werden.

Aljoscha war sehr jung bei ihm in den Dienst getreten.
Zuerst hatte er lesen und schreiben gelernt, dann, was sehr
schwer war, die Musik seines Herrn von anderer Musik zu
unterscheiden, und schließlich, Französisch zu sprechen. Er
war mehr als ein Diener, er war eine Amme, eine tröstende,
beruhigende Notwendigkeit; ohne ihn wurde alles Sichere
und Feste schwankend, alles Einfache kompliziert. Wer
Tschaikowsky wenig kannte, verwechselte seine Liebe zu
Bob mit der Liebe, die man Kindern entgegenbringt, so wie
seine Zuneigung zu Aljoscha als Beweis für seine Liebe zum
Volk angesehen wurde. In Wahrheit war es nicht eigentlich
das Volk, das er liebte, sondern vielmehr das Schlichte,
Gesunde und Fröhliche an ihm, das er bei jungen Männern
wie Wanja, dem Masseur Timoscha, bei Legoschin, dem
Diener eines seiner Freunde, und bei Egoruschka, dem kleinen Jungen aus Klin, fand. Bei Aljoscha kam noch eine rück-
haltlose Ergebenheit hinzu. Und jetzt würde er viele Monate lang ohne Aljoscha auskommen müssen!

Tschaikowsky ahnte, daß er, abgestumpft vom Kasernen-
leben, als ein anderer Mensch zurückkommen würde. Er

wußte, daß er allein bleiben würde, daß niemand ihn ersetzen könnte. Am Abend ihrer Trennung hatte er eine seiner schwersten Krisen; er schrie, wurde von Krämpfen geschüttelt, verlor das Bewußtsein. Monatelang konnte er sich über Aljoschas Abwesenheit nicht hinwegtrösten.

Er besuchte ihn in Moskau und unternahm zahlreiche Schritte, um ihn freizubekommen. Seine Briefe waren Ausdruck seiner Zärtlichkeit und Sehnsucht:

»Mein lieber kleiner Lonja! Heute morgen habe ich Deinen Brief erhalten, ich war traurig und glücklich, als ich ihn las. Glücklich, weil ich gern oft von dir höre, und traurig, weil es mir Salz auf die Wunden streut. Wenn Du sehen und fühlen könntest, wie ich mich langweile, wie ich leide, seit Du nicht mehr bei mir bist. Gestern sind wir in den Wald gegangen, und ein Gewitterregen hat uns durchnäßt. Als ich mein Zimmer betrat, um mich umzukleiden, mußte ich plötzlich daran denken, wie sehr ich mich immer freute, Dein liebes Gesicht zu sehen, wenn ich nach Hause kam. Ich mußte daran denken, wie Du mich wegen der nassen, verschmutzten Kleider immer gescholten hast, und es hat mich traurig gemacht, so traurig, daß ich wie ein Kind geweint habe. Ach, mein lieber kleiner Lonja! Wisse, selbst wenn Du hundert Jahre fern von mir bliebest, ich würde mich Deiner nie entwöhnen und auf den glücklichen Tag warten, an dem Du zu mir zurückkehrst. In jeder Stunde denke ich daran. Vorläufig, mein Freund, warte ich auf den September, und wenn meine Sehnsucht zu groß ist, komme ich nach Moskau... Alles ist mir verhaßt, weil Du, mein lieber kleiner Freund, nicht mehr bei mir bist.«

Aber seine Bemühungen waren vergeblich, Aljoscha war für eine ziemlich lange Zeit verloren. Jetzt mußte er sich in dem chaotischen Leben zwischen Hoteldirektoren, Wäscherinnen, Briefträgern und Schaffnern allein zurechtfinden.

Gesellschaftliche Verpflichtungen, seine Beziehungen zu

hochgestellten Persönlichkeiten und der Direktion der kaiserlichen Bühnen – alles kam zur selben Zeit: *Onegin* wurde in Moskau aufgeführt, *Die Jungfrau von Orleans* in Petersburg, Konzerte, bei denen sein *Italienisches Capriccio* rückhaltlosen Erfolg erntete und Nikolaj Rubinstein mit der *Grande Sonate* glänzte, die Aufführung seiner *Messe*! Er kam aus dem Frack nicht mehr heraus! Er mußte die Bekanntschaft von Großfürsten machen und den Damen der Gesellschaft Besuche abstatten. Um das Jahr 1880 begann sich vieles für ihn zu verändern. Seine zahlreichen Auslandsreisen hatten ihm ein gewisses Ansehen bei seinen Mitbürgern verschafft, seine Abkehr vom Moskauer und Petersburger Musikleben hatte Neugier geweckt. Mit Erleichterung erfuhr er, daß Antonina Iwanowna ein Abenteuer gehabt und ein Kind zur Welt gebracht hatte, das sie der Fürsorge überließ. Er stellte ihre finanziellen Forderungen zufrieden, so gut es ging, doch er war immer in Geldverlegenheiten, und die Summe, die er von Frau von Meck erhielt, war immer schon sechs Monate im voraus ausgegeben.

In dieser Zeit gewöhnte er sich eine gewisse Gemessenheit im Auftreten und einen »gefaßten Gesichtsausdruck« an, damit niemand seine »inneren« Regungen wahrnahm, sondern nur das, was er zu zeigen gewillt war. Wie konnte es auch anders sein! Wenn er bei den Proben zum *Onegin* erschien, erhob sich das Orchester, die Musiker applaudierten. Im Restaurant saß er stets zur Rechten von Nikolaj Grigorewitsch, und in Petersburg machte ihm Naprawnik kurze, trockene Komplimente – andere kannte er nicht. Wenn er den Petersburger Komponisten begegnete, war er nicht mehr der »Sechste im Bunde«, sondern ein geschätzter Fremder, der nicht um ihre Gunst buhlte und für sein korrektes, wenn auch etwas gezwungenes Auftreten lediglich ein wenig Höflichkeit von ihnen verlangte. In den drei Jahren, in denen er ganz Europa bereist hatte, war er in Rußland beinahe berühmt geworden. Von dem Tag, als seine *IV.Symphonie* in Moskau zum erstenmal aufgeführt wurde, bis zum Januar 1881 hatte sich der Ruhm immer schneller um seinen Namen gerankt. Der Ruhm, nach dem er sich so ehrgeizig gesehnt hatte, auf den zu warten er fast müde geworden war, von dem er sein ganzes Leben eifersüchtig geträumt hatte!

Von der Premiere von *Eugen Onegin* in Moskau eilte er zur Premiere der *Jungfrau von Orleans* in Petersburg. Wieder hatten die Couplets des Triquet großen Erfolg. »Man müßte die Oper *Triquet* nennen und nicht *Onegin*«, sagte Tschaikowsky im Scherz. Endlose Huldigungen, Stürme der Begeisterung: Er bekam alles, was für den Ruhm erforderlich war, aber es kostete ihn große Kraft. Hatte er sich womöglich getäuscht, als er behauptete, diese Oper sei für die Bühne nicht geeignet? Vielleicht würde es doch ein Dutzend Aufführungen geben? Aufgeregt wohnte er der Premiere der *Jungfrau von Orleans* bei, einem Werk, das er weniger spontan und weniger inspiriert komponiert hatte als den *Onegin,* wenn auch überlegter, entschlossener, berechnender. Der Saal erbebte, er wurde im Triumph davongetragen. Das Publikum stürmte die Bühne.

Laroche war in Paris, er war dick geworden und abgestumpft, und er lebte mit einer Frau »von lockeren Sitten«, wie man damals sagte. Doch Cui und ein Dutzend anderer Kritiker nahmen die beiden Opern mit weniger Spott und Boshaftigkeit auf als sonst. Seit einigen Jahren war es die Regel, daß die Kritik ihm einen »Achtungserfolg« einräumte, jedes neue Werk jedoch als schwächer bezeichnete als das vorangegangene, das seinerzeit schon kein besonderes Lob bekommen hatte. Doch das Publikum richtete sich nicht mehr nach den Kritikern, es urteilte unabhängig, manchmal blind und parteiisch und häufig unter dem Eindruck der ersten Begeisterung.

XII

Das war Paris!
Regen rann vom Verdeck der Droschken, die Pferde stampf-
ten über das Pflaster. Die Frauen rafften ihre Röcke hoch
und wateten durch die Pfützen. Schirme, überall Schirme
und Lichter. Aus einer Schänke drangen ein paar Klänge aus
Martha. Ein bärtiger Mann von zweifelhaftem Aussehen –
Zylinder, grellbunte Weste – verhieß den Passanten heimliche Freuden . . . Die Droschke verließ den Platz und bog in
eine breite Straße ein. Sie überholte einen Omnibus. Das
Châtelet! Hier hatte Colonne im vergangenen Jahr seine
IV. Symphonie dirigiert – und seinen weltweiten Ruhm
begründet! Frau von Meck hatte Colonne fürstlich ent-
lohnt, aber das behielt Tschaikowsky für sich.

Er hatte beschlossen, in einem Hotel in der Rue de Rivoli
abzusteigen. Es war ihm gleichgültig, wo er unterkam, er
würde nicht lange bleiben. Er hätte sich nie gedacht, daß er
nach Paris kommen mußte. Wie hätte er ahnen können, daß
der März 1881, den er eigentlich in Neapel hätte verbringen
wollen, so reich an Ereignissen sein würde? Am Abend des
3. März war ein Landsmann zu ihm gekommen:

»Der Zar ist ermordet worden!«

In aller Eile begaben sie sich zu den Großfürsten. Sergej
Alexandrowitsch war ziemlich gefaßt, während Pawel Alexandrowitsch einen Nervenzusammenbruch erlitten hatte
und am nächsten Morgen von stützenden Händen zum
Wagen geleitet werden mußte. Tschaikowsky war tagelang
niedergeschlagen. Die italienischen Zeitungen verkünde-
ten, in Rußland sei die Revolution ausgebrochen. Doch aus
der Heimat traf die *Neue Zeit* ein: Die Attentäter waren ver-
haftet worden.

Tschaikowsky verbrachte einige Zeit in Capri und in Sorrento. Es war wunderbar, er kannte auf der Welt nichts Herrlicheres als dieses Blau, diesen Frühling, diese Süße. Er spielte Bézigue, als ein Telegramm von Jürgenson eintraf: »Rubinstein ist nach Nizza abgereist, es geht ihm sehr schlecht.« Er empfand einen tiefen, echten Schmerz, anders als die Trauer über den Tod des »verehrten Monarchen«, die ein Spaziergang in Pompeji hätte vertreiben können. Noch am selben Tag brach er nach Nizza auf.

Dort blieb er zwei Tage. Niemand konnte ihm Genaueres sagen. Auf gut Glück telegraphierte er nach Paris ans Grand-Hôtel, wo Rubinstein gewöhnlich abstieg und wo man ihn gut kannte. Die Frau des Moskauer Bürgermeisters Tretjakow teilte ihm mit, daß er seit dem 5. März in Paris sei, daß er die Reise nicht fortsetzen könne, daß er im Sterben liege.

Der gute Freund, der Ältere, lag in Paris im Sterben, umgeben von Frauen, deren Idol er zeitlebens gewesen war. Mit unverzeihlichem Leichtsinn hatte man ihm geraten, Moskau zu verlassen; sein Zustand war hoffnungslos, als er in Paris eintraf.

Tschaikowsky scheute die Berührung mit dem Tod, und als ihm in einem zweiten Telegramm Rubinsteins Tod mitgeteilt wurde, weinte er lange und fürchtete, die Krise, die auf Aljoschas Abreise gefolgt war, könnte sich wiederholen. Er verließ Nizza an einem sonnigen Tag und erreichte Paris in einer kalten, regnerischen Nacht.

Er erfrischte sich kurz in seinem Hotelzimmer, warf einen zufriedenen Blick auf das große Bett – er liebte die französischen Betten –, dann ließ er sich von einer Droschke zum Grand-Hôtel fahren.

Die Straßen, die Oper, das Café de la Paix erinnerten ihn an seinen vorjährigen Besuch in Paris, als Frau von Meck ihm eine Wohnung gemietet und ihn mit Colonne bekannt gemacht hatte. Er erinnerte sich an das Café-Concert im

Ambassadeurs, wo er sich allein von den Abendgesellschaften bei Pauline Viardot erholte.

Er befürchtete, Rubinstein vom Tod entstellt zu sehen, er suchte sich zu beherrschen und schalt sich wegen seiner Feigheit. Er mochte sich nicht eingestehen, daß er sich vor Leichen, Gespenstern, Mäusen und Einbrechern fürchtete. Doch es ging alles gut – der Tote war schon am frühen Morgen in die russische Kirche in der Rue Daru überführt worden. Im Grand-Hôtel geleitete man ihn in das Appartement von Frau Tretjakowa. Sie stand mitten im Zimmer, in Schwarz gekleidet, das Gesicht von Tränen geschwollen und gerötet. Im Salon war die Luft stickig von Parfüms und dem Geruch des Petroleumofens. Tschaikowsky setzte sich und weinte, und sie weinte mit ihm. Er konnte keine Fragen stellen, und sie konnte ihm nichts antworten. Wortlos weinten sie und tranken hin und wieder ein Glas Wasser.

Vor etwa drei Monaten hatte Nikolaj Grigorewitsch, Moskaus erster Musiker und Mentor der Moskauer Musik, die ersten Anzeichen der Krankheit verspürt. Er magerte ab, klagte über Schmerzen im Darm und ermüdete sehr schnell; die russischen Ärzte trösteten ihn mehr, als daß sie ihn heilten, und als sie feststellten, daß sich der Zustand des Kranken nicht besserte und der nördliche Winter ihm seine letzten Kräfte raubte, rieten sie ihm, sich in Nizza in der frischen Luft zu erholen. Tretjakow begleitete ihn. Ende Februar verließen sie Moskau, um nach Paris zu fahren, wo Frau Tretjakowa sie erwartete, um mit ihnen nach Nizza weiterzureisen.

In der Nacht vom 1. zum 2. März erfuhren sie in dem Zug, der sie nach Wilna brachte, von der Ermordung Alexanders II. Tretjakow kehrte unverzüglich nach Moskau zurück. Nikolaj Grigorewitsch blieb mit seinem Diener allein. Im selben Abteil befand sich Monsieur Olivier, der in

Petersburg das berühmte Restaurant *L'Ermitage* eröffnet und durch seine *salade Olivier* Berühmtheit erlangt hatte. Er fuhr zu einem gastronomischen Kongreß in Berlin.

Ohne Olivier wäre Nikolaj Rubinstein nie in Berlin angekommen. Mit Hilfe des Dieners brachte Olivier ihn in einem Hotel Unter den Linden unter. Die Schmerzen wurden unerträglich, zwei Tage lang hörte man seine Schreie im ganzen Hotel. Zwei russische Damen, denen der Diener in Berlin begegnet war, beschlossen, daß die Reise fortgesetzt werden müsse. Vielleicht hatten sie recht damit. Am 5. März trafen sie in Paris ein, am Morgen des 6. wurde Potin gerufen.

Er war höflich, aber zurückhaltend, und äußerte wenig Schmeichelhaftes über die russischen Ärzte. Er vertrat die Ansicht, Rubinstein sei an einer Darmtuberkulose erkrankt, und bezeichnete seinen Zustand als hoffnungslos.

Nikolaj Grigorewitsch litt grausame Schmerzen; er lag in dem Hotelzimmer, in dem er bei jedem seiner Besuche in Paris wohnte. Doch jetzt stand dort statt des Flügels – ein großer Erard, der sonst immer einen Tag vor seiner Ankunft aufgestellt wurde – ein mit Medikamenten, Wärmflaschen und Kompressen überladener Tisch. Der Kranke stöhnte Tag und Nacht. Die drei russischen Damen – Frau Tretjakowa war hinzugekommen – kümmerten sich um ihn; zwei wachten an seinem Bett, während die dritte sich ausruhte. Wenn die Schmerzen eine oder zwei Stunden lang nachließen, bat er, daß man ihn wusch und mit Eau de Cologne erfrischte; er war von Frauen umgeben und wollte nicht ungepflegt aussehen.

Er machte Scherze, und einen Tag vor seinem Tod erzählte er Turgenjew von seiner baldigen Genesung. Er liebte das Leben, die Kunst, den Ruhm, er liebte mit starken, einfachen Gefühlen, ohne sich je viele Gedanken zu machen. Colonne kam mehrmals, um sich nach ihm zu erkundigen,

213

bei Pasdeloup machte man sich Sorgen um ihn, Massenet machte ihm seine Aufwartung. Doch außer Turgenjew wollte er niemanden sehen. Einen Tag vor seinem Tod interessierte er sich lebhaft für die Zeitungen, die voll von den Ereignissen des 1. März waren.

Am Morgen des 12. März nahm er ein paar Austern und zwei Löffel Speiseeis zu sich.

»Wie abgemagert meine Hände sind!« sagte er und breitete seine wunderschönen schmalen Finger auf der Bettdecke aus. »Ich werde nie mehr spielen können.«

Die Schmerzen hatten ihn entkräftet, und er konnte kaum sprechen, ein letzter Anfall quälte ihn. Der Durchbruch der Darmwände, den Potin befürchtet hatte, trat ein, und das Ende kam schnell. Um zwei Uhr verlor er das Bewußtsein. Nach stundenlangem Fieberwahn, endlosen Schmerzen und häufigem Erbrechen starb er langsam, ohne das Bewußtsein wiederzuerlangen. Frau Tretjakowa hielt seine Hand in der ihren.

In der Stille des Zimmers war nur der Atem des Sterbenden zu hören. Brandukow, ein junger Cellist – der Pariser Russe –, stand fassungslos in einer Ecke des Zimmers und ließ Rubinstein nicht aus den Augen. Der Atem des Kranken wurde immer schwerer. Er bewegte die Hand, seine Finger schienen einen letzten Akkord zu greifen ... Dann stellte Frau Tretjakowa fest, daß er nicht mehr atmete und seine Hand kalt und steif wurde. Brandukow weinte und wandte sich ab. Der Diener schickte Telegramme an Albrecht in Moskau, an Tschaikowsky in Nizza, an Anton Rubinstein in Spanien. Es war vier Uhr nachmittags.

Spät in der Nacht ging Tschaikowsky zu Fuß zu seinem Hotel zurück. Der gute Freund, der Ältere, der sich so oft herausgenommen hatte, ihm Lektionen zu erteilen und sich über ihn lustig zu machen, hatte ihm als Interpret seiner Musik auch zu Berühmtheit verholfen. Jetzt war er dahinge-

gangen: »Seht zu, wie ihr ohne mich fertig werdet!« Großer
Gott, wie öde würde Moskau jetzt ohne ihn sein! Erschöpft
schlief Tschaikowsky auf der Stelle ein, aber er wurde oft
wach. Der Gedanke, daß Rubinstein nicht mehr da war, nie
mehr dasein würde, nie wieder seine *Grande Sonate* spielen
würde, versetzte ihn in eine schreckliche Einsamkeit.

Niedergeschlagen und mit bangen Gefühlen wohnte er
am nächsten Morgen der Totenmesse bei.

In der Kirche in der Rue Daru hatten sich zahlreiche Menschen versammelt. Im Vorraum traf Tschaikowsky auf Lalo.
Die russische Gemeinde von Paris und die französischen
Musiker standen um den Bleisarg. Die Messe hatte bereits
begonnen, die Kerzen brannten.

Die Zeremonie war von Turgenjew festgelegt worden.
Frau Tretjakowa, auf den Arm des verstörten Brandukow
gestützt, war der Ohnmacht nahe. In der Menge befanden
sich Colonne, Pauline Viardot, Massenet und Angehörige
der russischen Botschaft. Tschaikowsky betete, er konnte es
nicht fassen, daß in diesem Sarg der Mann liegen sollte, der
so voller Leben, so stark, so fröhlich und begabt gewesen
war. Er versuchte, sich vorzustellen, daß auch er eines Tages
so vor den Menschen aufgebahrt in einer Kirche liegen würde. Er wollte sich nicht ablenken lassen. Er stand hoch auf-
gerichtet, mit gesenktem Kopf, und lauschte den Gebeten,
als ein Luftzug durch die Kirche wehte; er erschauerte und
trat einen Schritt zurück: Anton Grigorewitsch, völlig
außer Atem, war direkt vom Bahnhof herbeigeeilt und
schritt nach vorn, das Haar zerzaust, in schwarzem
Umhang und Hut, mit starrem Blick und verweinten
Augen. Die Menschen wichen zur Seite und ließen ihn an
die Bahre treten, dann schloß sich der Halbkreis wieder.

Zwei Tage später wurde der Sarg nach einer kurzen Ein-
segnung an der Gare du Nord in einen Kasten verladen und
in einem Güterwaggon nach Moskau gebracht. Tschaikow-

215

sky war mit Turgenjew, der die Formalitäten erledigt hatte, und ein paar Freunden bei der Abfahrt anwesend.

In Moskau waren die Straßen, durch die sich der Trauerzug bewegte, dicht von Menschen gesäumt. Schon am frühen Morgen waren die Laternen angezündet worden. Die Messe in der Universitätskirche dauerte von zehn Uhr bis halb zwei und wurde von einem Archimandriten und fünf Priestern gelesen (unter ihnen befand sich auch der, der Tschaikowsky getraut hatte). Einer der Priester verglich Rubinstein in seiner Ansprache mit König David. Der Generalgouverneur von Moskau, Anton Rubinstein, Napravnik und der Geiger Auer gingen neben dem Sarg. Und ganz Moskau folgte ihnen; der zweistündige Zug führte zum Danilowsk-Kloster: In der Kirche, dicht neben dem Altar, war das Grab ausgehoben worden. Sechs schwarzverhängte Pferde zogen den Katafalk, der ohne Baldachin war.

Der Zug schritt voran, und die Menschen erinnerten sich daran, daß Rubinstein eines Tages nach einem Konzert vor Erschöpfung in Ohnmacht gefallen war, daß er Unsummen beim Roulett verspielt hatte, daß ihm beim Spielen der Schweiß von der Stirn rann und daß er immer Angst gehabt hatte, sich zu erkälten. Und auch daran, daß der Bankier Mark ihm im Jahre 1863 als Geschenk ein Portefeuille mit seinen Schuldscheinen überreicht hatte ... Sie erzählten einander, daß er nicht älter als siebenundvierzig geworden sei und daß sein Bruder sicherlich noch sehr lange leben würde ... Einige meinten, Anton Rubinstein habe der Tod seines Bruders nicht besonders getroffen, er gebe sich nicht einmal die Mühe, ein trauriges Gesicht zu machen. Einige behaupteten sogar, daß ihm der Tod des Bruders, den er stets beneidet hätte, ganz gelegen käme ...

Zum Andenken an *Die Jungfrau von Orleans,* die Tschaikowsky 1880 in Brailow komponiert hatte, und als Gegengabe für *Souvenirs d'un lieu cher* hatte Frau von Meck ihm eine Emailuhr geschenkt. Zwei Jahre später wurde Brailow verkauft. Die Uhr blieb – nicht nur als Erinnerung an die Oper, nicht nur als Zeugnis jener in Brailow verlebten wunderbaren Wochen, sondern als Unterpfand einer tiefen Freundschaft und einzigartigen geistigen Verbindung.

Die in Paris bestellte Uhr hatte zehntausend Franc gekostet. Die beiden Deckel waren aus schwarzem Email und mit goldenen Sternen verziert. Auf der einen Seite war Jeanne d'Arc hoch zu Roß und auf der anderen Apollo mit zwei Musen abgebildet. Lange hielt Tschaikowsky diesen kostbaren Gegenstand in den Händen. Er hatte hohe Schulden, aber er wagte nicht, die Uhr zu verkaufen oder zu versetzen.

»Sie hätte mir besser Geld gegeben!« sagte er sich, als er sie in seine Tasche schob, und schämte sich bei diesem Gedanken ein wenig. Wo blieb das Geld? Er wußte es selbst nicht. Frau von Meck ließ ihm eine Jahresrente von achtzehntausend Rubel auszahlen zuzüglich der Summen, die sie ihm unter verschiedenen Vorwänden – dringende Reisen, Familienangelegenheiten, Druck seiner Werke – zukommen ließ und die er niemals zurückwies. Mit diesem Geld und den Tantiemen für seine Musik hätte er in Rußland und im Ausland sorglos leben können. Aber er kam nie damit aus und machte immer wieder neue Schulden. Manche Erinnerungen beschämten ihn: 1880 hatte er heimlich, damit Frau von Meck nichts davon erfuhr, einen Mäzen gesucht, der seine Schulden bezahlte – vergeblich. Ein Jahr darauf wandte er sich mit einem Bittgesuch um dreitausend Rubel an Zar Alexander II. Schon damals war er bei dem Großfürsten Konstantin Nikolajewitsch eingeführt und mit dessen Sohn, dem Großfürsten Konstantin Konstantinowitsch, in freundschaftliche Beziehungen getreten. Der Kanzler gab seinem Gesuch statt und bewilligte ihm die dreitausend Rubel. Niemand hatte je davon erfahren.

Wie war es möglich, daß diese »faden, gräßlichen, uninteressanten« Plätze – die Empfangsräume der Großfürsten, die Theaterlogen der Zarenfamilie und sogar das Palais in Gatschino, wo er dem Zaren vorgestellt wurde – ihm jetzt »sympathisch« und sogar »hübsch« erschienen? Es lag wohl auch an Großfürst Konstantin, dessen Gedichte Tschaikowsky zu zahlreichen Liedern vertont hatte, von denen zwölf der Zarin gewidmet waren. In Rom, in Paris und in Petersburg führte Tschaikowsky wochenlang ein mondänes, kostspieliges Leben, vor dem ihm wenige Jahre zuvor noch gegraut hatte.

Wenn Frau von Meck die Briefe gelesen hätte, die er an Jürgenson schrieb, um hundert Rubel zu bekommen! Wenn sie erfahren hätte, daß Madame Hubert für einen Wechsel gebürgt hatte! Nie reichte sein Geld. Er reiste wie ein großer Herr, er hatte keinen festen Wohnsitz. Zweimal im Jahr durchlief er diesen Kreis: Petersburg, Berlin, Paris, Italien, Kamenka, Moskau. Er stieg bei den Konradis ab, bei Schilowsky, bei Anatol, der soeben die schöne Paulina Konschina geheiratet hatte, oder besuchte das Gut, das Frau von Meck nach dem Verkauf von Brailow erworben hatte, wo ihn wie immer Luxus, Freiheit und Einsamkeit erwarteten.

Zweimal im Jahr reiste er durch Europa. In Paris träumte er von Kamenka. In Moskau von Pleschtschejewo. Aus Italien floh er nach Berlin, aus Petersburg nach Kiew. Er war allein, nervös und häufig krank, doch daran hatte er sich gewöhnt. Er war großzügig mit Trinkgeldern, und er wurde mit Bücklingen begrüßt und verabschiedet. Der moderne Komfort kam auf, und Tschaikowsky liebte den Telegraphen, das elektrische Licht, die weichgefederten Equipagen, die Schlafwagen. Er wirkte gepflegt und war immer tadellos gekleidet. Im Umgang mit Frauen war er zuvorkommend und liebenswürdig, doch ohne zu übertreiben, Männern gegenüber von ausgesprochener Höflichkeit. Nirgends war er zu Hause, überall fühlte er sich als Gast, und das gab ihm das Gebaren eines Touristen, eines ständigen Reisenden, eines angenehmen, wenn auch etwas zeremoniellen Menschen. Es gab Orte, die ihm gefielen und an denen er sich wohl fühlte. Er mochte das Haus von Anatol, der jetzt Staatsanwalt in Moskau war. In Paris hatte er sich im Hotel Richepanse so behaglich gefühlt, daß er sechs Monate geblieben war. Und da war Kamenka, das mit jedem Jahr trübseliger wurde. Die Zeiten der Feste waren vorüber, Sascha ging es sehr schlecht, Vera hatte geheiratet, Anna war mit einem Sohn Frau von Mecks verlobt. Die Söhne studierten in Petersburg.

Tschaikowsky nahm jetzt seine Bücher mit auf Reisen: Er hatte bestimmte Vorlieben, er schätzte Musset und verabscheute Zola. Er las *Die Bekenntnisse* von Jean-Jacques Rousseau – für ihn das erschütterndste Buch, das für Menschen wie ihn geschrieben worden war –, und er hielt es versteckt, damit niemand es in seinen Händen sah.

Die Reisen nach Moskau hatten nur noch geschäftlichen Charakter. Nach Rubinsteins Tod hatte man ihm die Leitung des Konservatoriums angeboten, er lehnte jedoch ab. Im Konservatorium herrschte ein unbeschreibliches Chaos. Der einzig denkbare Nachfolger Rubinsteins war Sergej Tanejew, der noch keine dreißig Jahre alt war und sich ungeachtet seiner vielen Qualitäten selbst noch als Schüler betrachtete. »Sergej, Sie sind Professor!« redete Tschaikowsky ihm zu. Doch Sergej nahm nichts ernst, nicht einmal seinen herrlichen Bart, den er an einem Sommertag abrasieren ließ, weil er »es leid war, für eine Malerin, die sein Porträt begonnen hatte, Modell zu sitzen«. Seine Augen funkelten, und wenn er lächelte, sah es aus, als hätte er drei Lippen: dann war seine Oberlippe der Länge nach gespalten.

Ja, Sergej war zu jung, um die Oberherrschaft über die Herren Professoren zu haben, von denen einige seit der

Gründung des Konservatoriums tätig waren. Er war jung, doch war er der einzige, mit dem Tschaikowsky über Musik sprechen konnte. Trotz seiner Jugend war Tanejew weder hitzig noch ungestüm, sondern geduldig, er wußte vieles auf seine vernünftige Art zu schätzen, er hatte einen »klassischen«, »akademischen« Geschmack, und Tschaikowsky vergaß oft den Altersunterschied, der sie trennte. Er hielt nicht vor ihm verborgen, was er von ihm als Komponisten dachte: »Nur was geschaffen ist, kann mitreißen«, schrieb er ihm. »Sie dagegen konstruieren, wie Sie selbst zugeben.« Doch wenn theoretische Fragen erörtert werden mußten – zum Beispiel: können Flöten in beschleunigtem Tempo zweiundzwanzig Triolentakte hintereinander durchhalten? –, dann war Tanejew ein unfehlbarer Richter, und Tschaikowsky beugte sich seinem Urteil. Manchmal sprachen sie über die zeitgenössische Musik. Tanejew räumte den Deutschen den ersten Platz ein, Tschaikowsky war in die französische Musik »verliebt«. Er erklärte, daß »unsere Epoche sich durch das Streben nicht nach dem Grandiosen und Erhabenen, sondern nach dem Reizvollen und Sanften auszeichnet. Früher haben die Komponisten geschaffen, heute konstruieren sie und erfinden allerlei geschmackvolle Kombinationen. Mendelssohn, Glinka, Chopin, Meyerbeer – und auch Berlioz – markieren den Übergang zu dieser geschmackvollen Musik, die keine gute Musik ist. Heute wird nur noch Geschmackvolles komponiert.«

Oft regte er sich über Tanejews Vorhaben auf. Tanejew wollte mit Hilfe einer mühseligen kontrapunktischen Arbeit eine eigene russische Harmonielehre schaffen, die es bisher nicht gab. Während der Arbeit an seiner *Messe* diskutierte Tschaikowsky häufig mit Tanejew über die Besonderheiten der orthodoxen religiösen Gesänge, wobei er sich »riesig langweilte«. Zuweilen versuchte er, Sergejs starre Prinzipien ins Wanken zu bringen; sie erschreckten ihn dermaßen, daß er ihm niemals von seinem Privatleben und seiner Beziehung zu Frau von Meck erzählt hatte, überzeugt, sein Freund würde kein Verständnis dafür aufbringen.

Hubert, »das Bärtchen« genannt, war kurze Zeit Direktor des Konservatoriums, doch bald trat ein Direktionsrat an seine Stelle bis zu dem Tag, an dem Sergej, jetzt »erwachsen« geworden, Rubinsteins Thron einnahm.

Auch in Petersburg war keineswegs alles in bester Ordnung. Mussorgski war gestorben. Balakirew, aus seinen religiösen Höhen wieder zur Musik herabgestiegen, war nicht mehr derselbe wie früher: Verbittert, parteiisch, aufgebläht vor Eigenliebe, warf er Borodin vor, er komponiere zuwenig und habe seine Hoffnungen enttäuscht. Rimski-Korsakow machte er den Vorwurf, er komponiere zuviel und dränge sich in Petersburg zu sehr in den Vordergrund. Er konnte die Schließung seiner »Freien Schule für Musik« nicht verwinden und fürchtete sich dermaßen vor dem Urteil anderer, daß er seine Oper *Tamara,* an der er seit fünfzehn Jahren arbeitete, nicht zu vollenden vermochte. Cui erzählte allen, die es hören wollten, von seinen Erfolgen im Ausland, doch in Rußland fand er nur wenig Anklang.

Balakirew lud Tschaikowsky zu sich ein und hielt ihn wie immer über das Musikleben auf dem laufenden. Ihre Beziehungen waren nicht mehr so ungezwungen wie früher. Er berichtete ihm, die Petersburger Musiker der »Gruppe der Fünf« hätten die Bekanntschaft der Gräfin Mercy d'Argenteau gemacht, die für Cui und Borodin eine Konzerttournee durch ganz Europa veranstaltet habe. Eine Verehrerin russischer Musik: »Aber nicht der Ihren! Ihre Musik nennt sie ›schick‹.« Er erzählte ihm von einem neuen Komponisten, der fast noch ein Kind sei, dem jungen Alexander Glasunow, und davon, daß der unermeßlich reiche Belaieff einen Preis für symphonische Musik gestiftet habe... Und einmal mehr lobte er ihn für den *Sturm,* für *Francesca,* doch über

Onegin sagte er kein Wort. Kurz vor Tschaikowskys Abreise schlug er ihm ein neues Thema vor, *Manfred,* das er Berlioz schon 1868 angetragen hatte. So wie es seine Art war, skizzierte Balakirew bereits den Aufbau der künftigen Symphonie. Und Tschaikowsky dürfe um keinen Preis davon abweichen, sonst solle ihn der Teufel holen! Und er gab ihm für diese Symphonie weitere Anweisungen:

»Für die Teile I und IV:
Francesca da Rimini von Tschaikowsky.
Hamlet von Liszt.
Das Finale von *Harold* von Berlioz.
Die *Préludes in e-Moll, es-Moll, cis-Moll (op. 25)* von Chopin.
Für das Larghetto:
Das Adagio aus der *Symphonie fantastique* von Berlioz.
Für das Scherzo:
Fee Mab von Berlioz.
Scherzo in h-Moll und *III. Symphonie* von Tschaikowsky.«

Manfred komponieren? Vorher mußte er noch vieles andere beenden, als erstes seine Oper *Mazeppa.* In der roten Mappe, in der er seit Jahren die Librettos aufbewahrte, hatte er nichts Passendes für eine neue Oper gefunden; beim Wiederlesen Puschkins – von dem er nicht loskam – hatte eine Szene in *Poltawa* seine Aufmerksamkeit gefunden, und er hatte sie vertont. Er konnte sich nicht gleich entschließen, doch irgend jemand hatte ihm das Libretto für *Poltawa* geschickt, und er machte sich an die Arbeit, wenn auch weniger fieberhaft als sonst – und ohne sich ganz hinzugeben. Gleichzeitig arbeitete er an seiner *Messe,* an seinem *Violinkonzert,* an dem *Trio* zum Gedächtnis Rubinsteins, an der *Zweiten* und *Dritten Suite für Orchester.* Außerdem hatte er ein paar Auftragsarbeiten in Angriff genommen, die er nicht hatte ablehnen können. Sein Vertrauen auf den Erfolg von *Mazeppa* war nicht besonders groß, aber er hoffte, daß die Liebesszenen die Oper retten würden.

Er komponierte fast immer ohne Klavier. In jenem Sommer, den er in Kamenka verlebte, brachte die ständige Anwesenheit Bobs Verwirrung und Unruhe in sein Leben. Tagelang folgte er ihm auf Schritt und Tritt, er spielte mit ihm »Riesenschritte«, ging auf Stelzen und kletterte auf die Dächer. »Sein unvorstellbarer Charme wird mir noch den Verstand rauben«, schrieb er in sein Tagebuch. Mit Bob spielte er vierhändig Klavier, er baute ein Puppentheater und setzte sich an den Flügel, sobald der Junge und seine Schwestern tanzen wollten. Bob war jetzt ein Jüngling, und Tschaikowsky schmerzte es jedesmal mehr, wenn er sich von ihm trennen mußte. Vom frühen Morgen, wenn er seinen Spaziergang machte, bis zum Abend, wenn er mit den anderen Karten spielte, waren seine Gedanken, seine Arbeit und alles, was sein Leben ausmachte, von dieser Vergötterung Bobs erfüllt. Er versuchte, sein Entzücken zu verbergen, und nur Aljoscha wußte davon. Aljoscha war nach seinem Militärdienst zu ihm zurückgekehrt, und seine Gegenwart war ihm eine Freude.

Er war neuerdings so vernarrt in das Wint-Kartenspiel, daß er keine Stunde mit Freunden verbringen konnte, ohne eine Partie zu beginnen. In Moskau und in Kamenka wurde es ihm zu einer Notwendigkeit – ob zu Besuch oder bei sich zu Hause, stets setzte er sich nach dem Abendessen mit zwei oder drei Freunden an den Spieltisch. In der möblierten Wohnung, die er für ein paar Monate gemietet hatte, gab er improvisierte Abendgesellschaften. Wenn Madame Hubert am Morgen ein Billett erhielt, wußte sie, was sie bestellen mußte. In seinem Keller hatte er immer ein Faß Krimwein. Vergeblich wartete Tanejew auf den Augenblick, in dem er über ernste Dinge sprechen konnte, auf dieses Vergnügen mußte er regelmäßig verzichten: Tschaikowsky legte die

Karten nicht aus der Hand. Das Wint-Spiel bereitete ihm ein aufreizendes, enervierendes Vergnügen. Wenn ihn das Glück verfolgte, setzte er alles daran, um zu verlieren, damit die anderen nicht zahlen mußten; wenn er verlor, wurde er wütend. »Das Wint-Spiel ruiniert mich«, sagte er, doch es lenkte ihn ab von dem ständigen Zwang, den er sich auferlegte. Der Unwille, den er Menschen und Dingen gegenüber empfand, richtete sich gegen ihn selbst.

Manchmal packte ihn der Zorn in seinen schöpferischen Momenten. Dann sagte er sich, daß »das Leben unwiderbringlich vorüber« sei, daß er nichts Vollkommenes hinterlassen würde. »Aus freiem Antrieb schaffen, so wie der Vogel singt, kann ich schon jetzt nicht mehr, und um etwas Neues zu entdecken… leider habe ich das Pulver nicht erfunden!« Es folgten Tage tiefer Depression und qualvoller Untätigkeit, und er fürchtete sie, denn dieser Müßiggang war die Quelle seiner wilden, krankhaften, unbefriedigten Sehnsüchte. »Was für ein Ungeheuer ich doch bin! Gott möge mir meine sündigen Gefühle verzeihen!« schrieb er in sein Tagebuch.

Was er früher als seine Angstzustände bezeichnete, wurde jetzt zu einer unaufhörlichen Verzweiflung, einem endlosen Grauen. Aljoscha war diese Veränderung schon bei seiner Rückkehr aufgefallen. Früher war alles leicht gewesen: Er konnte sich entziehen, er konnte Moskau, Antonina Iwanowna, den Menschen und unliebsamen Verpflichtungen entfliehen. Jetzt gab es für das Gefühl der Vernichtung keinerlei vernünftigen Grund, und es konnte mit nichts bekämpft werden. Weder mit Wein, den er fürchtete, weil er seiner Gesundheit schadete, noch mit einer Veränderung seiner Lebensart, weil er sich selbst nicht entkam, noch mit seiner Kunst – denn dieses Grauen, diese Verzweiflung flossen in seine Musik, in sein Werk, so sehr waren sie Teil seiner selbst geworden.

Er mißgönnte niemandem etwas, doch die, die an Gott glaubten und auf ein ewiges Leben hofften, schienen ihm beneidenswert. Dieser Gedanke war ihm mit dem Alter gekommen, und der Tod weckte in ihm nicht mehr Furcht wie an dem Tag, als er sich in der Moskwa ertränken wollte, sondern Abscheu, ein Grauen vor dem Unbekannten, dem Unerklärlichen – vielleicht Schrecklichen. Er konnte das Ende nicht heiter und gelassen abwarten, er konnte nicht naiv an das Glück des Paradieses glauben. So wie das Leben für ihn der Weg zu Einsamkeit und Verzweiflung war, so wurde der Tod immer mehr der Abgrund dieser Einsamkeit und Verzweiflung, in den eine Hand ihn kaltblütig und unerwartet hinabstoßen würde. Gott? Dessen war er nicht sicher. Er wußte nicht, wie er ihn suchen sollte. Ihn finden? Bei diesem Gedanken graute ihm.

Und langsam wurde die alte Sehnsucht wieder in ihm wach, der frühe Traum, den er in seiner Jugend gehegt hatte – schon damals des Lebens überdrüssig: die Sehnsucht nach einem eigenen Heim, einem zurückgezogenen Leben, einem einsamen, sicheren Hafen. Ein von Bäumen umstandenes Haus kaufen oder mieten! Am Abend das Feuer in einem großen Kamin anzünden – ein friedliches, behagliches Leben, banal und wohltuend. Vielleicht mit Nachbarn, die Karten spielten, »Wint« natürlich, die, auch wenn sie nicht spielten, sympathisch wären! Irgendwo zwischen Moskau und Petersburg würde er ein behagliches Haus in einer stillen Umgebung mieten. Und es würde sein Haus sein, sein Schlupfwinkel!

Ein sonderbarer Zufall wollte es, daß ihn das Schicksal immer wieder mit Klin verband: Aljoscha stammte aus Klin, Antonina Iwanowna besaß dort ein Stück Land. Und dorthin führte ihn seine Suche. Ein halbes Jahr lang mietete er ein Haus auf dem Land, dann fand er ein anderes, großes behagliches Haus am Stadtrand mit tiefen Fenstern, die auf

einen Garten voller Blumen hinausgingen, und einer großen Veranda. Er liebte diese schon nördliche Natur fast so
wie Italien. Am Ende des Gartens plätscherte ein helles
Flüßchen zwischen flachen Ufern. In der Ferne sumpfige
Wiesen, ein Birkenwäldchen, ein Kirchturm.

Der alte, stark verstimmte Flügel wurde herbeigeschafft,
doch Tschaikowsky erlaubte niemandem, ihn zu berühren.
Er kaufte eine alte englische Pendeluhr, die nicht funktio-
nierte, und eine Fülle nützlicher und unnützer Gegenstände.
Aljoscha richtete das Haus ein, hängte Gardinen auf, stellte
die Bücher in die Regale und befestigte Photographien an
den Wänden. Tschaikowsky freute sich, »seine« Tischtü-
cher, »seinen« Koch, »seine« Hofhunde zu besitzen. Ein
Zimmer war für Bob bereit, falls er eines Tages zu Besuch
kommen wollte.

Tschaikowsky siedelte in das Haus über. Es lag zwei Kilometer von der Bahnhofsstation entfernt, und die Reise nach
Moskau dauerte zweieinhalb Stunden.

Er fuhr oft nach Moskau. Er war jetzt einer der Direkto-
ren der Russischen Musikgesellschaft und hatte Tanejews
Kandidatur für die Leitung des Konservatoriums unter-
stützt. Er las die Korrekturen von *Manfred* und bereitete *Die
Zauberin* für das Große Theater vor. In Moskau veranstalte-
te Anton Rubinstein seine »historischen Konzerte«, die im
russischen Musikleben Epoche machen sollten. Anton Grigorewitsch hatte sich nicht verändert: Er spielte immer
noch wunderbar und hatte glänzende Erfolge. Wenn ihn
sein Gedächtnis im Stich ließ, improvisierte er.

Wenn Tschaikowsky aus Moskau in sein Haus zurückkehrte, fand er ein ausgeglichenes, wohlgeordnetes Leben
vor, wie er es nie zuvor gekannt hatte. Er brauchte nichts zu
erklären – Aljoscha verstand alles, las ihm die Wünsche von
den Augen ab. Dafür prüfte Tschaikowsky die Rechnungen
nun nicht mehr allzu genau: Ohne zu protestieren, bezahlte

er einmal in der Woche sehr große Summen. Er wachte früh auf, rauchte im Bett, trank seinen Tee im Eßzimmer und etwas später, ein zweites Mal, in seinem Arbeitszimmer. Er arbeitete an seiner *Zauberin*. Täglich schrieb er ein Dutzend Briefe. Nach dem Mittagessen brach er zu einem zweistündigen Spaziergang auf, den er für unerläßlich hielt und auf den er auch dann nicht verzichtete, wenn er Gäste hatte. Wenn er zurückkam, setzte er sich an den Flügel, und seine Hände flogen über die Tasten: Er verlieh den Gedanken Ausdruck, die ihm bei seinem Spaziergang über Wiesen und Wege gekommen waren. Wenn ihn nervöse Erregung und dunkle Sehnsüchte überkamen, ging er nach Klin zu der Stunde, wenn die Schule beendet war und die Jungen aus den benachbarten Dörfern mit ihren Büchern unter dem Arm nach Hause rannten. Er galt als ein sehr großzügiger Herr: Er schenkte ihnen Bonbons, teilte Kopeken aus. Dies war ihm eine heimliche Freude, und es besänftigte ihn, vor allem, wenn er Egoruschka begegnete – und am Abend bat er Gott in seinem Tagebuch um Vergebung. Daheim erwarteten ihn Zeitungen, Journale, Bücher und manchmal ein paar Freunde, die aus Moskau zu Besuch gekommen waren. Man spielte vierhändig Klavier. Wenn er allein war, legte er oft Patiencen.

Sein Leben folgte einem bestimmten Rhythmus, den er bis zu seinem Tod beibehalten konnte; an der Schwelle des Alters hatte er sein Nomadenleben freiwillig aufgegeben. In seinem tiefsten Innern hatte sich nichts geändert – weder seine Qual noch seine unstillbare Sehnsucht –, doch jene langjährige schmerzliche Rastlosigkeit hatte er besiegt.

Frau von Meck schrieb ihm, sie sei glücklich, weil er glücklich sei. Sie freue sich, daß er »im stillen Hafen angekommen« sei. Sie hatte verstanden, daß er in jenem Jahr ohne sie, ohne ihr Zutun, aber dank ihrer Mittel seßhaft geworden war – vielleicht für immer.

XIII

Unter seinen Werken gab es eines, das er seit über zehn Jahren liebte, an das er nicht ohne Rührung denken konnte: die Oper *Wakula der Schmied*. Mit ihr mußte etwas geschehen, er wollte sie wieder hervorholen, sie umschreiben, korrigieren, von den gröbsten Fehlern und auffälligsten Effekten befreien und schwülstige Harmonien ausmerzen. Allzu sinnliche Einzelheiten mußten vereinfacht und geopfert, das wirklich schlechte Libretto neu bearbeitet werden. Seine unerklärliche Liebe zu *Wakula* brachte ihn dazu, aus seinem *Opus 14* ein wahres, schönes Werk zu machen.

In letzter Zeit hatte er mit Frau von Meck über Kammermusik und Opern diskutiert, die sie nicht mochte. Tschaikowsky behauptete, nur Opern ermöglichten es einem Musiker, ein breites Publikum zu erreichen. Frau von Meck liebte Quartette und Trios, er verabscheute Trios, die er als Kakophonie, als barbarische Musik bezeichnete. Und obwohl sie ihn bat, ein Trio für sie zu komponieren, konnte er sich nie dazu entschließen. Zufällig hatte er einmal eines zum Gedenken an Nikolaj Rubinstein komponiert – Gott mochte wissen, wie es dazu gekommen war!

Er vermutete, daß Frau von Mecks Vorliebe für Kammermusik aus ihrem Drang nach Einsamkeit erwuchs, sogar Tschaikowskys Sextett hörte sie sich zu Hause an. Sie ging immer weniger aus und fast nie mehr ins Theater. Ihn dagegen faszinierten die Pracht der Inszenierungen, der dichtbesetzte Saal im Marinski-Theater, das Spiel der Darsteller, die majestätische Erscheinung und die wunderbare Stimme einer Pawlowska oder Klimentowa, die Unsummen, die für Bühnenbilder und Kostüme ausgegeben wurden. Der Zar in seiner Loge, die unzähligen Vorhänge, der Erfolg . . .

Er dachte an die ersten Aufführungen von *Wakula:* Die Einnahmen waren gut gewesen, doch dem Publikum fehlte die Begeisterung. Später hatte er mit *Eugen Onegin* und der *Jungfrau von Orleans* den Erfolg kennengelernt; es war noch keine rauschende Begeisterung, aber doch ein echter Erfolg gewesen. Und aus *Wakula* wollte er etwas Außerordentliches machen.

»*Die Nacht vor dem Christfest? Die Schuhe der Zarin?*«

Er dachte lange nach, bevor er sich an die Arbeit machte. Es gab darin so viele szenische Effekte, wunderbare, herrliche Effekte – zu viele vielleicht?

Im November 1884 legte er in Paris die wichtigsten Änderungen fest, und im Februar des darauffolgenden Jahres begann er in Maidanowo, dem kleinen Ort, wo er sich inzwischen eingelebt hatte, mit der wirklichen Arbeit. Er nahm dem Werk die Schwere und überarbeitete die Instrumentierung.

»*Die Schuhe der Zarin? Tscherewitschki?*«

Im März war alles bereit. Er konnte stundenlang ohne Unterbrechung arbeiten. Er aß, trank und schlief viel. Die Tage schienen länger, man hätte meinen können, die Zeit verdoppele, verdreifache sich . . . Seine physischen und geistigen Kräfte nahmen zu. Er arbeitete nicht nur, sondern ging auch spazieren, schrieb Briefe, hatte sein heimliches Leben, bekam Besuche von Modest, Tanejew und Laroche, hatte seine Auseinandersetzungen mit Aljoscha und vieles andere mehr! Auch wurde ihm bewußt, daß das tiefe gegenseitige Verständnis, das ihn mit Frau von Meck verband, abzuklingen begann; er wußte, daß sie ihm nicht mehr so unentbehrlich war wie früher. Aber er wollte es sich noch nicht eingestehen.

Er erlebte jetzt eine Zeit des Ruhms: Die Menschen kamen auf ihn zu, er mußte nicht mehr um sie werben. Moskau nahm *Tscherewitschki* sofort zur Aufführung an, und im

Herbst machte man ihm das Angebot, seine Oper selbst zu dirigieren.

»Dirigieren? Ich? Mir wird der Kopf vom Hals fallen! Er blieb ja kaum auf meinen Schultern, als ich vor zwanzig Jahren zu dirigieren versuchte, und Gott weiß, wie es ausgegangen ist! Mit der linken Hand stützte ich meinen Kopf ab, und trotzdem hing er immer noch schief. Und mit der Rechten fuchtelte ich und schwang sie so lange hin und her, bis sie mir abstarb. Ich und dirigieren? Auf keinen Fall diese bezaubernde Oper mit einem so hübschen Libretto! Nein, ergebensten Dank!«

Doch Tanejew gelang es, ihn zu überreden. Und obwohl Frau von Meck ihm schrieb, er solle lieber nicht dirigieren, er hätte nichts davon bis auf die Anstrengung, es werde ihn nur vom Komponieren abhalten, hörte er auf Tanejew. Er vergaß alles, was er je gesagt hatte über sein Unvermögen, das Orchester zu leiten, über seine linke und seine rechte Hand, über seinen wackelnden Kopf, und erklärte plötzlich bedächtig und gewichtig:

»Ja, ich werde *Tscherewitschki* im nächsten Januar im Großen Theater dirigieren. Ja, ich habe meine Einwilligung gegeben!«

Dann begannen die Proben. Er war zufrieden. Er hielt sein letztes Werk immer für das beste, das er je komponiert hatte; wichtiger jedoch war für den Augenblick der Gedanke, daß er aus früheren Eingebungen Nutzen hatte ziehen können – es beruhigte und erfreute ihn.

Er lebte in Maidanowo, er instrumentierte *Die Zauberin,* doch alle seine Gedanken waren auf Moskau gerichtet, und er erwartete den Januar mit einer solchen Unruhe, daß sie den Frieden, an den er sich in der letzten Zeit gewöhnt hatte, bedrohte.

Wenn er zu den Orchesterproben nach Moskau fuhr, übernachtete er bei Jürgenson. Bis Weihnachten fanden sieben Proben statt, alles verlief befriedigend. Die Feiertage verbrachte er mit Laroche in Maidanowo. Modest schrieb gerade eine Komödie. Es waren angenehme Abende in dem stillen, warmen, eingeschneiten Haus. Am 7. Januar fuhren Modest und Tschaikowsky nach Moskau, sie stiegen im Haus Frau von Mecks ab, die auf Reisen war, und erlebten fieberhaft die letzten Proben. *Die Zauberin* hatte Tschaikowsky vollkommen vergessen. Am frühen Morgen machte er seinen Spaziergang. Um elf Uhr war er bereits im Großen Theater. Wenn er in Frau von Mecks Haus zurückkehrte, bekam er keinen Bissen herunter, er zog seine Hausjacke an, ließ sich in einen Sessel fallen und dämmerte erschöpft vor sich hin.

Die Premiere von *Tscherewitschki* fand am 19. Januar 1886 statt. Am Morgen desselben Tages kam Albrecht vorbeigeeilt und verkündete, das Haus sei ausverkauft. Doch Tschaikowsky war vollkommen elend aufgestanden.

»Was hast du?« fragte ihn Modest. Er sah aus wie an seinen schlechten Tagen.

»Ich habe Lampenfieber!«

»Aber gestern bei der Generalprobe ist doch alles gutgegangen.«

»Ich fürchte mich«, wiederholte Tschaikowsky ohne Unterlaß.

Er befürchtete, daß ihm mitten während der Aufführung die Kräfte versagten.

Hinter den Kulissen, wo eine fieberhafte Tätigkeit herrschte, brachte er kein Wort hervor. Er bat, ihn mit Ratschlägen und Gratulationen zu verschonen. Er lehnte sich an eine Wand und starrte vor sich hin. Der Frack kleidete ihn vorteilhaft, er ließ ihn stattlich aussehen. Mit dem Bühnenbild und den Kostümen war er insgesamt zufrieden. Diesmal hatte sich die Direktion sie etwas kosten lassen, alles war lange Zeit im voraus in Auftrag gegeben worden, doch ihm machte Sorge, daß die Krutikowa an Angina erkrankt und von der Swjatlowska vertreten wurde. Und außerdem war er sich der Bläser nicht ganz sicher.

Die Musiker waren schon an ihren Plätzen, die Klingel ertönte. Der Kapellmeister des Großen Theaters nahm ihn bei der Hand, er selbst sah nichts. Eine kleine Tür öffnete sich, donnernder Applaus erschütterte den Saal. Es gab kein Zurück mehr: Er stand vor dem Pult.

Er verbeugte sich nach rechts und nach links, wandte sich der Loge des Generalgouverneurs zu, wo er die Gesichter und Dekolletés der Damen wahrnahm. Dann wandte er sich der Zarenloge zu, in der die Großfürsten saßen. Er entdeckte den Kritiker der *Neuesten Nachrichten*, und plötzlich war ihm, als hätte sich in seinem Innern etwas gelöst. Er dachte, daß Modest vielleicht doch recht hatte, daß alles gut verlaufen-würde...

Und plötzlich wurde er mit Huldigungen überschüttet. Das Publikum applaudierte, tobte, stampfte mit den Füßen. Man legte ihm einen riesigen, vom Orchester gestifteten Lorbeerkranz um die Schultern, dann einen zweiten von den Mitgliedern des Chors. Wie vor einem Denkmal wurde ein dritter, vierter, zehnter Kranz zu seinen Füßen niedergelegt. Er verbeugte sich und versuchte, eine ernste und würdige Haltung zu bewahren. Mühsam befreite er sich von all den Lorbeerkränzen, verbeugte sich noch einmal und klopfte mit seinem Stab auf die Partitur. Der Saal verstummte. Das Orchester begann mit der Ouvertüre.

Warum das alles? Jetzt gab es keinen Zweifel mehr: Er tat es um des Ruhmes willen. Das beschauliche Leben hatte ihm nicht genügt, er wollte mit seinem Namen Aufsehen erregen. Der Ruhm stellte sich zwar ein, doch er wollte seinen Gang beschleunigen. Wer wußte, wieviel Zeit ihm noch zum Leben blieb? Sein Kopf hielt sich gerade und standhaft, er dachte gar nicht daran, von den Schultern zu fallen...

Wieder starker Applaus. Der Vorhang öffnete sich, und der erste Akt begann.

An diesem Abend war der Tenor besonders großartig, und alle Sänger überboten sich. Der Eindruck war gut, obgleich das Orchester, wie es häufig der Fall war, nicht so gut spielte wie bei der Generalprobe. Endlose Vorhänge... Trotz ihres Lampenfiebers, das sie mit Übereifer zu verbergen gesucht hatte, erhielt die Klimentowa zwei riesige Blumenarrangements. Die Swjatlowska war sehr gut, Korsow bekam für seine Rolle als Teufel großen Beifall, und die Zuschauer auf den Stehplätzen jubelten Khoklow, dem Prinzen, lange zu.

Doch das Publikum setzte sich größtenteils aus seinen Freunden zusammen, und Tschaikowsky konnte das nicht ignorieren. Ein paar Takte seines letzten Quartetts oder die Vertonung eines kleinen harmlosen Gedichts von Mej hatten ihm größere Freude bereitet als all die Rufe, der Beifall und die Lorbeerkränze. Als sich der Vorhang zum letztenmal senkte, mußten die Musiker ihm helfen, hinter die Kulissen zu gehen, von Akt zu Akt waren seine Kräfte schwächer geworden. Champagnerkorken knallten, jemand umarmte ihn, dann noch jemand und noch jemand... »Modest?« Doch Modest war schon nicht mehr zu sehen, auch er wurde gefeiert. Jürgenson und Albrecht nahmen ihn mit... Ein Schlitten, dann das Restaurant... In einem geräumigen Séparée stand ein Diner für etwa zwanzig Gäste bereit, und wieder knallten die Korken.

»Unser verehrter Freund auf den Ehrenplatz!«

»Ein langes Leben unserem geliebten Freund!«

»Hoch soll er leben!«

Umarmungen, laute Rufe. Zahllose Vorspeisen. Erhitzte Gesichter. Noch ein Kranz. Der berühmte Virtuose d'Albert sprach im Namen der europäischen Musiker einen Toast aus. Gajew, der Dichter mit der geschwinden Feder, stieg auf einen Stuhl:

Oh, lebe hoch in Ehren
du Sänger, allezeit
mög' sich dein Ruhm vermehren
bis in die Ewigkeit!

Was wird da gesagt? Er würde es gern hören . . .

»Pjotr Iljitsch, Wagner kann dir nicht das Wasser reichen!«
Wahrscheinlich ist es Jürgenson, der diese Worte gesagt hat.

»Liebster, Bester, wir werden Europa wie eine Laus zer-
drücken.«

Tschaikowsky stürzt ein Glas Cognac hinunter und antwortet ihnen. Jedes seiner Worte löst Gebrüll, Schreie, Jubel
aus. In dem allgemeinen Trubel bekommt er schließlich seinen Bruder zu fassen:

»Modest, laß uns fahren.«

»Wohin denn? Es ist doch erst drei Uhr.«

Es vergeht noch viel Zeit, bis alles vorbei ist, bis sie gehen
und in der Mjasnitzkaja Zuflucht suchen können. Etwas
bedrückt ihn. Er hat Mitleid mit sich selbst. Vergangene
Zeiten, die Wochen in Florenz, in Clarens, alles fällt ihm
wieder ein – glückliche, sorglose, schöne, kostbare Zeiten . . .

»Sag mir – war es wirklich gut?«

»Aber ja, es war ausgezeichnet.«

»Vielleicht hätte ich es lieber sein lassen sollen?«

»Wovon sprichst du?«

»Schon gut.«

Er quälte sich unnötig. Der Jubel, die Huldigungen, die
Vergötterung galten dem Komponisten des *Tscherewitschki*,
für den Dirigenten hatte sich niemand wirklich interessiert.

Sie stiegen aus dem Schlitten und betraten das Haus, legten ihre Mäntel ab, unterhielten sich noch lange miteinander, wobei sie rauchten; erst gegen sechs Uhr früh legten sie
sich schlafen.

Ein Telegramm aus Petersburg weckte sie: Tanja Dawydow, Saschas älteste Tochter, war während eines Maskenballs plötzlich gestorben. Doch der ganze Tag war so ausgefüllt – ein Mittagessen ihm zu Ehren im Konservatorium, abends ein Diner bei Jürgenson, ein Konzert von d'Albert –, daß er keine Zeit fand, darüber nachzudenken, zu weinen, Mitleid zu empfinden . . .

Der Tod anderer, das Leid anderer rührten ihn immer weniger, und es gab Augenblicke, in denen sogar das Unglück seiner Familie und seiner besten Freunde ihm völlig gleichgültig schien. Das Leben riß ihn zeitlebens mit solchem Ungestüm und solcher Heftigkeit mit, daß es ihn anfangs aus der Bahn geworfen hatte; doch mit der Zeit hatte er eingesehen, daß es die einzige Möglichkeit war, um Erfolg und Ruhm zu erlangen. Beides liebte er jetzt, und manchmal schreckte ihn der Gedanke, daß ihm auf Erden vielleicht nicht genügend Zeit bleiben würde, um dieses eitelste, aber auch größte aller Glücksgefühle voll auszukosten.

Mit Tanja hatte ihn mehrere Jahre lang ein Geheimnis verbunden. Als er von d'Alberts Konzert zurückkam, rief er sich dieses Geheimnis, von dem außer seinen Brüdern niemand wußte, betroffen in Erinnerung. D'Albert war wunderbar gewesen: Anton Rubinstein war auf das Podium gestiegen und hatte ihn umarmt und geküßt, wie Beethoven es einst mit Liszt getan hatte.

Jetzt dachte Tschaikowsky an Tanja.

Ihre Mutter hatte sie an Morphium gewöhnt. Sie war ein schönes, kapriziöses Mädchen, von jungen Männern umschwärmt, die ihr den Hof machten; doch jedesmal schlug sie am Ende die glänzendsten Partien aus, oder sie gab jemandem den Vorzug, den ihre Familie für unerwünscht hielt. Es war unverständlich, warum ihre Verlobungen immer wieder zerbrachen. Alle ihre Schwestern waren verheiratet, und sie wurde immer nervöser, kränklicher, unausgeglichener.

Eines Tages gestand sie Tschaikowsky – und nur ihm –, sie erwarte ein Kind.

Fünf Jahre waren seither vergangen, und jetzt hatte Tanja bei einem Maskenball der Tod ereilt. Niemand hatte je den wahren Grund für ihre Reise nach Paris erfahren. Man glaubte, Charcot werde sie einer Untersuchung unterziehen, doch in Wirklichkeit brachte Tschaikowsky sie in eine Privatklinik in Passy, wo sie einen Sohn zur Welt brachte. Sechs Monate später kehrte sie nach Kamenka zurück; Tschaikowsky hatte das Kind bei einer französischen Familie in einem Pariser Vorort in Pflege gegeben.

Vor etwa einem Jahr hatte Tschaikowsky das Kind zurückgeholt. Sein ältester Bruder, Nikolaj Iljitsch, der Bruder, den er auf dem Gymnasium so beneidet hatte, war kinderlos verheiratet und wollte Tanjas Sohn adoptieren.

Bei seinen Aufenthalten in Paris, zwischen Besuchen bei Saint-Saëns, Gounod und dem Verleger Maquart, war Tschaikowsky jedesmal nach Kremlin-Bicêtre hinausgefahren, um nach dem Kind zu sehen. Georges wuchs heran, ohne ein Wort Russisch zu kennen. Die Menschen, die ihn aufzogen, nannte er Papa und Mama. Diesmal kam Tschaikowsky in Begleitung von Nikolaj Iljitschs Frau: Sie besorgte dem Kind einen Reisepaß und entlohnte die Amme. Der schöne, recht lebhafte Junge reiste, mit Geschenken überhäuft, nach Petersburg.

Er hatte eine frappante Ähnlichkeit mit Tanja. Den Eltern Tanjas erzählte man eine lange Geschichte von einem Findelkind und glücklichen Umständen, die Nikolaj Iljitsch begünstigt hätten . . . Man war in Sorge, Tanjas Freude und ihre Ähnlichkeit mit dem Kind könnten das Geheimnis verraten.

Aber alles ging gut; das Kind lernte Russisch, vergaß

Frankreich... Es liebte Pjotr Iljitsch, der ihm Bonbons schenkte, ihn verwöhnte und mit Spielzeug überhäufte... Ein Geheimnis hatte ihn mit Tanja verbunden, und es gelang ihm noch nicht, sich ihren Tod voll bewußtzumachen.

Wenige Monate zuvor hatte er in Aachen mehrere Wochen an der Seite des sterbenden Kondratjew verbracht, mit dem ihn eine wunderbare Freundschaft verband. Dennoch war der Tod seines Freundes ihm nicht sehr nahegegangen – schon bald dachte er nicht mehr daran. Der Selbstmord Leutnant Werinowskys, an dem er vielleicht nicht ganz schuldlos gewesen war, erschütterte ihn nicht so sehr, wie man hätte vermuten können. Werinowsky hatte Anatols Frau den Hof gemacht, die ihn nicht ernst nahm. Als Tschaikowsky in Tiflis eintraf, wo Anatol und Pauline lebten, wandte sich Werinowsky plötzlich von ihr ab und brachte Tschaikowsky stürmische Gefühle entgegen. Nachdem dieser abgereist war, schoß sich der junge Offizier eine Kugel durch den Kopf.

Dieser Selbstmord trübte die Erinnerung an Tiflis und die glücklichen Stunden, die er dort verlebt hatte. Anatol war Vizegouverneur, und Pauline überstrahlte alle mit ihrer Schönheit und ihrem Glanz. Schon vor ihrer Heirat hatte sie in Moskau außergewöhnlichen Erfolg gehabt; Anton Rubinstein legte ihr die Blumen zu Füßen, die andere Frauen ihm schenkten. In Tiflis hatten sie ein offenes Haus, und Tschaikowsky stand im Mittelpunkt des literarischen, musikalischen und künstlerischen Lebens. In Paulines Salon wurden Aufführungen, Bälle und Konzerte veranstaltet. Es erstaunte Tschaikowsky, daß er auch hier Anerkennung fand und daß sein *Onegin* und sein *Mazeppa* beliebt waren. Das Theater von Tiflis gab ihm zu Ehren eine Vorstellung, und als er in seiner mit Blumen und Geschenken überhäuften Loge *Ruhm* hörte, war er aufrichtig gerührt. Bis dahin hatte er geglaubt, Rußland bestünde aus Petersburg, Moskau;

jetzt wurde er in der Provinz noch freundlicher, noch herzlicher empfangen: Tiflis, Kiew, Odessa! Wohin würde ihn das Schicksal noch führen?

Sein Ruhm führte ihn durch ganz Rußland. Nach *Tscherewitschki* wurde er häufiger nicht nur als Komponist, sondern auch als Dirigent eingeladen. In Petersburg wurde ein Konzert nur mit seinen Werken veranstaltet. In Moskau dirigierte er die *Mozartiana*. Inmitten all dieser Triumphe traf ihn jedoch ein harter Schlag: Im Marinski-Theater war *Die Zauberin* ein Reinfall gewesen wie keine seiner Opern zuvor. Es bestand keine Hoffnung, diese Oper je wieder auf einer Bühne zu sehen!

Nach so vielen Siegen faßte er diesen Mißerfolg als eine Warnung auf: Hatte er sich vielleicht zeit seines Lebens geirrt, hatte Frau von Meck doch recht? Wie Stassow, wie Leo Tolstoi? Erst jetzt – so spät! – wurde ihm bewußt, daß er vor allem anderen ein Komponist von Symphonien war. Zwei Jahre hatte er mit *Mazeppa* verloren, zwei Jahre mit der *Zauberin*! Ganz zu schweigen von seinen frühen Opern, für die er sich jetzt verfluchte. Vielleicht blieb ihm nicht mehr viel Zeit zu leben, und er hätte doch noch so vieles schaffen wollen! Aber am traurigsten war die Erkenntnis, daß er mit seinen siebenundvierzig Jahren noch immer nicht aus sich klug wurde.

Bei den Proben für die *Zauberin* hatte er den Eindruck gehabt, daß auf keiner Bühne je ein solches musikalisches Drama aufgeführt, je eine solche Musik gehört worden sei. Doch als er am Tag nach der Premiere bei Rimski-Korsakow eintraf, bemerkte er die angespannten Gesichter im Salon: Bevor er hereinkam, hatten sie diskutiert. Was tun? Den gestrigen Mißerfolg totschweigen oder im Gegenteil so tun, als ob alles gutgegangen wäre? Doch Tschaikowsky sagte zu seiner eigenen Überraschung: »Tun wir so, als hätte es den gestrigen Abend nicht gegeben, sprechen wir von etwas anderem.«

Er hatte es so selbstverständlich gesagt, daß der Hausherr und die Gäste sogleich ihre angespannte Haltung aufgaben; zwei Jugendliche, die Tschaikowsky mit Blicken verschlangen, waren erobert: Es waren Glasunow und Liadow.

Heiter und lebhaft wurden die Gespräche wiederaufgenommen, und Tschaikowsky erzählte etwas sehr Komisches. Noch am selben Abend bat ihn Rimski-Korsakow, ihm bei der Uminstrumentierung der Blasinstrumente in *Nacht auf dem kahlen Berge* von Mussorgksi behilflich zu sein; freudig willigte er ein.

Glasunow und Liadow gingen durch die Nacht und sprachen über Tschaikowsky. Sein jugendlicher Charme, den er seinem schönen Äußeren und seinen eleganten Manieren verdankte, hatte zugenomen und war jetzt zu einem Grundzug seines Wesens geworden – wie gut er sich zu beherrschen wußte! Wenn er mit jungen Leuten, mit Musikern sprach – wie mit seinesgleichen –, war sein Charme unwiderstehlich. Liadow und Glasunow setzten ihr Gespräch in einem Restaurant fort:

»Das ist ein Mensch! Das ist ein Künstler!«

In dieser Nacht waren der Mann und seine Musik für sie eins. Sie fühlten, daß sie einem großen Künstler – mit seinem Genie und seinen Fehlern – begegnet waren, einem »göttlichen« Musiker. Das Restaurant schloß, es war zwei Uhr morgens, und sie sprachen immer noch von ihm.

Doch das Jahrhundert der spontanen und überschwenglichen Begeisterungsbekundungen war vorüber. Vierzig Jahre zuvor waren Stassow und Serow zu Liszt gegangen, um ihm die Hand zu küssen. In dieser Nacht wagten Liadow und Glasunow nicht, Tschaikowsky ihre jugendliche Bewunderung zu zeigen. Doch beide wurden sehr schnell seine Freunde.

Tschaikowsky kehrte nach Maidanowo zurück; er fühlte sich krank. Er hatte Asthmaanfälle und sorgte sich über Seitenstiche. Er durfte keine Zeit verlieren. Das Alter rückte näher, noch nicht den Jahren nach, doch er fühlte, wie es auf ihn zukam. Auch das mußte er verbergen. Er war auf den Tod nicht vorbereitet. Wie vieles mußte man verbergen!

Aus diesem Grund begann er, ein Tagebuch zu schreiben, und nicht, um es in traurigen Momenten wieder zu lesen – dafür war es zu verzweifelt. Er liebte Erinnerungen, aber nur solche, die ihm teuer waren, die in seinem Herzen lebten, nicht die, die seine Hand aufzeichnete. Er schrieb, weil er niemanden hatte, dem er seine am besten gehüteten Geheimnisse anvertrauen konnte: seine Liebe zu Bob, seinen gelegentlichen Ärger mit Aljoscha, die ermüdende Korrespondenz mit Frau von Meck, der er nicht mehr antworten mochte und die nicht einsehen wollte, daß er ständig Geld brauchte. Er sprach von seiner Schwester, die ihn enervierte, von Modest, der ihn unentwegt belauerte, von seiner Furcht vor dem Tod, von seinen zahllosen Ängsten, seinem Magenleiden, seinem Brechreiz ... Er gestand seine Ängste, eines Morgens vollkommen verrückt aufzuwachen, ohne Gedächtnis, ohne arbeiten zu können. Er stellte fest, daß es ihm ebenso unmöglich war, in »einem stillen Hafen« zu leben wie in einem schweren Sturm. Und wenn er davon träumte, daß bei der Aufführung einer seiner Opern das Theater leer war, schrieb er es ebenfalls in sein Tagebuch, denn auch das konnte er niemandem erzählen.

Bestimmte Begegnungen hatten in seinem Leben Bedeutung gehabt, doch die Namen kannte nur er. In Rußland und im Ausland hatte er in größter Heimlichkeit einige Abenteuer gehabt, von denen selbst Aljoscha nie etwas erfuhr. Manchmal wurde die Vergangenheit wieder lebendig, in ein sanftes Licht getaucht, in dem die Gegenwart versank. Schatten kehrten zu ihm zurück:

»Vor dem Einschlafen habe ich lange an Eduard gedacht.

Ich habe sehr geweint«, schrieb er. »Ist es möglich, daß er *nicht mehr ist*? Ich kann es nicht glauben!«

Und am nächsten Tag noch ein Name:

»Ich habe nachgesonnen und mußte an Zack denken. Ich kann mich so gut an ihn erinnern, als lebte er noch: an den Klang seiner Stimme, an seine Gesten und vor allem an den lieblichen Ausdruck, der gelegentlich sein Gesicht erhellte. Ich kann mir einfach nicht vorstellen, daß es ihn nicht mehr geben soll. Der Tod, vielmehr *seine* vollständige Vernichtung, geht über meinen Verstand. Ich glaube, ich habe nie einen Menschen so geliebt wie ihn. Trotz allem, was man mir damals sagte, trotz der Dinge, die ich mir einrede, um mich zu trösten, habe ich doch verbrecherisch an ihm gehandelt. Und doch habe ich ihn geliebt, oder vielmehr liebe ich ihn jetzt, und sein Gedächtnis ist mir heilig.«

Von allen Schatten suchte ihn dieser am häufigsten heim.

Oft schrieb er im Rausch. Aljoscha schlief. Ringsum herrschte tiefe Stille, so daß er in seinem Zimmer hören konnte, wenn der Hund durch den Garten lief. Er schlief auf seinem Stuhl ein; es geschah immer seltener, daß er sich wohl fühlte, immer tat ihm etwas weh. Tagsüber war er müde, er wurde faul und ging nur noch selten aus dem Haus. Manchmal schlief er in seinen Kleidern ein; er aß reichlich und kurierte sich mit Rizinusöl. Eines Tages verfaßte er sein Testament: Er vermachte sein gesamtes Vermögen Bob.

Bob kam oft, begleitet von Modest und Kolja Konradi; Tschaikowsky besuchte ihn in Petersburg. Bob, der inzwischen erwachsen war, besuchte die Rechtsschule. Er war ein charmanter, schöner junger Mann, immer noch so begabt und sehr verwöhnt; beim Sprechen verschluckte er die Vokale und zog die letzte Silbe der Wörter in die Länge; er war ziemlich egoistisch, er zog das Zusammensein mit seinen jungen Cousins der Gesellschaft seines Onkels vor.

In Petersburg versuchte Tschaikowsky, Bob am Abend zu Hause zurückzuhalten, und um mit ihm zusammenzusein, schlug er zahlreiche Einladungen aus. Er versuchte nicht, mit seinem Neffen allein zu sein, er zog es sogar vor, ihn von seinen Freunden umgeben zu sehen. In seiner Nähe zu sein, ihm zuzuhören, ihn zu betrachten und zu bewundern war für ihn ein stilles Glück. Er kannte keine Eifersucht, wenn er sich auch manchmal etwas verletzt fühlte:

»Mich überkommt ein sonderbares Gefühl, wenn ich mit Bob zusammen bin«, schrieb er. »Ich fühle, daß er mich nicht nur nicht liebt, sondern eine Antipathie gegen mich hat.« Das war unrichtig: Bob hing sehr an Tschaikowsky, aber er konnte nicht anders, als ihn etwas von oben herab zu behandeln. Das Testament war zugunsten des »vergötterten Knaben« abgefaßt worden – und Bob wußte es.

Zu Beginn des Jahres 1888 reiste Tschaikowsky ins Ausland: nicht, um zu komponieren, nicht, um sich zu erholen. Er hatte beschlossen, eine Konzerttournee zu machen. Aus Paris, Prag, Leipzig und London waren schmeichelhafte Angebote gekommen. Nach dem Mißerfolg der *Zauberin* schob er jeden Gedanken an eine neue Oper von sich. Maidanowos war er überdrüssig, Aljoscha hatte geheiratet, er war wieder allein.

In Prag war die *Jungfrau von Orleans* aufgeführt worden; in Deutschland war er dank der Empfehlungen seiner Freunde von Bülow, Brodsky und Klindworth – der seine Liebe zu Tschaikowsky mit seiner Liebe zu Wagner in Einklang bringen konnte – sehr bekannt. In Paris war er zum Mitglied der Johann-Sebastian-Bach-Gesellschaft gewählt worden; bei seinem letzten Aufenthalt in Paris hatte er die Gewißheit erlangt, daß er in ganz Europa bekannt war und zumeist auch bewundert wurde. Er mußte an Balakirews Prophezeiung denken: »In Frankreich wird man Sie nie lieben, und außerdem werden die Franzosen Ihren Namen nie aussprechen können!« Jetzt war er mit Colonne, Lamoureux und den französischen Komponisten bekannt, denen er bei Pauline Viardot begegnete, und Paris öffnete ihm seine Tore. In Deutschland wurde er empfangen, wie er es sich fünf Jahre zuvor – als Brodsky sein *Violinkonzert* gespielt hatte – niemals erträumt hätte. Die Gründe, die ihn veranlaßten, in diese Tournee einzuwilligen, mochte er sich selbst kaum eingestehen: Er konnte seit einiger Zeit nicht mehr komponieren, Klin langweilte ihn, er war es leid, immer nur dieselben Gesichter zu sehen, die Moskauer Intrigen und Petersburger Liebesaffären hatte er satt ... Er wurde als Dirigent und als Komponist von Symphonien eingeladen ... Zwei Jahre waren seit der Aufführung von *Tscherewitschki* vergangen, er hatte gelernt, mit dem Taktstock umzugehen, kein Lampenfieber mehr zu haben und das Orchester – recht und schlecht – zu beherrschen. Doch die Sänger verlangten noch immer, daß der Chordirigent im Souffleurkasten saß, wenn Tschaikowsky dirigierte; sie verließen sich nicht auf ihn. Es fiel ihm leichter, nur das Orchester zu dirigieren, und sogar strenge Kritiker wie Cui beurteilten seine Leistungen als Dirigent mit Nachsicht. Auf die Tournee nahm er den Taktstock mit, den man ihm vor kurzem geschenkt hatte und der angeblich Mendelssohn oder Schumann gehört hatte. Er hatte das schmucklose Stöckchen von einem Juwelier mit kleinen silbernen Lorbeerblättern verzieren lassen.

In Berlin lernte er den Direktor des Petersburger Konservatoriums kennen, den berühmten Violoncellisten Dawidoff. Sie aßen gemeinsam zu Mittag. Dawidoff war völlig außer sich: In Witebsk hatte ein betrunkener Offizier sein Cello zertrümmert, ein Stradivarius, das Graf Wielgorsky seinerzeit für eine Troika mitsamt dem Kutscher eingetauscht hatte. Während er die Geschichte erzählte, konnte Dawidoff seine Tränen kaum zurückhalten.

Tschaikowsky nahm Anteil und trank. Der Tag versprach,

mühselig zu werden: Der Musikagent sollte ihm die Reise durch Deutschland erklären. »Und das ist nur der Anfang, es wird drei Monate lang so weitergehen. An Rußland ist vor März gar nicht zu denken!« sagte er sich. Immer war es das gleiche: Kaum hatte er Maidanowo verlassen, und schon sehnte er sich wieder zurück. Wo er sich auch befinden mochte – überall fehlte ihm der Ort, den er gerade verlassen hatte, rief ihn zurück. Was war das für ein nur zu vertrautes Gefühl, das ihn immer überfiel? Es war Bedauern. Das sehr deutliche Bewußtsein von der Einmaligkeit der Dinge lastete auf der Gegenwart. Manchmal fragte er sich: Wenn es in seiner Macht stünde, bestimmte Augenblicke seines Lebens wieder lebendig zu machen – welche würde er wählen? Und es wurde ihm klar, daß es in seinem ganzen Leben nur wenige vereinzelte Augenblicke gab, die er noch einmal zu leben wünschte.

Seine Reise – mit ihren Besuchen, neuen Bekanntschaften, den Proben mit unbekannten Orchestern, den Konzerten – ließ ihn auch Augenblicke erleben, an die er lange Zeit nicht denken konnte, ohne daß sich ihm das Herz zusammenschnürte. Der Erfolg, der ihn jetzt berauschte, war größer, unbestrittener, lebendiger als alles, was er bis dahin gekannt hatte. Um ihn zu erringen, war er nach Europa gekommen, und er wurde nicht enttäuscht.

Brodsky lebte in Leipzig, einem Zentrum des deutschen Musiklebens. In seinem Haus begegnete Tschaikowsky zahlreichen europäischen Musikern, die er noch nicht kannte. Ein kleiner magerer Mann mit schiefen Schultern, blonden Locken und einem Bärtchen schüttelte ihm lange die Hand – es war Edvard Grieg. Brahms war da, dessen Musik Tschaikowsky in den vergangenen Jahren viel gehört und gespielt und die ihn jedesmal wütend gemacht hatte. »Chaotische Trockenheit!« »Welch verstiegene, hohle Mittelmäßigkeit!« sagte er. Doch schon bei ihrer ersten Begegnung gefiel ihm Brahms mehr als alle anderen, mehr noch als Grieg, dem gegenüber er unendliche Zärtlichkeit empfand. Brahms war nicht sehr groß, stämmig, er hatte den Kopf eines alten Mannes, langes, schütteres Haar, einen dichten Bart, graue Augen, einen unverändert ruhigen und freundlichen Gesichtsausdruck und mehr von einem Slawen als von einem Deutschen. Keine Stunde verging, und Tschaikowsky war erobert: Es gab keinen fröhlicheren, herzlicheren, intelligenteren Mann als ihn, und außerdem war er ein ausgezeichneter Gefährte.

Brodsky, Siloti und der junge Pianist Sapelnikow, der am Anfang einer glänzenden Karriere stand, waren Tschaikowskys ergebene Leibwächter. Alle drei spielten bei seinen Konzerten. Zwischen zwei Konzerten fuhr Tschaikowsky für zwei oder drei Tage nach Lübeck oder Magdeburg, um sich auszuruhen, danach kehrte er nach Leipzig, Hamburg oder Berlin zurück. Eine neue Begegnung – ein Festessen ihm zu Ehren. In Scharen schwärmten die Besucher herbei – Richard Strauss, Scharwenka, Busoni, Nikisch, alle wollten ihn kennenlernen... Er lud sie seinerseits ein – und so erschien er zu seinen Konzerten immer, nachdem er zu üppig gegessen und zuviel getrunken hatte. Doch die Gewöhnung an dieses Leben – und auch der Überdruß – ließ nicht lange auf sich warten. Er mochte noch so wenig schlafen, tage- und nächtelang keine einzige Minute allein gewesen sein – wenn er vor dem Pult stand und den Taktstock hob, trat ein Ausdruck der Sicherheit und Selbstbeherrschung auf sein Gesicht. Die Orchestermusiker schätzten ihn.

Ein Erfolg löste den anderen ab: *Romeo und Julia, 1812,* die *Dritte Suite.* Er wußte, daß er nicht von Dauer sein würde, daß er noch nicht von wahren Gefühlen getragen wurde, sondern eher eine Mode war. Die Lorbeerkränze, die Photographen, die Ständchen unter den Fenstern seines Hotelzimmers, die Festessen, die Reden – auf die er in deutscher Sprache antwortete –, alles war zu stürmisch, um beständig sein zu können, doch vielleicht würde ein tiefes Verständnis daraus entstehen, eine wahre Liebe zu seiner Musik.

Während eines Abendessens bei seinem deutschen Verleger bahnte sich eine hochgewachsene, korpulente Frau von etwa fünfzig Jahren einen Weg zwischen den Gästen hindurch und kam auf ihn zu. Sie hatte vorstehende, kluge Augen, trug Ohrringe und ein Perlengehänge. Hinter ihrem Fächer verbarg sie einen üppigen Busen in einem tief dekolletierten, weißen Kleid. Erkannte er sie denn nicht? Es war Désirée Artôt-Padilla. Sie lud ihn zu sich ein, auch sie wollte ihn feiern. »Einst waren wir große Freunde«, sagte sie lächelnd, und der beleibte Signor Padilla mit seinen riesigen Händen und seiner donnernden Stimme erdrückte Tschaikowsky in seinen Armen.

»Mein kleiner Modest, die gute Alte ist noch genauso bezaubernd wie vor zwanzig Jahren!«

Ja, sie war immer noch brillant, lustig, ein wenig bissig, geistvoll, liebenswürdig. Ihre Stimme war nicht mehr die von früher, aber sie machte sich nichts vor und suchte niemanden darüber hinwegzutäuschen. Als Tschaikowsky ihr einige Lieder widmete, war sie darüber hoch beglückt wie in den alten Zeiten. Bevor er Berlin verließ, aß er bei ihr zu Abend und bekam den Ehrenplatz zugewiesen.

»Alter, Ängste«, schreibt er am Tag vor seiner Abreise in sein Tagebuch.

Betrunken verließ er Deutschland, und halb betrunken traf er in Prag ein.

Auf der letzten Station vor Prag wurde er von einer Delegation der tschechischen musikalischen Vereine begrüßt; auf dem Bahnhof wurde er von Chören empfangen, und auf dem Weg zum Hotel de Saxe wurde er von der Menge bejubelt. Am Abend, in der Loge, wo er einer Aufführung von

Verdis *Othello* beiwohnte, suchten ihn tschechische Politiker auf, um ihn willkommen zu heißen. Dvořák war bei ihm. Die Begeisterung war hier noch stürmischer als in Deutschland; niemand wollte Geld von ihm annehmen. Alle zwei Tage wurde im Hotel de Saxe ein Empfang für ihn gegeben. Bei einem Bankett zwischen zwei »Patriotischen Konzerten« mußte er eine Rede in tschechischer Sprache halten – er hatte sich die Worte zuvor in russischen Buchstaben notiert. Er wurde im Triumph davongetragen.

»Ich kann nicht mehr! Wann ist das alles endlich vorbei?« dachte er, als er im Zug nach Paris saß. Durch das offene Fenster warf er eine leere Cognacflasche hinaus.

Paris: kühl, geschäftig, elegant – sich selbst treu. In Deutschland, in Böhmen kannten ihn alle, in Paris wurde er in den Salons empfangen, wo Massenet und Paderewski häufig zu hören waren.

Je mehr er die äußere Form wahren und Liebenswürdigkeiten von sich geben mußte, um so heftiger verlangte es ihn, spät in der Nacht Spelunken, Cafés Concerts, den Zirkus und die Vergnügungslokale am Boulevard Sebastopol aufzusuchen, wo er und der Cellist Brandukow den Mädchen Champagner spendierten. In London fühlte er, daß seine Kräfte nicht mehr reichten, um dieses Leben weiterzuführen. Es war März geworden. Aber hatte er sich nicht sein ganzes Leben lang nach dem gesehnt, was ihm jetzt im Ausland zuteil wurde? Ganz Europa huldigte dem großen Musiker. Er muß sich nicht mehr sorgen, daß irgendein Mensch seinen Namen nicht kennt, daß man in irgendeiner Stadt noch nie von ihm gehört hat. In den Eisenbahnzügen, in den Hotels, überall wird er gegrüßt. Ist es nicht das, was er sich immer gewünscht hat?... Beginnt er schon wieder – wie immer –, sich zurückzusehnen nach der Zeit, als niemand ihn kannte, als niemand sich für seine Lebensumstände interessierte? Nach der Zeit, als er frei war?

Der Ruhm zwingt ihn, sich ständig zu zügeln. Schon vorher hatte er vieles zu verbergen; jetzt muß er fast alles verbergen. Aller Augen, von Freund und Feind, von Musikliebhabern und Neugierigen, sind auf ihn gerichtet. Während seiner Reise erreicht ihn die Nachricht, daß der Zar ihm eine Rente zuerkannt hat. Das bedeutet eine weitere Verpflichtung für ihn! Oh, könnte er sich doch selber entfliehen! Etwas ändern! Einmal hat er es versucht, und er denkt schaudernd daran zurück. Ihm bleibt nichts anderes übrig, als eine Maske zu tragen, zu lernen, nichts von sich zu verraten, damit nie jemand erfährt, was wirklich in ihm vorgeht, damit niemand ahnt, wie unerträglich ihm das Leben ist und daß er am Morgen, wenn er aufwacht und das Licht durch das Fenster sieht, überdrüssig vor sich hin flüstert: »Noch ein Tag . . .«

Und um sich besser vor allen zu verbergen, vermeidet er es sorgfältig, mit jemandem unter vier Augen zusammenzusein. In Gesellschaft – von Herzen gern, doch allein – niemals, weder mit dem neugierigen Laroche noch mit dem sensiblen Tanejew. Auch möchte er im Umgang mit anderen Menschen, besonders mit der Jugend, nachsichtiger und höflicher sein. Alle sollen den Eindruck haben, daß er ein ausgeglichener Mensch ist, wenn auch nicht gerade fröhlich. Und er will komponieren: ein Sextett, ein Ballett, eine neue Oper . . . Alles, was ihm durch den Kopf geht, alles, was man ihm in Auftrag gibt. Nach der Europatournee ist ihm eines klargeworden: Er muß sich beeilen! Er ist seelisch verbraucht, körperlich anfällig; er wird nicht mehr lange leben. Er muß noch etwas Meisterhaftes schaffen, etwas Aufwühlendes, etwas, das ihn sein ganzes Leben verfolgt hat. Ein unlösbares Problem lösen.

Doch noch ist es nicht soweit, und wenn er zunächst seine *V. Symphonie* schreibt, dann nur, um sich zu beweisen, daß er noch nicht »am Ende« ist, daß »der Alte immer noch lebt«. Nach Rußland zurückgekehrt, macht er sich an die Arbeit, wenn auch ohne große Lust und große Begeisterung. Der Aufenthalt in Europa hat ihn sehr angestrengt, er ist die einsamen Abende nicht mehr gewöhnt. Die Menschen, die aus Moskau zu Besuch kommen, interessieren ihn wenig. Die Rente des Zaren hat an seiner miserablen finanziellen Lage nichts geändert.

In der Umgebung von Maidanowo werden hundertjährige Bäume gefällt; Sommergäste treffen ein. Auf dem Friedhof gehen Liebespaare im Mondschein spazieren. Tschaikowsky sucht entlegene Gegenden auf, doch sie werden immer seltener. Er macht jeden Tag einen Spaziergang, auch bei schlechtem Wetter.

Und wenn er an den Häusern vorübergeht, blickt er, ohne gesehen zu werden, in die erleuchteten Fenster, durch die Fensterläden, durch die Spalten zwischen den Vorhängen – es ist ihm zur Gewohnheit geworden, ein Bedürfnis, und manchmal verläßt er nur mit dieser Absicht das Haus. Er weiß besser als jeder andere, daß der Mensch, steht er dem eigenen Ich gegenüber, keineswegs dem ähnelt, den die Welt kennt, und er versucht, sogar ihm völlig unbekannte Menschen in ihrer Abgeschiedenheit zu überraschen.

Er erhält viel Besuch. Im Jahre 1888 ist er nur selten allein: Modest kommt oft, manchmal mit seinem Zögling; Bob, jetzt ein junger Mann, arrogant, »hundertfach göttlich«, kommt ebenfalls, doch bleibt er nie lange genug. Auch Laroche hält sich oft in Maidanowo auf; eine Zeitlang war er Professor am Moskauer Konservatorium, dann ist er nach Petersburg zurückgekehrt. Aus dem vielversprechenden Wunderkind ist eine faule, dickwanstige gestrandete Existenz mit einem wilden, komplizierten Privatleben geworden. Tagelang liegt er auf dem Diwan, ein lateinisches Wörterbuch in den Händen: »Ich würde gern Latein lernen, aber ich bin zu faul.« Eines Tages gesteht er unumwunden, daß er

»Petjas Musik nicht leiden kann« . . . Auch die Professoren des Konservatoriums kommen mit ihren Streitereien und Sorgen zu ihm. Tanejew hat die Direktion niedergelegt, weil sie ihm zuviel Zeit raubte. Safonow ist sein Nachfolger geworden, und Madame Hubert hat Albrechts Stelle übernommen... Tschaikowsky muß oft nach Moskau und Petersburg fahren. Bei einem seiner Besuche in Petersburg gibt ihm die Direktion der kaiserlichen Bühnen ein Ballett in Auftrag und deutet an, dies sei der Wunsch des Zaren.

Das Libretto liegt bereits vor, und ohne seine anderen Arbeiten zu vernachlässigen, beginnt er, mit einer seit langem nicht mehr dagewesenen Leichtigkeit und Geistesschärfe zu komponieren. Nicht zu Unrecht hat Laroche ihm eines Tages gesagt, er habe »eine Begabung für ernste Musik mit einem leichten Thema«. Er muß daran denken, was Frau von Meck ihm eines Tages geschrieben hat: »Berauschung durch die Musik.« Als er *Dornröschen* komponiert, ist er »von Klängen berauscht«. Mit allen Kräften versucht er, seinen gewohnten *fortissimi,* seinem »Lärm« zu entkommen.

»Ach, warum kann ich es nicht wie Rimski-Korsakow machen!« sagt er oft. »Warum müssen bei mir die Trompeten und Posaunen über ganze Seiten hin aus allen Leibeskräften und ohne jeden Sinn und Verstand dröhnen?«

In *Dornröschen* will er das unter allen Umständen vermeiden.

Junge, noch unbekannte Musiker statten ihm Besuche ab: der kränkliche Arensky, der ein phänomenales, geradezu anomales Gehör hat, Ippolitow-Iwanow, sein Freund aus Tiflis, sowie die Schüler des Konservatoriums. Musik und das »Wint«-Spiel sind jetzt seine einzigen Ablenkungen. Frühmorgens schreibt er Briefe, die der Briefträger vor dem Mittagessen abholt.

Seine Korrespondenz wächst unaufhörlich, und nach seiner Reise durch Europa schreibt er bis zu dreißig Briefe am Tag. Schon vor längerer Zeit hat er aufgehört, Frau von Meck seine innersten Gefühle anzuvertrauen, und auch sie hat den leidenschaftlichen Ton ihrer früheren Briefe aufgegeben. Sie altert, sie ist wunderlich geworden; mehr denn je umgibt sie sich mit jungen Musikern, die sie überall mitnimmt, auch ins Ausland. Sie ist menschenscheu geworden. Tschaikowsky erzählt ihr von der Natur in Klin oder im Kaukasus, von den Blumen, die er in seinem Garten gepflanzt hat. Oft bittet er sie um Geld, sie ist nach wie vor großzügig, und wenn er sich an sie wendet, erfüllt sie umgehend seine Wünsche. Auch seine berufliche Korrespondenz wird immer umfangreicher, besonders seit einigen Monaten.

Wieder rufen ihn Paris und Deutschland. In Prag wird *Onegin* aufgeführt; Großfürst Konstantin wartet auf eine Antwort auf seine endlosen und durchaus feinsinnigen Überlegungen zu Dichtung und Musik. Tschechow schreibt ihm, er wolle ihm seine Novelle *Die Schweigenden* widmen. Und schließlich sind da all die Menschen, die er auf seinen Reisen durch Rußland und im Ausland kennengelernt, die er geliebt hat, die er beweint und nicht vergessen kann.

Geheimhalten! Alle seine Empfindungen hält er jetzt geheim, und auch das ist ein Zeichen für das Nahen des Alters. Seine Gedanken sind weniger begehrlich, sein Wunsch, sich jemandem anzuvertrauen, ist weniger heftig. Die Erschöpfung der Seele wird von körperlicher Erschöpfung begleitet.

Auch Amerika ruft ihn, doch er beschließt, die Reise aufzuschieben. Die *V. Symphonie* und *Dornröschen* sind vollendet; er hat soeben einige Jubiläumskonzerte zu Ehren Anton Rubinsteins dirigiert. Es war eine Bürde gewesen, doch er hatte unbedingt »eine alte Schuld begleichen« wollen. Welche Schuld? Hatte Anton Rubinstein seinem Schaffen nicht immer gleichgültig, wenn nicht sogar feindselig gegenübergestanden? Von ihm sagte Tschaikowsky, er sei »ein unbeweglicher Stern an meinem Himmel«. Symphonische Dichtungen Anton Grigorewitschs wie *Der Turmbau zu Babel* dauerten über eine Stunde; er mußte sie einstudieren und mit dem Chor probieren – siebenhundert Personen! Die neun Symphonien Beethovens hatten ihn lange nicht so viel Zeit gekostet wie die Abtragung dieser in Wirklichkeit inexistenten Schuld. Doch das lag jetzt weit zurück, und *Dornröschen* wurde geprobt. Es zog ihn nach Italien, nach den einst von ihm so geliebten Stätten. Schon lange hatte er sie nicht mehr aufgesucht, nicht mehr die sanfte , leichte, erregende Luft geatmet. Mit dem ersten Akt des Librettos von *Pique-Dame* reiste er ab, Modest würde ihm den Rest nachschikken. Wieder wollte er eine Oper schreiben.

Vor seiner Abreise verbrannte er seine Tagebücher.

In der Via dei Colli, dort, wo er gewohnt hatte, tanzten jetzt die Karnevalsmasken; die Musik war ohrenbetäubend, und in Cascina, inmitten einer ausgelassenen Menschenmenge, mußte er lange nach einer ruhigen Unterkunft suchen. Er stieg im Zentrum der Stadt in einem einfachen Hotel ab, dessen Fenster auf den Lungarno hinausgingen. Es war strahlendes Wetter. Doch er war nicht gekommen, um die Erinnerung an Frau von Meck oder an jenen Herbst 1878 wachzurufen. Schon am ersten Abend machte er sich auf die Suche nach dem kleinen Straßensänger Ferdinando, den Jüngling, den er früher so bewundert hatte und der ein richtiger Sänger geworden war. Auch wollte er den Akrobaten Mariani im *Arène* wiederfinden. Er war in fieberhafter Erregung: Modests Libretto war angekommen und rührte ihn so tief, daß er nicht ohne Herzklopfen daran denken konnte.

Alles, was seiner Musik nicht entgegenkommt, alles, was

252

keine reine Musik ist, verjagt er aus seinen Gedanken. Er arbeitet jetzt wie immer bei seinen besten Werken den ganzen Tag und gestattet sich nur kurze Spaziergänge und seltene nächtliche Eskapaden. Schon lange hat er nicht mehr so gearbeitet! Wie immer, wenn er viel und mit verzehrender Anspannung komponiert, fühlt er, daß es etwas Großes werden wird. Die Möglichkeit, sich ausschließlich einem Werk zu widmen, ist ein Unterpfand des Erfolgs. Wie eine Lawine brechen die Klänge mit wunderbarer Kraft aus ihm heraus, seine Hände zittern über dem Manuskript. Er hat schon immer gern schnell gearbeitet, auf einen festgesetzten Termin hin, es gibt ihm Auftrieb. Als er *Pique-Dame* zu komponieren beginnt, weiß er bereits, daß er diese Oper in der nächsten Spielzeit aufführen wird, und diese Aussicht verleiht der Arbeit einen besonderen Reiz.

Wie oft hatte er erklärt, komponieren müsse man »in der Art des Schusters und nicht in der Art der edlen Herren wie zum Beispiel Glinka, dessen Genie ich nicht leugnen will! Mozart, Beethoven, Schumann, Mendelssohn, Schubert haben ihre unsterblichen Werke geschaffen, indem sie Tag für Tag und meistens im Auftrag arbeiteten.«

Nachmittags beobachtet er, wie die Equipagen unter seinem Fenster in Richtung Cascina vorbeifahren – eine seiner Zerstreuungen. *Aida* ist eine weitere: Viermal wohnt er der Aufführung bei, doch jedesmal wird es ihm zuviel, und er geht nach dem zweiten Akt davon. Er hat Spaß an Ferdinandos Liedern. Er muß sich ablenken. Durch die unaufhörliche Anstrengung überreizt, verfällt er, sobald er von seinem Arbeitstisch aufsteht, in tiefe Depressionen, die nur durch weitere Arbeit oder durch Schlaf vertrieben werden können. Nach sechs Wochen ist die Oper fertig konzipiert, und noch am selben Tag nimmt er den Klavierauszug in Angriff. Kaum hat er die letzte Seite des Manuskripts beendet, rufen Erschöpfung und Erregung einen geradezu angenehmen hysterischen Anfall hervor, gefolgt von köstlicher Entspannung und Erleichterung. Als er nach Rußland zurückkommt, ist die Partitur abgeschlossen. Er hätte die in Florenz verbrachte Zeit auch an einem anderen geliebten Ort verbringen können – diesmal hat er von Italien nichts gesehen.

In Petersburg findet eine glänzende, wunderbare Aufführung statt; in Kiew wird die Oper mit viel Kunstsinn inszeniert. Hier wie dort herrliche Stimmen, ausverkaufte Häuser, zahllose Ovationen. Die Kritik nennt *Pique-Dame* ein »leidenschaftliches, schönes, nicht eben moralisches« Werk.

Keine freie Minute, Tage und Nächte fliehen, die Schwermut stellt sich wieder ein. Neue Aufträge: eine Oper, ein Ballett. Die schlüpfrige Atmosphäre Moskauer Lokale, die unruhige, erschöpfende Atmosphäre – der er sich jedoch nicht entziehen kann – in Petersburg, Kiew und Tiflis. Rauschender Applaus begleitet jeden seiner Auftritte. Er kommt zu nichts. Fünfzig Jahre ist er inzwischen, das Alter hält sein von Leidenschaften, Musik und Ruhm früh erschöpftes Herz fest umklammert. Er möchte noch mehr komponieren, träumen, er möchte noch so vieles tun... Doch wieder muß er aufbrechen, in eine weitere Tournee einwilligen, das Haus verlassen. Es soll nach Amerika gehen, wo man ihm Geld, viel Geld bietet, riesige Summen. Noch nie hat er so viel Geld gesehen.

»Eine Oper muß man komponieren – wie alles andere auch –«, sagte er in einem Brief an Tanejew nach dem Erfolg von *Pique-Dame,* »indem man sich auf die Inspiration verläßt. Ich war immer bemüht, in meiner Musik den Inhalt eines Textes so genau und wahrhaft wie möglich wiederzugeben... Sobald ich mich für einen Stoff entschieden habe und mit dem Komponieren einer Oper beginne, lasse ich meinen Gefühlen freien Lauf, ohne mich um Wagners

Methode zu kümmern oder um Originalität besorgt zu sein. Aber ich wehre mich keineswegs gegen den Einfluß des Zeitgeistes. Ich weiß, daß ich anders komponiert hätte, wenn es Wagner nicht gäbe. Ich weiß, daß sich sogar der Einfluß der ›Gruppe der Fünf‹ in meinen Werken bemerkbar macht – wiewohl auch die italienische Musik, die ich eine Zeitlang leidenschaftlich geliebt habe, und Glinka, den ich in meiner Jugend verehrte. All das hat stark auf mich eingewirkt, von Mozart ganz zu schweigen. Doch nie habe ich diese Götter beschworen, ich habe ihnen lediglich gestattet, meine Sensibilität nach ihrem Belieben zu formen . . .«

Pique-Dame ereilte das Schicksal jedes vollendeten Werkes: Ein halbes Jahr nach der Premiere war das Interesse an ihr bereits erloschen. Seither hatte er ein Sextett komponiert, das er damals wie immer für sein gelungenstes Werk hielt. An *Pique-Dame* entdeckte er Mängel, geschmackliche Verirrungen, das Werk hatte für ihn den Reiz des Neuen verloren. Eine neue Arbeit wartete auf ihn, die Ruhe und Einsamkeit voraussetzte: *Nußknacker* und *Yolanthe* waren in Auftrag gegeben worden. Er wollte sie gleichzeitig komponieren, doch er schob die Ausführung um ein Jahr hinaus. Er trat seine Reise nach Amerika an.

In diesem wunderbaren Land war alles ungewöhnlich! Würde das Leben in einer künftigen Welt vielleicht genauso aussehen? Würde Europa, die arme Verwandte, in zwei Jahrzehnten vielleicht denselben Lebensstil annehmen – einen erstaunlichen, außergewöhnlichen Lebensstil? Die Eisenbahn fährt durch die Luft, Aufzüge sausen durch alle Etagen hinauf und hinunter, die Häuser rühren fast an die Wolken . . . Der Zauber hatte schon mit der Abfahrt des Ozeanriesen *La Bretagne* begonnen.

Noch um 1880 brauchten die Schiffe nicht weniger als zehn Tage, um nach Nordamerika zu fahren. Jetzt, im Jahre 1891, war man zwischen Le Havre und New York sechs Tage und vierzehn Stunden auf dem Meer. Ein schwimmender Palast – mit einem Theater, einem Schwimmbad, einer Bibliothek –, der Hunderte von Passagieren aufnehmen kann! In der ersten Klasse erscheinen die Damen im Abendkleid zum Diner. In der dritten Klasse, wo es von Auswanderern aller Arten und einer Schar von Freudenmädchen mit ihrem Agenten wimmelt, herrscht fröhliche Stimmung. Ein Zigeuner führt seinen dressierten Affen vor, man singt und tanzt, man spielt Akkordeon und Gitarre. Mehrmals wagt sich Tschaikowsky auf das Deck der dritten Klasse, wo er die Bekanntschaft der Mädchen und der Handelsreisenden macht; er bewirtet sie, spendiert ihnen Getränke, erzählt ihnen von seinen Sorgen, seinen Ängsten: Er fürchtet das Meer, er fürchtet die Seekrankheit – obwohl sie ihn noch nicht befallen hat –, er fürchtet, daß das Schiff untergeht. »Ja, in Ihrem Alter ist das verständlich«, lautet die mitfühlende Antwort; er geht nach oben in seine Kabine, betrachtet sich im Spiegel: Sieht er schon aus wie ein Greis?

»Tschaikowsky is a tall, grey, well built interesting man, well on the sixty. He seems a trifle embarassed and responds to the applause by a succession of brusque and jerky bows«, heißt es am Tag nach seiner Ankunft im *Herald*. Photographien zeigen ihn auf der Landungsbrücke, in der Eingangshalle des Hotels, in den Straßen. Die Journalisten kommen zu ihm:

»Wie gefällt es Ihrer Gattin in New York?« wird er gefragt. Wenn sie wieder gehen, bitten sie ihn um ein Autogramm.

Er wundert sich unaufhörlich: In seinem Hotelzimmer gibt es eine Zentralheizung, ein Badezimmer mit fließend kaltem und warmem Wasser. Keine Kerzen mehr: überall elektrisches Licht. Wenn er irgend etwas braucht, klingelt er, oder er nimmt den Hörer des Zimmertelephons auf und meldet seine noch so geringen Wünsche an. Man spricht in einen Draht! Unvorstellbar! Kaum Droschken in den Straßen, überall diese Eisenbahn, die mit schrecklichem Getöse zwischen den Häusern hindurchfährt. Viele Schwarze, die er neugierig betrachtet. Und die Häuser! Manche haben zehn, zwölf, siebzehn Etagen! Nie würde er in der siebzehnten wohnen wollen! Und in Chicago sollen manche Häuser vierundzwanzig Stockwerke hoch sein!

Doch auch die Menschen überraschen ihn: Sie sind fröhlich, unkompliziert, gastfreundlich. Jeden Morgen bekommt er von Frauen Blumen, silberne Zigarettenetuis, Parfüm zugesandt. Tag für Tag Geschenke: eine silberne Freiheitsstatue, eine Schreibgarnitur... Keine offiziellen Festessen, sondern angenehme, lebhafte Diners. Keine Ansprachen, nur kurze Toasts. Vor jedem Gedeck steht eine Menükarte mit ein paar Takten seiner Musik, am Platz jeder Dame ein Porträt Tschaikowskys in einem eleganten Rahmen.

Eine Mischung aus Luxus, Komfort und Einfachheit, Menschen, unentwegt bemüht, ihm zu Gefallen zu sein – das alles überrascht Tschaikowsky schon am ersten Tag seines Aufenthalts. Carnegie fordert ihn auf, mehrere Konzerte zu dirigieren. Das Orchester ist immer erstklassig, der Saal – rund fünftausend Plätze – jedesmal ausverkauft. Und das hält man für eine Selbstverständlichkeit!

Zum erstenmal betritt Tschaikowsky Bars, deren Wände mit kostbaren Gobelins bedeckt sind; er wird zu geschlossenen Clubs zugelassen, in denen die – nicht gerade jungen – Menschen Schlittschuh laufen oder baden. Er ißt eine aus kleinen Schildkröten zubereitete Soße, in Rosen serviertes Eis; man reicht ihm ein aus Whisky und mehreren Likören gemixtes Getränk. In den Straßen demonstriert eine ärmlich gekleidete Menschenmenge, sie fordert den Achtstundentag – er weiß nicht recht, was das heißen soll. Alles erstaunt ihn: die goldenen Zähne der Männer und der Frauen, die so freundlich sind, ihn beim Einkauf von Wäsche zu begleiten; Carnegie, der trotz seines ungeheuren Vermögens so einfach und behaglich wie jeder andere lebt, bewundert Tschaikowskys Musik sehr, umarmt ihn – küßt ihn jedoch nicht, denn in Amerika küssen die Männer einander nicht! – und erklärt ihn zum »ungekrönten König der Musik«.

Die russische Botschaft in Washington gibt ihm zu Ehren einen Empfang. In Philadelphia gewinnt er in nur zwei Tagen zahlreiche Freunde unter den Musikern. Doch dann, auf dem Höhepunkt seiner Erfolge, fällt ihm ein Vorderzahn aus: Er lispelt und ist eine ganze Woche lang schlechter Laune. In New York fühlt er sich schon fast wie zu Hause . . . In der Eisenbahn gibt es ein Bad, einen Friseursalon, und jedem Reisenden bringt man – auf seinen Wunsch – Kämme, Bürsten, Handtücher, Seife . . .

Doch abends, wenn er allein war, weinte er trotz allem. Er weinte, weil es viele gute Menschen auf der Welt gab, die ihn liebten, die jedoch am anderen Ende der Erde waren, weil er so weit von zu Hause entfernt und immer einsam war, und auch, weil er sehr erschöpft war. Er weinte, wenn er an Bob dachte, der so weit weg war und ihm nur selten schrieb.

»Mehr als an jeden anderen Menschen denke ich an Dich«, schrieb er ihm. »Ich möchte Dich so gern sehen, Deine Stimme hören; es wäre ein so großes Glück für mich, daß ich zehn Jahre meines Lebens dafür gäbe (Du weißt, wie sehr ich an ihm hänge), wenn Du mir erscheinen würdest, und sei es auch nur für eine Sekunde! Bob, ich bete Dich an! Erinnere Dich: Ich habe Dir gesagt, daß der Schmerz, den ich empfinde, wenn ich ohne Dich bin, größer ist als das Glück, das ich kenne, wenn ich Dich ansehe! Hier im Ausland, wo ich lange Tage ohne Dich verbringe, kann ich die ganze Kraft und Größe meiner Liebe zu Dir ermessen.«

Manchmal hatte er den Eindruck, als machte nicht sein

wahres »Ich« die Reise, sondern ein anderer Mensch. War es denn möglich, daß er all die Proben, die neuen Begegnungen, den Sturm, der den Atlantik entfesselte, überstanden und fast Vergnügen daran gefunden hatte? Das wahre »Ich« zitterte, verkümmerte, dieses »Ich« weinte unaufhörlich. Inmitten dieser gastfreundlichen, begeisterten Menschenmenge war dieses »Ich« einsamer denn je. Allein im Ausland, allein in Rußland, ewig und überall allein. Niemand brauchte ihn. Und er hatte nicht einmal mehr Frau von Meck.

XIV

Der Verrat an dieser Freundschaft, der Verrat an der »besten Freundin« hatte schon 1888 begonnen, als er seine triumphale Konzertreise durch Europa machte. Damals hatte er erkannt, daß der Bruch unumgänglich war. Frau von Meck versuchte immer noch, die Tiefe in ihm anzusprechen, die sich ihr zu Beginn ihrer beider Korrespondenz geöffnet hatte. Sie verlangte eine große gedankliche Anstrengung, eine fortgesetzte geistige Erbauung. Er wurde ihrer Forderungen allmählich überdrüssig. Die künstlerischen Kräfte verließen ihn oft, sie stärkten ihn lediglich in den Stunden der Arbeit; die übrige Zeit widmete er dem Streben nach Ruhm – ein riskantes, eitles, beglückendes, anstrengendes Spiel. Immer deutlicher wurde ihm bewußt, daß zwischen der Vorstellung, die sie sich von ihm machte, und dem, was er in Wirklichkeit war, ein Abgrund klaffte, den zu überbrücken er weder Zeit noch Kraft hatte. Sie hielt ihn für einen Zauberer, der ausschließlich seiner Musik lebte; er sah in seiner Kunst zuweilen auch ein Mittel, um Weltruhm zu erlangen. Sie glaubte, seine Arbeit nehme ihn zu sehr in Anspruch und hindere ihn daran, ihr häufiger zu schreiben; er schrieb jeden Tag zwanzig Briefe, die meisten an Personen, die ihm nützlich sein konnten. Sie glaubte, Geld sei ihm gleichgültig; er wurde zusehends geldgieriger, und er sagte sich oft, daß ihn nur die Rente daran hindere, mit ihr zu brechen.

Sie hielt ihn für einen geistigen Menschen; er sorgte sich vor allem um sein körperliches Wohlbefinden. Sein Magenleiden hatte sich verschlimmert; sein Appetit, sein Darm, seine Krisen, seine Schlaflosigkeit beunruhigten ihn sehr. Sie glaubte, seine sanfte, zarte Seele bringe ihn den Kindern nahe; er folgte den kleinen Schülern voller Angst, von den Erwachsenen entdeckt zu werden. Sie glaubte, ein Glas Cognac helfe ihm beim Einschlafen – ihm, der so oft schwer betrunken war! Sie glaubte, er sei der Frau, die er hätte lieben können, niemals begegnet – sie wußte nicht, daß für ihn jede Frau eine Antonina Iwanowna war.

In den ersten Jahren hatte sie ihn in ihren Briefen zu dem gemacht, den sie liebte, er war *ihr Eigentum* geworden. Doch Eitelkeit, Ruhm, Alter, Krankheiten, die ständige Angst und das komplizierte, unruhige Leben, das er führte, machten es ihm unmöglich, sich ihrem hohen Anspruch weiterhin gewachsen zu zeigen. Der Verrat glitt zwischen sie.

Er hatte sich nach und nach an die Veränderungen gewöhnt, sie waren ihm kaum aufgefallen. Doch der Tag kam, an dem Frau von Meck sich ihrer deutlich bewußt wurde. Sie gehörte nicht zu den Frauen, die resignieren, verzeihen und die Augen verschließen: Sie brach mit ihm, ohne Umschweife und für immer.

Ihr Vermögen, größtenteils von ihrem Mann und von ihr selbst zusammengetragen, war jetzt nicht mehr das gleiche wie zwölf Jahre zuvor. Tschaikowsky verdiente viel Geld, er lebte auf großem Fuß, spielte mit dem Gedanken, sich ein eigenes Haus zu kaufen. Sie war zu geradlinig und aufrichtig, um eines Vorwands für den Bruch zu bedürfen, doch ihre Vermögenslage lieferte ihr einen: Sie schrieb Tschaikowsky, daß sie ihm die Jahresrente entziehe.

»Vergessen Sie mich nicht, und erinnern Sie sich manchmal.«

Konnte man sich denn nicht hin und wieder schreiben? War die finanzielle Unterstützung der einzige Grund ihrer Brieffreundschaft gewesen? dachte er fassungslos.

Es schien, als wäre ihr etwas entdeckt worden, das sie zu ihrer Entscheidung veranlaßt hatte. Und tatsächlich kam der Tag, an dem sie, die ihn seit dreizehn Jahren kannte, die ganze Wahrheit über sein Leben erfuhr: Sofort riß sie sich ihn aus ihrem Herzen. Der Verlust von achtzehntausend Rubel war keine Katastrophe, nicht mehr als eine Unannehmlichkeit. Er antwortete ihr etwas hochtrabend, doch mit Würde. Sein Brief blieb unbeantwortet, und das quälte ihn. Er schrieb ein zweites Mal. Erneutes Schweigen. Er wartete sechs Monate, versuchte, über seine Nichte – die einen Sohn Frau von Mecks geheiratet hatte – herauszufinden, ob sie ihn endgültig vergessen habe. Er erfuhr nichts. Nach seiner Rückkehr aus Amerika im Juli 1891 schrieb er Pachulsky einen langen Brief, in dem er ihn beschwor, etwas zu tun, damit sie sich ihm wieder zuwende. Aber sie wandte sich ihm nie wieder zu.

Obwohl sie neun Jahre älter war als er, war er überzeugt gewesen – warum, wußte er nicht –, daß sie ihn überleben und in der Stunde seines Todes bei ihm sein würde. Jetzt war er allein – im Leben wie im Tod. Die »Glückseligkeit« war vorbei. Nur eine Wunde blieb.

Von der Emailuhr, die sie ihm geschenkt hatte, trennte er sich nie. War sie etwa ein Talisman? Wenn er sie zum Reinigen weggeben mußte, war er unruhig. Nach seiner Rückkehr aus Amerika hatte er sich wieder in Maidanowo niedergelassen. Es war Sommer. Eines Abends standen die Fenster weit offen, es war sehr heiß, er trug seine Hausjacke ohne Taschen. Die Uhr, die er auf seinen Arbeitstisch gelegt hatte, verschwand.

Er entdeckte es, als er sie aufziehen wollte. Sofort telephonierte er nach Moskau und verständigte die Polizei; am nächsten Morgen traf ein Detektiv ein, Aljoscha empfing ihn. Tschaikowsky lag in seinem verdunkelten Zimmer auf dem Bett, Tränenausbrüche und Ohnmachten folgten auf schreckliche Wutanfälle – es schien nicht angeraten, sein Zimmer zu betreten.

War es möglich, daß alles vorbei und jetzt auch dieser einzige greifbare Beweis einer auf der Welt einzigartigen Freundschaft verschwunden war? Spät in der Nacht kam Aljoscha zu ihm und tröstete ihn: Der Detektiv hatte versprochen, die ganze Umgebung durchsuchen zu lassen.

Im September glaubte man, den Dieb gefunden zu haben. Ein junger, recht gutmütiger Bauernbursche, harmlos und ein wenig einfältig, legte ein Geständnis ab und nannte zwei angebliche Mittäter, doch hatten sie sich an dem fraglichen Tag leider nicht in Maidanowo aufgehalten. Danach warf er sich Tschaikowsky zu Füßen und sagte, er hätte alles erfunden. Tschaikowsky wußte nicht, was er davon halten sollte; er bat ihn inständig, ihm zu verraten, wo die Uhr sei, er versprach eine hohe Belohnung. Der Junge schien nicht recht bei Verstand zu sein und erzählte dem Richter in allen Einzelheiten, wie er durch das Fenster gestiegen sei und die Uhr, das Messer und ein Kartenspiel gestohlen habe. Doch dann verwickelte er sich in seine eigenen Widersprüche, bat, ihn freizulassen, und schwor, die Uhr nie gesehen zu haben.

Maidanowo war ihm von da an verleidet, und so beschloß Tschaikowsky, ein Haus in Klin, in der Stadt selbst zu kaufen.

»Mir wird hier alles von Tag zu Tag unausstehlicher.«

Es wurde Zeit, sich endlich niederzulassen, einen Ruhesitz für das nahe Alter zu finden. Er hatte nie sparen können und war jetzt mehr denn je verschuldet. Das Haus wurde nicht gekauft, sondern gemietet – ein großes, zweistöckiges, von unbebautem Gelände und Gemüsegärten umgebenes Haus. Im Winter sah man durch die kahlen Bäume auf das weite, ganz flache Land. Im Erdgeschoß wohnte Aljoscha mit seiner Familie; in der ersten Etage Tschaikowsky. Die große Liebe seiner Kindheit, Ludwig XVII., hing zwischen anderen Stichen und Photographien an der Wand. Photographien liebte er sehr, und der damaligen Mode entsprechend rahmte er sie ein und hängte sie nebeneinander auf, so daß alle Wände bedeckt waren. Auch Frau von Meck hing dort mit ihrer wenig anmutigen hohen Frisur und alle lebenden und verstorbenen Freunde. Auf dem Tisch lag jetzt immer ein Band Spinoza, dessen Seiten mit Randbemerkungen in Bleistift versehen waren; auf dem Flügel lagen seine Lieblingspartituren Mozarts, ein Geschenk von Jürgenson. Auch hier stand immer ein Zimmer für Bob bereit. Er kam im Frühjahr mit zwei Cousins, seinem Freund Buxhövden und dem jungen Sohn Naprawniks, um sich auf die Examen vorzubereiten. Tschaikowsky nannte sie »meine vierte Suite«. Er nahm sie oft nach Moskau mit, und jede Reise kostete ihn mindestens fünfhundert Rubel. Er hatte die Angewohnheit, für alle zu zahlen – es machte ihm Freude –, nicht nur für Bob, Kolja Konradi, Modest (der weitgehend auf seine Kosten lebte) und Laroche, sondern auch für Menschen, die viel reicher waren als er. Von seinen Konzertreisen im Ausland brachte er kaum etwas nach Hause.

Um zu Ruhm und vor allem zu Geld zu kommen, mußte er viel reisen, in Rußland wie in Europa. *Pique-Dame* brachte ihm viel ein, zeitweilig war er fast reich. In Rußland reiste er immer mit großem Vergnügen, Kiew und Tiflis waren ein angenehmer Ersatz für Moskau, dem er entwachsen war wie einem alten, zu engen Kleidungsstück. Glückselig kehrte er nach Petersburg zurück. Die Stadt hatte sich sehr verändert, vor allem ihm gegenüber. Naprawnik und die gesamte Direktion der kaiserlichen Bühnen bezeugten ihm Hochachtung und grenzenlose Bewunderung, sie bezeichneten ihn als den größten Komponisten Rußlands. Hier lebte Modest, hier lebten befreundete Musiker, von denen ihm einige weniger nahe waren, wie Rimski-Korsakow, während andere wie Glasunow ihm viel bedeuteten. Hier schließlich machte Bob sein Studium. Und Petersburg liebte ihn jetzt – doch wo wurde er jetzt nicht geliebt? Wo er sich auch aufhielt, überall wurden ihm tiefe Zuneigung und jubelnde Begeisterung bezeugt. Und wenn er an seinen Empfang in Odessa zurückdachte, der herzlicher, leidenschaftlicher und exaltierter gewesen war als alle anderen – man hatte ihn in einem Sessel durch den Saal getragen, ihm die Hände geküßt, geweint, Stegreifreden in Vers und Prosa gehalten –, dann hatte er die Gewißheit, alles erreicht zu haben, was er erreichen konnte.

Doch das Reisen im Ausland wurde ihm unerträglich. Sobald er in Eidkunnen aus dem russischen Waggon in den deutschen Waggon umstieg, schwor er sich, daß es das letzte Mal sei. Er ging auf die Toilette und weinte. Er weinte, weil er dazu gezwungen war, in der ganzen Welt dem Geld hinterherzujagen. Warum? Er wußte es nicht. Doch in Hamburg wurde *Onegin* aufgeführt, in Prag *Pique-Dame*. Er mußte zugegen sein. Bisher war er in Europa vor allem als Komponist symphonischer Werke bekannt gewesen, jetzt begann man, ihn als Opernkomponisten zu kennen und zu schätzen. Während dieser Reisen brachte ihn der Zufall wieder mit Menschen zusammen, die er vergessen oder aus den Augen verloren hatte. Aus seinen früheren Schülern waren inzwischen Professoren geworden. Bei gesellschaftlichen Empfängen begegnete er Désirée Artôt-Padilla. Alle diese Begegnungen waren wie Abschiede, ihm war, als kehre er zu seiner Vergangenheit zurück, um sich endgültig von ihr zu trennen. Der Zufall führte ihm die »Nichte« aus Wotkinsk wieder zu, die vollkommen kindisch geworden war, jetzt in Kamenka lebte und glaubte, er, Petruschka, sei immer noch sechs Jahre alt. Und eines Tages traf ein Brief von Fanny ein: von Fanny, Mademoiselle Fanny, die nach fünfundvierzig Jahren der Trennung von seinem Ruhm gehört hatte und ihm ein Lebenszeichen gab.

Es war, als wäre seine verstorbene Mutter zurückgekehrt.

Fanny wollte ihn sehen, sie erzählte ihm von den Jahren in Wotkinsk, sie erkundigte sich nach allen Familienmitgliedern. Sie hatte nichts vergessen, sie hatte Tschaikowskys Schulhefte aufbewahrt. Er war so überwältigt, daß er sich tagelang nicht beruhigen konnte: War es möglich, daß sie lebte, daß er sie sehen würde, daß die besten Jahre seines Lebens wiedererstehen würden? Sein Bruder Nikolaj, der ihm der liebste Spielkamerad gewesen war, die schwarzen Nächte im Ural, wie aus einer Geistergeschichte hervorgebrochen, die leichte Hand seiner Mutter auf seinem Nacken, die Schlittenfahrten entlang der Kama . . . Seine ganze Kindheit . . . Er versprach, sie bei seinem nächsten Aufenthalt im Ausland aufzusuchen, doch ein halbes Jahr verging, ehe er auf dem Weg von Basel nach Paris in Montbéliard haltmachen konnte.

Die kleine Stadt mit ihrer alten Kirche und ihrer baumbestandenen Hauptstraße erinnerte ihn an die russischen Provinzstädtchen. In einer ruhigen Straße führte man ihn zu einem bescheidenen Haus. Eine rundliche alte Dame mit sonnengebräuntem Gesicht, etwa siebzig Jahre alt, kam ihm entgegen. Er erkannte sie sofort. »Pierre!« Sie fing an zu weinen. Auch er war sehr gerührt. Sie setzte ihn in einen Sessel, erkundigte sich nach aller Welt, auch nach Menschen, die er längst vergessen hatte. Sie sprach von seiner Mutter, holte Briefe und sein Kindertagebuch hervor. Er betrachtete sie: Sie war ganz klein, mit lebhaften Gesten, ohne ein weißes Haar. Und da war es wieder, das erregende, bittere Thema seines Lebens, das Thema dieser sehnsüchtigen, qualvollen, unvollendeten Symphonie, das Gestalt angenommen hatte, als er noch der »gläserne Knabe« war, als zum erstenmal die Arie der Zerline aus einem alten mechanischen Klavier mit quietschenden Walzen ertönte, als der polnische Offizier ihm Chopin vorspielte – lange noch, bevor er vom epiletischen Großvater Assiere die

Erkrankung des Rückgrats geerbt hatte, bevor er Piccioli, dem geheimnisvollen, verführerischen Abenteurer, begegnet war.

Er verbrachte den ganzen Tag mit Fanny und kam früh am nächsten Morgen zu ihr zurück. Zu den Mahlzeiten schickte sie ihn ins Hotel, denn sie lebte von ihren Stunden und konnte ihn nicht so verwöhnen, wie sie es gern getan hätte. Er bot ihr Geld an, doch sie lehnte ab. In der ganzen Stadt gab es keinen Menschen, der ihr nicht seine Bildung verdankte.

Das Leben führte ihm auch seine Jugendfreundin Annette wieder zu. Er hatte sie nie ganz aus den Augen verloren, doch seit einiger Zeit schrieb er ihr öfter in vertrauterem Ton ironische Briefe. Doch sie erahnte hinter der Ironie alles, was er ihr sagen wollte und nicht konnte, und er war ihr dankbar für ihr Verständnis. Nachdem das Leben ihn seiner »besten Freundin« beraubt hatte, schien es ihn entschädigen zu wollen, doch wie angenehm dieser Ersatz auch war – gleichwertig war er nicht. Er konnte Frau von Meck nicht vergessen.

Und wieder sagte er sich wie früher, wie immer: »Arbeiten! Arbeiten!« Er wandte sich wieder seiner einzigen wahren Tätigkeit zu. »Wie der Schuster seine Schuhe macht«, so komponierte er den *Nußknacker* und *Yolanthe*. Für den *Nußknacker* hatte ihm der Ballettmeister Petipa genaue Anweisungen gegeben:

Nr. 1. 64 Takte stimmungsvoller Musik.

Nr. 2. Der Baum leuchtet auf. Funkelnde Musik von 8 Takten.

Nr. 3. Eintreten der Kinder. Lärmende Musik. 24 Takte.

Nr. 4. Augenblick des Erstaunens und der Bewunderung. Ein Tremolo über einige Takte hin etc.

Nr. 5. Ein Marsch von 64 Takten.

Nr. 6. Auftritt der Unglaublichen. 16 Takte Rokoko.
Nr. 7. Galopp.
Nr. 8. Auftritt des Drosselmeyer. Etwas furchteinflößen-
de, aber komische Musik. Eine breite Bewegung
von 16 bis 24 Takten.

Er arbeitete mit Fleiß. Kaum hatte er die Auftragsarbeiten
ausgeführt, zwang er sich, außer dem Klavierauszug eine
vereinfachte Fassung des *Nußknackers* anzufertigen; er vereinfachte auch einige frühere Partituren. Tanejew und Klindworth hatten es bereits versucht, aber *für Bob* waren sie
immer noch zu schwierig. Er verbrachte mehrere Monate in
Klin und korrigierte gelangweilt die Probeabzüge.

Im Traum sah er Noten, die aus irgendeinem verhängnis-
vollen Grund nie taten, was er wollte. Solche Träume hatte
er oft. Als er *Dornröschen* komponierte, träumte er jede
Nacht davon, Tänzer zu sein. Er war immer sehr früh aufgestanden, und jetzt, da er allein lebte, war es ihm zur
Gewohnheit geworden, sich zu eilen. Er war immer schneller gegangen, hatte immer schneller gegessen und dirigiert,
als es nötig war. Jetzt arbeitete er mit solcher Hast, daß ihm
der Kopf schmerzte und ihm die Hände zitterten – einerlei,
ob es sich um die Instrumentierung von *Yolanthe* oder die
neue Symphonie handelte, die er im Winter 1891/1892 komponierte.

Er arbeitete ohne große Begeisterung, seine Gedanken
waren verworren und chaotisch, und als die Entwürfe abgeschlossen waren, stellte er fest, daß er in dieser Symphonie
nichts Neues, Kraftvolles oder Tiefes zum Ausdruck
gebracht hatte. Er vernichtete sie, ohne sie jemandem vorgespielt zu haben. Er hatte das Schicksal seiner *Symphonischen Ballade* nicht vergessen, die er, angeregt durch Puschkins *Woiwoden,* ein Jahr zuvor komponiert hatte!

Er hatte diese Ballade bei Silotis Konzert dirigiert; sie

wurde damals zum erstenmal aufgeführt. Kaum war es vorbei, stürzte er ins Künstlerzimmer. Schwer atmend und rot vor Zorn zerriß er die Partitur mit den Worten, es sei unmöglich, einen solchen Dreck zu spielen. Seine Freunde hatten versucht, ihn zu beruhigen, auf ihn einzureden ... Das wollte er kein zweites Mal erleben! Und so blieb von dieser Symphonie nichts zurück.

Doch die Monate verstrichen. Bei der täglichen Arbeit, auf seinen Konzertreisen war er von einem einzigen Wunsch besessen, dem Wunsch, endlich etwas zu komponieren, wonach der Tod, »Ungeziefer Freund Hein«, nicht mehr so schrecklich sein würde. Zu Hause in Klin, während seiner anhaltenden Angstzustände, im Ausland, wenn sich eine unerklärliche Verzweiflung seiner bemächtigte, dachte er unentwegt daran. Eine Symphonie. Eine neue Symphonie. Die *Sechste*. Zum Ausdruck bringen, warum er auf dieser Welt gelebt hatte. Warum er sterben würde, womöglich bald. Endlich seiner Liebe Ausdruck verleihen, von der er nicht mit lauter Stimme zu sprechen wagte.

Wenn er an »Ungeziefer Freund Hein« dachte, hatte er manchmal den Wunsch, sein Testament noch einmal zu lesen, es zu ändern und amtlich beglaubigen zu lassen. Alle Autorenrechte gingen an Bob, der damit alles erhielt, was Tschaikowsky je geschaffen hatte, was ihm am teuersten war. Aljoscha hinterließ er die Möbel des Hauses in Klin. Sein »Kapital« – falls durch ein Wunder etwas davon übrigblieb – war für Georges bestimmt, Tanjas Sohn, den Nikolaj Iljitsch adoptiert hatte und der außerdem eine Monatsrente von hundert Rubel bekommen sollte. Falls seine Emailuhr wiedergefunden wurde, sollte sie Bobs jüngstem Bruder übergeben werden.

»Ich schwöre, es ist das allerletzte Mal!« sagte er sich, als er Rußland verließ und nach Cambridge reiste, wo ihm die Ehrendoktorwürde verliehen werden sollte.

Was er einst vorausgesehen hatte, war geschehen: Mit seinem etwas würdevollen Gebaren glich er äußerlich einem Professor, doch es stand ihm gut zu Gesicht. In Rußland trug ihm dieses »europäische« Äußere eine gewisse Vornehmheit ein. In Frankreich paßte es hervorragend zu seiner gewählten Ausdrucksweise. In England spielte er eine ausgezeichnete Komödie, als er mit zwei anderen Kandidaten, Saint-Saëns und Boito, in der traditionellen Robe einherschritt, sich nach allen Seiten verbeugte und bedankte. Die Zeremonie ermüdete ihn nicht weiter: Es war nur eine von vielen, und an die Auftritte, Verbeugungen und Danksagungen hatte er sich seit Jahren gewöhnt.

Was in seinem Innern vorging, erinnerte in seiner Wucht und Gewalt an seine Gemütsverfassung im Jahre 1877. Nur hatte ihm damals jede Lösung offengestanden, er hatte alles mögliche unternehmen können, wovon er sich Rettung versprach, ohne daß irgend jemand je davon erfuhr. Jetzt waren aller Augen auf ihn gerichtet. Jeder Schritt aus dem Haus wurde vermerkt und kommentiert; jeder Mensch, der an ihn herantrat, wurde für die anderen ein Gegenstand der Neugier. Jeder Versuch, gegen den Sturm anzukämpfen, der in seinem Innern tobte – und von dem niemand etwas wußte –, konnte ihn verraten.

Sein Leben lang hatte er es verstanden, anderen zu gefallen. Die »Vierte Suite« folgte ihm auf Schritt und Tritt, begleitete ihn nach Petersburg, nach Moskau. Die jungen Musiker Moskaus blickten mit Achtung und Bewunderung zu ihm auf: Er verstand es nicht nur, mit ihnen zu sprechen, sie zu beraten und zu ermutigen, sondern er half ihnen, wenn es notwendig war. Nach seiner Rückkehr schickte er Julius Conus nach Amerika; dank seiner Fürsprache kam es in Moskau und Kiew zur Aufführung der Oper *Aleko* von dem jungen Rachmaninow, der ihm von allen der liebste war. Tanejew war ihr Lehrer, er dagegen ihr Vorbild. Sie wurden seine Freunde; Glasunow und Liadow duzten ihn bereits seit Jahren.

Aber sie waren auch seine ersten Richter – nach Bob natürlich. Als er im Februar 1893 die ersten Takte seiner neuen Symphonie auf dem kleinen Tisch in seinem Schlafzimmer notierte, schrieb er an Bob:

»Ich möchte Dich über die angenehme Geistesverfassung unterrichten, in die mich meine Arbeit versetzt. Du weißt, daß ich im Herbst eine halbwegs komponierte und sogar instrumentierte Symphonie vernichtet habe. Das war richtig; sie enthielt in der Tat wenig Gutes. Nichts als ein Spiel leerer Töne, ohne wirkliche Inspiration. Auf meinen Reisen hatte ich einen Einfall zu meiner neuen Symphonie – diesmal mit einem Programm –, doch *das Programm* soll für alle ein Rätsel bleiben – mögen sie sich doch die Köpfe darüber zerbrechen! Sie wird *Programmsymphonie* (Nr. 6) heißen. Das Programm ist bis ins Innerste subjektiv. Ich mußte oft weinen, wenn ich sie auf meinen vielen Reisen in Gedanken komponierte. Jetzt, nach meiner Rückkehr, habe ich mit dem Entwurf begonnen, und ich arbeite so feurig und so rasch, daß ich den ersten Satz in knapp vier Tagen fertiggestellt und den Rest bereits deutlich vor Augen habe. Eine Hälfte des dritten Satzes ist ebenfalls abgeschlossen. Formal wird diese Symphonie viel Neues enthalten – unter anderem wird das Finale kein lautes Allegro, sondern ein gemächliches Adagio. Du wirst kaum verstehen können, wie sehr es mich mit Glück erfüllt, davon überzeugt zu sein, daß meine Zeit noch nicht vorbei ist, sondern daß ich noch arbeiten kann. Bitte sprich mit niemandem darüber außer mit Modest.«

Im Frühjahr erfaßte ihn für kurze Zeit erneut der Schaffensdrang. Am Ende des ersten Satzes schrieb er auf das Notenpapier: »Gott der Herr sei gelobt! Ich habe dies am 4. Februar begonnen; ich habe es am 9. Februar vollendet.«

Er skizzierte die wichtigsten Themen, er hörte sie bereits in der Orchesterfassung. Violoncelli und Harfen im ersten Satz für das Herzklopfen, die Seufzer der Fagotte, das herzzerreißende Scherzo und statt des Allegros im Finale ein Adagio mit der Vorahnung des Todes. Wie einst wurde er vom Taumel der Inspiration erfaßt, und erst im Sommer, als er die vier Sätze instrumentierte, kam er wieder zur Besinnung und wurde sich der vielen Schwierigkeiten bewußt.

Die Arbeit, die zu tun blieb, war längst nicht so angenehm; er ermüdete schnell, und er litt unter Beschwerden. Doch er sah sich diese Symphonie bereits beim Konzert am 16. Oktober in Petersburg dirigieren, und ungeduldig bat er Leon Conus, den Klavierauszug herzustellen.

Im Herbst verbrachte er ein paar Tage in Moskau: Modests erstes Theaterstück, *Die Vorurteile,* wurde im Kleinen Theater aufgeführt. Es war kein großer Erfolg, doch nach alter Gewohnheit wurde das Ereignis im *Großen Moskauer Hof* gefeiert, wo Tschaikowsky diesmal abgestiegen war. Der berühmte Tenor Figner, der unvergleichliche Hermann seiner *Pique-Dame,* hatte ihn eines Tages gefragt:

»Pjotr Iljitsch, wo investieren Sie Ihr Kapital?«

»Zur Zeit im *Großen Moskauer Hof*», lautete Tschaikowskys Antwort.

Am nächsten Tag spielte er bei Tanejew zum erstenmal seine *VI. Symphonie* vor.

Alle waren zugegen: Rachmaninow lauschte, den Kopf in die Hand gestützt, ohne den Blick von Tschaikowskys Gesicht abzuwenden. Er liebte es, ihn zu beobachten, wenn der andere ihn nicht sah. Eines Tages hatte er ihn im Großen Theater, als Tschaikowsky sich unbeobachtet glaubte, ganz anders gesehen, *ohne Maske,* und seither suchte er in diesem ruhigen, höflichen Gesicht jenen *anderen* Ausdruck der Erschöpfung, Verzweiflung, Qual wiederzufinden ... Jetzt betrachtete Rachmaninow die Hände Tschaikowskys, der die Klaviertechnik seit langer Zeit vernachlässigte und längst nicht mehr so gut spielte wie dreißig Jahre zuvor. An diesem Tag spielte er vor lauter Aufregung schlecht. Ein langes Schweigen folgte auf die letzten Akkorde. Tanejew schlug den Gästen vor, im Flur eine Zigarette zu rauchen: Bei ihm war das Rauchen in den Zimmern nicht gestattet. Er führte ihnen seine neueste Erfindung vor, ein *Perpetuum mobile*.

Modest und Bob, die zur Premiere der *Vorurteile* nach Moskau gekomen waren, befanden sich unter den Gästen. Bob trug Zivil, er haßte die Uniform der Rechtsschule und wollte sie endgültig ablegen. Auch sie schwiegen. Im Eßzimmer wurde der Tee serviert, und Tschaikowsky bat Rachmaninow, ihm seine *Toteninsel* vorzuspielen. Danach beglückwünschte er ihn lange und herzlich.

Trotz ihres Schweigens wußte er, daß diese Symphonie das Beste war, was er je geschrieben hatte. Nicht, weil es sein jüngstes Werk war, nicht, weil er sich selbst seit langen Jahren eine Antwort auf bohrende Fragen geben wollte und dies endlich getan hatte, nicht, weil diese Symphonie all seinen Schmerz, all seinen Wahn barg und er jetzt wie ausgehöhlt war, als hätte man ihm die Seele aus dem Leib gerissen, sondern weil diese Musik mehr denn je er selbst war, Fleisch von seinem Fleisch, Blut von seinem Blut. Es waren wahrhaftig die Schläge *seines* Herzens, *seine* Seufzer. Diese Musik war eine Wirklichkeit, neben der er selbst nur ein Schemen war.

Die *VI. Symphonie* war Bob Dawydow gewidmet.

Am 9. Oktober 1893 reiste er nach Petersburg ab, zerstreut und ziemlich krank. Das Bikarbonat, von dem er sein Leben lang großzügig Gebrauch gemacht hatte, konnte seine Magenschmerzen nicht mehr lindern. Am Abend zuvor hatte er bei Ippolitow-Iwanow in der Garderobe seine Handschuhe liegengelassen, und es ärgerte ihn, daß er sich in der

Nähe des Bahnhofs neue kaufen mußte. Am Vormittag hatte Antonina Iwanowna ein weiteres Lebenszeichen gegeben: Sie fragte ihn, ob er vielleicht ihr drittes Kind anerkennen wolle – die beiden anderen hatte sie der Fürsorge überlassen. Angewidert hatte er ihr Geld geben lassen. Ihre Besuche, ihre Forderungen würden ihn bis an sein Lebensende begleiten.

Niemand hatte ihn zum Bahnhof begleitet: er haßte es. Nur sein alter Freund Kaschkin war vor seiner Abreise zu ihm ins Hotel gekommen. Sie hatten zusammen geraucht und von vergangenen Zeiten gesprochen. Wie viele Menschen waren in der letzten Zeit aus seinem Leben verschwunden! Die Liste verstorbener Freunde war so lang, daß Tschaikowsky sich oft nicht an alle erinnern konnte, die er geliebt und verloren hatte. Von Kamenka, von Saschas Familie waren nur ganz wenige Angehörige übriggeblieben. Sascha war gestorben. Der gute Wolodja Schilowsky lebte nicht mehr. Der faule, mondäne Kondratjew – auch er war nicht mehr. Der Geiger Kotek, der ihn 1877 mit Frau von Meck bekannt gemacht hatte, war tot. Tot waren auch Hubert und Albrecht, »die ehrlichen Arbeiter«, und Apuchtin, der allzu strahlende, geniale Jüngling. Sie sprachen von so vielen Menschen! Von ihren Angehörigen, von den Moskauer Musikern, von Tretjakow. Und plötzlich erwähnte Kaschkin Frau von Meck.

»Liegt sie im Sterben?« rief Tschaikowsky. »Das darf nicht sein!«

Nein, sie lag nicht im Sterben, aber sie hatte ein Nervenleiden, sie erkannte ihre Umgebung nicht mehr, sie verstand nichts mehr.

Tschaikowsky starrte düster vor sich hin . . .

Sowenig er Abschiede mochte, sosehr freute es ihn, wenn er vom Bahnhof abgeholt wurde! . . . Modest, Bob, die jungen Männer, alle umringen ihn. Diesmal steigt er weder im

Dagmar noch im Hôtel de France ab. Bob und Modest haben eine Wohnung in der Kleinen Morskaja gemietet; sie ist renoviert worden, und ein Zimmer ist Tschaikowsky vorbehalten. Kolja Konradi hat geheiratet, und sie haben den jungen Fürsten Argutinsky, der zur »Vierten Suite« gehört, aufgefordert, zu ihnen zu ziehen. Im Augenblick wohnt Argutinsky jedoch noch mit einem Verwandten aus dem Kaukasus im Hotel. Tschaikowsky wird von dem Kammerdiener und der Köchin willkommen geheißen. Es riecht nach frischer Farbe. Bob und Modest haben ihm ein wunderbares Arbeitszimmer eingerichtet; hier wird er sich zu Hause fühlen.

Schon am nächsten Morgen beginnen die Proben, die die ganze Woche andauern. Am 16. findet das Konzert statt. Die *VI. Symphonie* hat weder auf das Publikum noch auf die Musiker die Wirkung, die Tschaikowsky sich erhofft hat. Sie rührt niemanden tief an – weder die einen noch die anderen. Man spendet zwar Beifall, doch ohne die rechte Begeisterung. Nach dem Konzert, in der Droschke, die sie nach Hause bringt, sagen Tschaikowsky und Glasunow kein Wort.

Ratlos schlug Tschaikowsky am nächsten Morgen die Partitur auf. Für *ihn* hatte diese Symphonie ein Programm, doch er wollte es nicht erklären. »*Symphonie tragique!*« rief Modest ihm zu, der seine Gedanken erriet, und einen Augenblick später aus dem Nebenzimmer: »*Symphonie pathétique!*«

»Bravo!« antwortete Tschaikowsky und behielt diesen Titel bei.

Die Zurückhaltung, mit der sein neues Werk aufgenommen wurde, machte ihn traurig. Bei Rimski-Korsakow hörte er sich die Elogen an, mit denen man ihn überschüttete, doch er hatte den Eindruck, daß selbst die erfahrensten Zuhörer eine zweite und dritte Aufführung abwarteten, um sich ein Urteil zu bilden. Vielleicht hatte er schlecht dirigiert und trug selbst die Verantwortung dafür? Eindeutige Urteile hatte es kaum gegeben; die Kritiker schienen unentschieden.

Und doch hing sein Herz immer mehr an Petersburg. Er war bei Bob! Bob, der die Rechtsschule absolviert hatte, wußte noch nicht, was er machen sollte; er war einem Ministerium zugeteilt worden, doch reizte ihn die militärische Karriere. Er ging viel aus, war beliebt, wurde oft eingeladen. Er stand spät auf, nahm ein ausgiebiges Bad – Tschaikowsky genoß es, ihn in der Badewanne plätschern zu hören –, gab viel Geld aus, er besaß zwar keines, doch Onkel Petja gab es ihm großzügig. Er las, spielte Klavier und gab mit einem bezaubernden Lächeln und seiner etwas schleppenden Stimme zu allem seine Meinung ab. Schon am Vormittag kamen seine Freunde zu ihm, junge Müßiggänger, deren Anführer er war. Alle hatten in diesem Jahr die Uniform der Rechtsschule abgelegt.

Abend für Abend gingen sie ins Ballett, in die Oper, in das Alexandrinsky-Theater. Eine Loge, manchmal zwei. Anschließend soupierten sie in einem Restaurant, das gerade in Mode war, bei den Zigeunern draußen vor der Stadt.

Tschaikowskys jugendliche Leidenschaft für Ostrowski ist neu erwacht. Eines Abends nimmt er seine ganze »Suite« mit in das Theater, um *Das feurige Herz* zu sehen. In der Droschke, die sie anschließend ins Restaurant bringt, plaudern sie, und Bob macht Buxhövden seine Schwäche für Frauen zum Vorwurf.

In dem Restaurant werden sie von alten Freunden erwartet; das Essen ist bereits aufgetragen. Seit einiger Zeit ist Tschaikowsky enthaltsam, er trinkt nur noch mit Mineralwasser verdünnten Weißwein, und abends verzichtet er auf Fleisch. Am nächsten Morgen klagt er über Magenschmerzen, doch da er am Abend zuvor nur Nudeln gegessen hat, macht sich niemand Sorgen. Man rät ihm, Rizinusöl einzunehmen, wie er es oft tut. Er rollt sich einen Leibwickel um den Bauch und geht zu Naprawnik. Doch auf halbem Wege besinnt er sich anders: Er geht besser nach Hause zurück, er fällt vor Müdigkeit fast um.

Modest und die jungen Leute setzen sich zu Tisch; er würde gern etwas essen, doch er unterläßt es und sieht ihnen betrübt zu. Sie bedauern ihn, und es ist ihm angenehm. Er hat kein Rizinusöl genommen, sondern ein Abführmittel, und er gesteht es ihnen mit verstörtem Gesicht. Dann gießt er sich ein wenig Wasser aus der Karaffe ein und trinkt einige Schlucke. Man faßt ihn beim Arm: Das Wasser ist nicht abgekocht!

Er ärgert sich, daß man es ihm gesagt hat: Hätte er es nicht gewußt, würde er keine Übelkeit spüren. Bis zum Abend hütet er das Zimmer und will keinen Arzt sehen. Er hat Schmerzen, doch nicht stärker als gewöhnlich. Nicht umsonst hat er im vergangenen Jahr eine Kur in Vichy gemacht.

»Erinnerst du dich, Bob, wie wir im letzten Jahr zusammen in Vichy waren, in dem verfluchten, widerwärtigen Vichy?«

Als er aufwacht, ist der Arzt da: Tschaikowsky muß die Zunge herausstecken. Es ist Bertenson: Mussorgski ist in seinen Armen gestorben.

Doch er kann nicht mehr sprechen und nicht mehr denken. Wozu auch! Er hat das Gefühl, sich in ein Tier zu verwandeln: Binnen weniger Stunden ist er aufgrund von Durchfall und Erbrechen stark geschwächt. Bei jeder Kolik schreit er auf. Kann es möglich sein? Schon jetzt? »Ungeziefer Freund Hein«?

»Ich glaube, das ist der Tod! Leb wohl, Modest!«

Noch keine blauen Flecken, keine Konvulsionen, aber der Arzt befürchtet die Cholera. Nachts wird er von ersten

Krämpfen geschüttelt. Das Gesicht, die Hände, die Füße laufen blau an. Ist es möglich? So schnell? So plötzlich? Man reibt ihn ein.

»Ist es Cholera?« fragt er, halb im Delirium; er öffnet die Augen und sieht alle an – Modest, Bob und den Diener, in große weiße Schürzen gehüllt. Er erkennt sie nicht. Das Krankenhaus? Wo ist er? Bei wem? Nein, sie sind es, seine Lieben, seine Nächsten, auf Bertensons Anordnung so verkleidet.

»Die Cholera.. Auch Mama ist...« Er will sagen, daß vor vierzig Jahren nicht weit von hier, am anderen Ufer der Newa, seine Mutter auf dieselbe Art gestorben ist.

Wieder setzen die Konvulsionen ein. Mit Tannineinläufen und Massagen wird er belebt. Er schämt sich vor Bob, und zwischen seinen Schreien, seinen Krämpfen und dem Erbrechen bittet er ihn, das Zimmer zu verlassen.

»Ich habe Angst, daß du nach all diesen Scheußlichkeiten jede Achtung vor mir verlierst«, flüstert er, am Ende seiner Kräfte.

Am nächsten Morgen tritt leichte Besserung ein, begleitet von schrecklicher Angst. Tränen fließen über sein Gesicht auf das Kopfkissen; seine Augen blicken gequält ins Leere. Er ringt nach Luft, das Herz tut ihm weh. Er möchte stöhnen, und er stöhnt, lange und schmerzlich. Er hat Durst, man gibt ihm zu trinken, doch es ist nicht *das*, wonach ihn verlangt. In seiner Phantasie erscheint ihm Trinken wie eine Erlösung, eine unvorstellbare Wonne. *Das nicht!* Er fleht sie an, ihm zu trinken zu geben, doch von dem Glas, das man ihm entgegenhält, wendet er sich angewidert ab.

Die Ärzte sind den ganzen Tag bei ihm; sein Gesicht verändert sich unaufhörlich: Zuerst ist es mit schwarzen Flekken bedeckt, dann ist es bleich und entstellt, dann wieder nimmt es den schrecklichen Ausdruck der Agonie an. Am

Morgen des dritten Tages sind die Ärzte besorgt, weil die Nieren nicht mehr funktionieren. Er braucht ein Bad.

Doch vor dem Bad schrecken alle zurück: Frau Tschaikowsky ist nach einem Bad gestorben! Nikolaj Iljitsch, der seit der ersten Nacht zugegen ist, macht Modest darauf aufmerksam; auch der Kranke erinnert sich daran.

»Wahrscheinlich werde ich wie Mama sterben«, sagt er gleichgültig. Das Bad wird auf den nächsten Tag verschoben.

Die Harnverhaltung wird immer besorgniserregender. Tschaikowsky erkennt Aljoscha nicht, der in aller Eile aus Klin gekommen ist. Am Sonntag nimmt er von seiner Umgebung nichts mehr wahr. In seinem Delirium rechnet er mit jemandem ab, zürnt jemandem, macht ihm Vorwürfe; er schluchzt, er fleht. Es ist Nadeshda Filaretowna von Meck, an die er sich wendet. Mehrmals ruft er unter Tränen ihren Namen. Dann öffnet er die Augen: Bob ist bei ihm. Er schließt sie wieder, ohne ein Wort gesagt zu haben.

»Nadeshda Filaretowna . . . Nadeshda Filaretowna . . .«
Sein Flüstern verklingt.

Man wickelt ihn in ein Laken und taucht ihn, der bewußtlos ist, in eine Zinkwanne in dem Salon, wo sein Bett steht. Der Schweißausbruch, den das Bad zur Folge hat, schwächt ihn noch mehr; sein Puls ist kaum mehr zu spüren, man gibt ihm eine Spritze. Die Nieren versagen vollständig; in der Nacht setzt das Lungenödem ein.

Nikolaj Iljitsch läßt einen Priester holen, doch der Kranke kann schon nicht mehr beichten. Und was könnte er diesem ernsten, feierlichen Fremden, der die Monstranz in den Händen hält, auch sagen? Der Priester verweigert ihm die Letzte Ölung, er liest das Sterbegebet vor. Tschaikowsky hört nichts mehr. Nur sein unstillbarer Durst ist noch in ihm lebendig – nicht der Durst nach einer gepreßten Zitrone, nach starkem Tee oder einer anderen Flüssigkeit; sein

279

Durst nach etwas, das er nicht benennen kann, nach dem einzigen, das ihn erlösen könnte. Ein tödlicher Durst in einer Wüste tödlicher Angst.

In der Wohnung, in der es noch nach frischer Farbe riecht, in der jetzt große Unordnung herrscht, sind Modest, Bob, Buxhövden, drei junge Cousins von Bob, Fürst Argutinsky, der Hausdiener und Aljoscha dem Krankenpfleger und den Ärzten behilflich. Nur wenige Freunde werden zu ihm gelassen – der Tenor Figner, Naprawniks Sohn und ein Gesandter Rimski-Korsakows.

Mit dem Wort »trinken« wird er mehrmals ins Leben zurückgeholt. Er sagt unzusammenhängende Worte, bewegt die Finger. Spät in der Nacht des 25. Oktober öffnet Tschaikowsky plötzlich die Augen. Noch einmal sieht er Bob an, dann Modest, dann Nikolaj Iljitsch. Sein ganzes Leben: der Gefährte seiner Kindheit, der langjährige Freund, die Liebe seines einsamen Alters . . . Dann verdrehen sich die Augen. Seine unbeweglichen Züge werden das, was Rachmaninow eines Tages gesehen hat: ein Gesicht *ohne Maske*.

Nina Berberova

"Mit der Meisterschaft der großen russischen
Realisten des neunzehnten Jahrhunderts offenbart
Nina Berberova in einem Zug öffentliches und
privates Dasein ihrer Protagonisten."
Frankfurter Rundschau

Der Traum von Liebe, die bleibt
Aus dem Französischen von Anna Kamp
Drei Novellen, 208 Seiten, gebunden

Die Begleiterin
Aus dem Französischen von Anna Kamp
Roman, 104 Seiten, gebunden

Der Lakai und die Hure
Aus dem Französischen von Anna Kamp
Roman, 96 Seiten, gebunden

Tschaikowsky
Aus dem Französischen von Anna Kamp
Biographie, 280 Seiten, gebunden

Ich komme aus St. Petersburg
Aus dem Russischen von Christine Süß
Autobiographie, 600 Seiten, gebunden

Die Affäre Krawtschenko
Aus dem Französischen von Bettina Klingler
320 Seiten, gebunden

Postfach 100 555, 31105 Hildesheim

Biographien

Ulrike Leonhardt
Prinz von Baden genannt Kaspar Hauser
(rororo 13039)
«Ulrike Leonhardt scheint das Geheimnis um Kaspar Hauser endgültig gelüftet zu haben.» *Süddeutsche Zeitung*

Hans Dieter Zimmermann
Heinrich von Kleist
(rororo 12906)
«Hans Dieter Zimmermanns einfühlsame wie kenntnisreiche Biographie ist ein Paradestück der Interpretationskunst.» *Stuttgarter Zeitung*

Rüdiger Safranski
Schopenhauer und Die wilden Jahre der Philosophie
(rororo 12530)
«Über Schopenhauer hat Safranski ein sehr schönes Buch geschrieben, das tatsächlich so etwas wie ‹eine Liebeserklärung an die Philosophie› ist. Wer sie nicht hören will, dem ist nicht (mehr) zu helfen.» *Die Zeit*

Werner Fuld
Walter Benjamin
(rororo 12675)
«Ein Versuch, der angesichts der Bedeutung Benjamins wohl längst überfällig war.» *Die Presse, Wien*

Bernard Gavoty
Chopin
(rororo 12706)
«Ich selbst bin immer noch Pole genug, um gegen Chopin den Rest der Musik hinzugeben.» *Friedrich Nietzsche*

Donald A. Prater
Ein klingendes Glas. Das Leben Rainer Maria Rilkes
(rororo 12497)
In diesem Buch wird «ein Mosaik zusammengetragen, das als die genaueste Biographie gelten kann, die heute über Rilke zu schreiben möglich ist». *Neue Zürcher Zeitung*

Klaus Harpprecht
Georg Forster oder Die Liebe zur Welt
(rororo 12634)
«Ein exakt dokumentiertes und lebendig geschriebenes Buch, das in einem exemplarischen Sinne eine deutsche Biographie genannt zu werden verdient.» *Frankfurter Allgemeine Zeitung*

«Das Leben eines jeden Menschen ist ein von Gotteshand geschriebenes Märchen.» Hans Christian Andersen

rororo Unterhaltung

Musik

rowohlts monographien mit Selbstzeugnissen und Bilddokumenten. Begründet von Kurt Kusenberg, herausgegeben von Wolfgang Müller.

Eine Auswahl:

Louis Armstrong
dargestellt von Ilse Storb
(443)

Johann Sebastian Bach
dargestellt von Martin Geck
(511)

Ludwig van Beethoven
dargestellt von Fritz Zobeley
(103)

George Bizet
dargestellt von Christoph Schwandt
(375)

Frédéric Chopin
dargestellt von Camille Bourniquel
(025)

Hanns Eisler
dargestellt von Fritz Hennenberg
(370)

Joseph Haydn
dargestellt von Pierre Barbaud
(049)

Felix Mendelssohn Bartholdy
dargestellt von Hans Christoph Worbs
(215)

Wolfgang Amadeus Mozart
dargestellt von Fritz Hennenberg
(523)

Elvis Presley
dargestellt von Alan und Maria Posener
(495)

Giacomo Puccini
dargestellt von Clemens Höslinger
(325)

Johann Strauß
dargestellt von Norbert Linke
(304)

Richard Strauss
dargestellt von Walter Deppisch
(146)

Antonio Vivaldi
dargestellt von Michael Stegemann
(338)

Ein Gesamtverzeichnis der Reihe *rowohlts monographien* finden Sie in der *Rowohlt Revue*. Jedes Vierteljahr neu. Kostenlos. In Ihrer Buchhandlung.

rororo bildmonographien

Kunst

rowohlts monographien mit Selbstzeugnissen und Bilddokumenten. Begründet von Kurt Kusenberg, herausgegeben von Wolfgang Müller.

Eine Auswahl:

Ernst Barlach
dargestellt von Catherine Krahmer
(335)

Hieronymus Bosch
dargestellt von Heinrich Goertz
(237)

Paul Cézanne
dargestellt von Kurt Leonhard
(114)

Max Ernst
dargestellt von Lothar Fischer
(151)

Vincent van Gogh
dargestellt von Herbert Frank
(239)

Francisco de Goya
dargestellt von Jutta Held
(284)

Wassily Kandinsky
dargestellt von Peter Riedl
(313)

Käthe Kollwitz
dargestellt von Catherine Krahmer
(294)

Le Corbusier
dargestellt von Norbert Huse
(248)

Leonardo da Vinci
dargestellt von Kenneth Clark
(153)

Michelangelo
dargestellt von Heinrich Koch
(124)

Joan Miró
dargestellt von Hans Platschek
(409)

Pablo Picasso
Wilfried Wiegand
(205)

Rembrandt
dargestellt von Christian Tümpel
(251)

Henri de Toulouse-Lautrec
dargestellt von Matthias Arnold
(306)

Andy Warhol
dargestellt von Stefana Sabin
(485)

rororo bildmonographien

Ein Gesamtverzeichnis der Reihe *rowohlts monographien* finden Sie in der *Rowohlt Revue*. Jedes Vierteljahr neu. Kostenlos. In Ihrer Buchhandlung.

4502/2

Geschichte und Mythos

Daniel Arasse
Die Guillotine *Die Macht der Maschine und das Schauspiel der Gerechtigkeit* (496)

Gene Brucker
Florenz in der Renaissance *Stadt, Gesellschaft und Kultur* (480)
Giovanni und Lusanna *Die Geschichte einer Liebe im Florenz der Renaissance* (466)

Norman Cohn
Das neue irdische Paradies *Revolutionärer Millenarismus und mystischer Anarchismus im mittelalterlichen Europa* (472)

Jean Delumeau
Angst im Abendland *Die Geschichte kollektiver Ängste im Europa des 14. bis 18. Jahrhunderts* (503)

James George Frazer
Der goldene Zweig *Das Geheimnis von Glauben und Sitten der Völker* (483)

Peter Garnsey / Richard Saller
Das römische Kaiserreich *Wirtschaft, Gesellschaft, Kultur* (501)

Marcel Gauchet
Die Erklärung der Menschenrechte *Die Debatte um die bürgerlichen Freiheiten* (512)

Maurice Keen
Das Rittertum (515)

Stephen Geoffrey Kirk
Griechische Mythen *Ihre Bedeutung und Funktion* (444)

Robert Muchembled

DIE ERFINDUNG DES MODERNEN MENSCHEN

Gefühlsdifferenzierung und kollektive Verhaltensweisen im Zeitalter des Absolutismus

kulturen & ideen
rowohlts enzyklopädie

rororo

---

rowohlts enzyklopädie

H. H. Lamb
Klima und Kulturgeschichte *Der Einfluß des Wetters auf den Gang der Geschichte* (478)

Robert Muchembled
Die Erfindung des modernen Menschen *Gefühlsdifferenzierung und kollektive Verhaltensweisen im Zeitalter des Absolutismus* (510)

Lutz Niethammer
Posthistorie *Ist die Geschichte zu Ende?* (504)

Robert von Ranke-Graves
Griechische Mythologie *Quellen und Deutung* (404)
Die Weiße Göttin Sprache des Mythos (416)

R. v. Ranke-Graves / R. Patal
Hebräische Mythologie *Über die Schöpfungsgeschichte und andere Mythen aus dem Alten Testament* (411)

S. Rohrbacher/M. Schmidt
Judenbilder *Kulturgeschichte antijüdischer Mythen und antisemtischer Vorurteile* (498)

Kunst und Theater

John Berger
Glanz und Elend des Malers Pablo Picasso (459)

Manfred Brauneck
Theater im 20. Jahrhundert *Programmschriften, Stilperioden, Reformmodelle* (433)
Klassiker der Schauspielregie *Positionen und Kommentare zum Theater im 20. Jahrhundert* (477)

Manfred Brauneck / Gérard Schneilin (Hg.)
Theaterlexikon *Begriffe und Epochen, Bühnen und Ensembles* (417)

Martin Damus
Malerei der DDR *Funktionen der bildenden Kunst im Realen Sozialismus* (524)

Martin Esslin
Das Theater des Absurden *Von Beckett bis Pinter* (414)
Die Zeichen des Dramas *Theater, Film, Fernsehen* (502)

Peter Gorsen
Sexualästhetik *Grenzformen der Sinnlichkeit im 20. Jahrhundert* (447)

Walter Hess
Dokumente zum Verständnis der modernen Malerei (410)

Volker Klotz
Bürgerliches Lachtheater *Komödie-Posse-Schwank-Operette* (451)

Peter Moritz Pickhaus
Kunstzerstörer *Fallstudien: Tatmotive und Psychogramme* (463)

Zeittheater *"Das Politische Theater" und weitere Schriften von 1915 bis 1966* (429)

Richard Schechner
Theater-Anthropologie *Spiel und Ritual im Kulturvergleich* (439)

Gert Selle (Hg.)
Gebrauch der Sinne *Eine kunstpädagogische Praxis* (467)
Experiment Ästhetische Bildung *Aktuelle Beispiele für Handeln und Verstehen* (506)

Monika Wagner (Hg.)
Moderne Kunst *Das Funkkolleg zum Verständnis der Gegenwartskunst* (516)

rowohlts enzyklopädie

rowohlts enzyklopädie wird herausgeben von Burghard König. Ein Gesamtverzeichnis finden Sie in der *Rowohlt Revue*. Jedes Vierteljahr neu. Kostenlos in Ihrer Buchhandlung.

3467/1